KB140444

문화와
역사를
담 다
0 5 3

김세중金世仲은 1963년 서울 정릉동에서 태어나 '재건학콧집 작은아들'로 어린 시절을 보내며 청덕초등학교, 고려중학교, 경동고등학교를 다녔다. 집에 TV가 없어 밤마다 까치발을 하고 야학 창문 틈으로 중고등학교 과정을 귀동냥한 덕에 나중에 서울법대에 들어갈 수 있었다고 철석같이 믿고 있다.

부전공으로 철학을, 일반선택으로 서양음악학을 공부하며 공법학과를 졸업하고, 대학원 음악과 석사과정(이론전공)을 중퇴했다. 6년여 동안 조선일보 생활부, 편집부 기자를 하다 학교로 돌아와 국악이론으로 음악학석사학위(MA)를 받고 협동과정한국음악학 박사과정(PhD)을 수료했다. 1999년 강릉대(현 강릉원주대)를 시작으로 전업강사 생활을 시작해 열아홉 개 학교에서 국악이론과 동아시아미학 등을 가르쳐 봤고, 현재는 서울대 동양음악연구소 객원연구원으로 있으면서 단국대학교에 출강하고 있다.

지은 책으로『정간보로 읽는 옛 노래』(2005),『정약용의 음악이론』(근간), 논문으로「미완의 르네상스」(1999),「가곡과 시조창의 노랫말 공유 경위 가설」,「정약용『악서고존』의 음악이론적 쟁점」(이상 2022) 등이 있다. blog.naver.com/odelmio

중국의 역사, 선비의 일생

두길 천자문

김세중 풀고 씀

민속원

이 책의 초판은 다섯 달 동안 크라우드펀딩으로 선先주문 받아 제작되었습니다.
후원해 주신 여러분 고맙습니다.

강용식	강재희	계영경	고경수	고광후	고승준	고흥곤	구범서	권도희	김다니엘	김대휴
김보현	김성현	김승은	김연수	김영태	김유석	김인수	김정환	김지원	김○○	김하늬
김한수	남궁현	남누리	박경희	박상우	박상혁	박영국	박옥주	박 원	박정자	박종렬
백은빈	서인화	서일호	서 현	석현주	선주성	성낙양	성병혁	손정미	손정희	송옥근
송현이	송혜진	신아람	신옥경	오양수	오예지	유현수	윤구영	윤남근	윤철오	윤희영
이다원	이동희	이범진	이상민	이성규	이성윤	이성초	이승재	이인규	이일근	이장한
이재진	이정희	이주은	이주이	이지수	이진호	이형국	이홍직	인보길	임란경	임헌태
장경우	장승호	장하아루	전지영	정보경	정석용	정이은	정인진	정재환	조갑제	조남익
조성미	조순자	조양욱	조정은	조한옥	주충원	최선아	최영환	최우형	최홍열	한석희
한창희	허민희	허영한	허은경	홍규민	홍성욱	홍세아	홍순욱	홍진표	홍헌표	홍훈표
황근주	황원철	황은경								

「천자문」, 두길 서사로 읽기

"하늘 천 따 지, 가마솥에 누룽지…."

꼭 추억의 만화 『맹꽁이 서당』까지 소환하지 않더라도, '하늘 천 따 지' 모르는 사람은 없을 것이다. 그러나 어릴 적 보습학원이나 서예학원에서나 하다못해 『마법 천자문』 같은 만화를 통해서 「천자문」을 접한 사람들 중 마지막 '온 호, 이끼(!) 야'까지 정말로다 뗀 현대인이 과연 얼마나 될까도 의심스럽다. 과거엔 초학용으로 어땠을지 몰라도 「천자문」이 현대 기준으로 애당초 '애들 읽을 만한 책'은 못 되기 때문이다.

그나저나, 당신은 「천자문」을 여태도 '하늘 천 따 지'로만 기억하는가, '천지현황, 우주홍황'으로도 기억하는가?

이 책은 어른이 되어 다시 읽는 「천자문」을 더 이상 '하늘 천 따 지'로가 아니라 '천지현황, 우주홍황'으로 시작하는, 사언 고시四言古詩의 운문으로 된 문학작품으로 읽기를 안내하는 책이다. 겸하여, 「천자문」 1천 자 250구를 낱자나 4자 낱구나 8자 대구對句 단위를 넘어 두 줄기 기다란 서사, 즉 '중국의 역사'와 '(가상의) 선비의 일생'으로 함께 읽으려 한다.

「천자문」은 재승덕才勝德이다

한자 1천 자를 중복 없이 써서 한 편의 글로 완성하는 '천자문'은 여러 가지다. 지금 「천자문」 하면 흔히 가리키는 것은 중국 남조南朝 양梁나라의 주흥사周興嗣(470?~521)라는 이가 하룻밤 만에 지어 황제에게 올린 것이라 전한다. 하룻밤을 골몰한 끝에 머리가 다 하얗게 세어 버렸다고 하여 '백수문白首文'이라고도 한다. 그러나 백제의 왕인王仁이 경전과 함께 '천자문'을 일본에 전한 게 이르면 4세기 중엽, 늦어도 5세기 초반이니, 이때의 '천자문'은 주흥사 「천자문」과는 다른 것이었음직하다.

주흥사 「천자문」은 사언四言 250구의 운문이다. 자수와 각운(rhyme)을 맞춘다는 운문 특유의 형식적 제약에다가 같은 글자를 다시 쓰지 않는다는 제약까지 더했으니, 한편으로 상당한 글솜씨가 필요하지만 다른 한편 글이나 글자가 때로 어렵고 억지스러운 면도 있을 것은 자연스럽다. 게다가 지금으로부터 1,500년 전인 6세기 초 문장인 만큼, 중국 문화의 정수精髓로 흔히 거론되는 더 나중 이백李白·두보杜甫의 시, 소식蘇軾(동파東坡)의 문장, 이정二程·주자朱子·양명陽明의 신유학, 산수화와 문인화의 경지 등은 아직 알지 못하는 단계임을 잊지 말자.

「천자문」은 중복 없이 1천 자라는, 여느 문학작품보다 크나큰 제약을 안고 이를 극복하는 재주를 부린 재승덕才勝德(재주가 덕보다 나음), 또는 공자의 말을 빌리면 문승질文勝質(꾸밈이 바탕보다 나음)의 문장이다. 내용 또한 사색의 깊이나 절승絶勝한 인품이 딱히 돋보이지도 않는 소박한 권선징악勸善懲惡, 입신양명立身揚名, 안심입명安心立命의 수준을 넘지 않는다.

「천자문」은 『상서尙書』와 『시경詩經』으로부터 위魏·진晉에 이르

는 경서와 제자諸子의 글 다수에 올라탄 기생적parasitic인 문장이기
도 하다. 심오한 우주관, 성인의 가르침, 선인의 지혜가 더러 언뜻
엿보인다 해도 그것은 「천자문」이 독자적, 본격적으로 입론한 것
이 아니라 다른 경전이나 글에서 빌려와 다듬어 쓴 데 지나지 않
는다.

중국의 거대사, 선비의 미시사

「천자문」에서 마땅히 주목해야 하는데도 덜 부각된 것은, 이
글이 실마리(서언緖言)와 결언(바치는 글)을 갖추고 그 중간 방대한 본
문을 두길 서사(narratives)로 요령 있게 구축했다는 점이다.

실마리란 인간의 삶의 터전인 대자연의 탄생이고, 마지막 결언
은 황제에게 바치는 대책對策과 표문表文이다.

본문의 두길 서사 중 하나는 삼황오제三皇五帝부터 하夏·상商·
주周, 춘추전국시대, 진秦·한漢을 거쳐 위·진까지 중국의 신화와
고사, 사적事跡, 역사인물, 지리 등을 연대기적으로 서술한 '중국의
역사'다. 다른 하나는 구체적 개인이 아닌 가상의 사인士人의 일생
을 초학初學부터 출사出仕와 퇴거退去, 은거隱居와 고종명考終命까지 서
술한 '선비의 일생', 말하자면 시로 쓴 평생도平生圖다. 중국의 역사
로 먼저 삼황오제부터 삼대三代까지 '선왕先王'의 시대를 서술하고,
선비의 일생 중 '초학'으로 건너간다. 다시 위·진까지 후왕後王의
시대를 마저 서술하고, 선비의 짧은 출사와 긴 한거閑居를 읊는 식
으로 배열했다. 원문의 이런 구조를 부각시키려 책 제목을 『두길
천자문』으로 했다.

그런데, 과연 주흥사 자신도 「천자문」이 이렇게 읽히기를 의도
했을까? 작가의 의도란 그에게 물어서 아는 것이 아니라, 작품을

통해 설득력 있게 해명 가능(plausibly explicable)할 때라야 의미 있
다(객관주의). 서언과 중국의 역사('선왕의 시대', '역사는 흐른다')는 명백
히 그렇게 서술되어 있다. 그러나 '선비의 일생'과 결언(대책과 표
문)은 달리 읽기도 가능한데, 결언은 나의 읽기가 70퍼센트 이상
그럴듯하다고 자부하지만, 선비의 일생 대목은 나의 상상이 절반
이 넘는다. 만약 의도를 작가에게 물어봐야 하는 거라면, 우리나
라에서처럼 초학 아동들의 습자서(글씨공부, 글자공부 모두)로 활용하
라고 「천자문」을 지은 것은 아니라고 주흥사 자신도 말할 것임에
틀림없다.

어른들을 위한 독서물

일언이폐지, 「천자문」에서 습자서의 굴레를 벗겨 주고, 당초 작
가가 의도한 대로 '재주 부려 쓴 한 편의 문학작품'으로 복권시켜
주고자 이 책을 썼다.

해설에서는 시구 풀이와 출전 외에 역사적 배경과 낱글자의 새
김과 용례를 좀 과하다 싶을 정도로 서술했다. 시구 풀이에서는
교훈 추수追隨나 무리한 현재적 의미 부여를 지양하고, 낱자 해설
에서는 현대 한국어(일부 중국·일본어)에서 각 글자나 그것이 들어
간 낱말의 다른 뜻과 더 너른 용례까지 보이려다 보니 장황하게
된 감도 없지 않다. 부록으로 인물과 고사 연표를 두어 역사와
고전 기초지식이 있는 성인 독자들의 지적 흥미에 부응하고, 찾아
보기(구절, 글자)와 '단숨에 읽기'를 두어 활용도를 높였다.

형식상 「천자문」의 중층 분절단위는 대체로 4구(16자) 또는 6구
(24자)이지만, 2구짜리 단장短章들이 나열되는 곳도 있다. 거대서사
나 중층서사가 이쪽에서 저쪽으로 건너갈 때 각운도 바뀌도록 되

어 있다. 이 책도 이 점을 최대한 존중하여 4구나 6구 단위로 편장을 벼르되, 독립한 단장은 2구로, 고만고만한 단장의 나열일 땐 6구 이상씩도 합쳐서 해설했다. 결과적으로 최소한 2구씩은 묶어 읽어야 형식과 내용의 기본단위를 놓치지 않을 수 있다. 책을 읽으며 혹 손글씨로 써 보고 싶은 마음이 동하는 분은 따라서 최소 '한 번에 2구'를 기본으로 하시기를 권한다. 이렇게 매일 쓸 경우 125일(4개월), 격일로 쓰면 여덟 달이 걸릴 것이다. 나의 경우 초벌 원고를 쓰는 데 해설과 자전字典까지 갖추느라 일주일에 2구를 원칙으로 125주(약 2년 반)를 작정하고 시작하여, 바쁠 땐 몇 주나 몇 달 거르기도 하다 보니 실제로는 3년이 걸렸음을 고백한다.

당연히 기성 해설서들의 도움을 받았다. 처음 「천자문」 깊이 읽기를 시작할 때는 김근, 『욕망하는 천자문』(삼인, 2003)의 안내가 긴요했다. 황문환 외, 『천자문: 장서각 소장 왕실 천자문 역해』(한국학중앙연구원 출판부, 2016)는 2구(8자)씩 벌러 쪽나눔을 하고 구절마다 출전을 빠짐없이 소개한 것이 얼른 찾아보기에 그만이다. 같은 저자들의 『천 개의 글자, 천년의 문화』(2018)는 「천자문」 수용사의 여러 풍경들을 다채롭게 소개하고 있다. 인터넷에 올라 있는 수많은 고수들의 내공에 빚진 것은 말할 나위도 없다.

아무쪼록 이 책이 습자서나 교훈서, 사상서의 묵은 후광을 걷어내고 그냥 하나의 잘된 문학작품으로 「천자문」을 음미하는 데 어설픈 길잡이나마 될 수 있다면 다행이겠다.

차
례

삶의 터전 자연

「천자문」은 창세 신화 없이 하늘과 땅 사이에 무한 광대한 우주가 펼쳐져 있음을 이야기하는 것으로 시작한다. 서언은 해달별과 함께 시간 질서가 생겨나며, 무생물부터 식물, 동물의 순으로 사람이 쓸 것들이 생겨나 인간 삶의 터전이 되는 대자연을 노래한다.

무한 또는 숭고

제1~2구

001 **天地玄黃**, 천지현황 하늘은 검고 땅은 누르며
002 **宇宙洪荒**. 우주홍황 시공은 무한하고 파악되지 않는다.

제1구 '천지현황天地玄黃'은 『주역周易』의 "하늘은 검고 땅은 누르다(天玄而地黃천현이지황)"(「상경上經·곤괘坤卦」)를 다시 배열한 것이다. '天玄-地黃'이라 할 것을, 이어지는 제3~4구까지 문장 구조를 통일하기 위해 '天地-玄黃'으로 모둠지었다.

하늘 천天은 팔 벌린 사람 형상 '大(큰 대)' 위에 '一(한 일)'을 놓은 글자다. 이 하늘은 물리적인 'sky'가 아니라 우주를 덮고 있는 관념상의 지붕인 'heaven'이다(그 하늘보다 더 높은 곳에 역시 관념상의 하느님인 상제上帝가 있다). 그 하늘 아래인 천하天下가 온 세상이다. 그런 하늘이기에 푸르다고 하지 않고 검다고, 그것도 눈으로 보기에 검은(흑黑) 것이 아니라 컴컴한 듯 아득하게 깊고 그윽한 검을 현玄이라 했다. 현은 눈이 아니라 마음으로 보는 색이다.

땅 지地의 빛깔은 또 왜 하필 누를 황黃일까? 흙이 누르러 강물까지 누른 황하(황허黃河) 유역의 민족이 '하늘의 아들' 천자天子를 자칭하며 '천하 한가운데' 중국中國을 지배하고 나아가 주변 아시아에

도 영향을 끼쳤으므로, 천자가 있는 곳을 세상의 중심으로 삼고 땅의 대표 색을 누르다고 했다.

「천자문」을 시작하는 천지현황은 이순신 수군의 천天자총통·지地자총통…처럼 순번을 매길 때 숫자 대신 쓰기도 한다.

제2구 '우주홍황宇宙洪荒'은 '宇洪-宙荒'으로 재배열해 새길 수도 있고, 그냥 원문대로 "우주는 홍황하다"라고 뭉쳐 새겨도 좋다.

집 우宇는 무한한 공간, 집 주宙는 무한한 시간이다. 아인슈타인 이전에는 공간만을 가리키던 유럽어 'Universe'를 한자어로 옮기면서 이 말을 끌어다 쓴 바람에 현대어 '우주'는 주로 공간만을 가리키게 됐다.

넓을 홍洪은 하늘과 땅 사이에 펼쳐진 그 무한한 시공간이 시작도 끝도 갖지 않음이고, 거칠 황荒은 그 시공간이 사람의 지성(understanding, 오성悟性)으로 파악할 수 있도록 정리돼 있지 않음이다. 유럽 근대 인식론으로 말하면 명석판명(clear and distinct)하지 않은 것, 또는 '숭고崇高(the Sublime)'쯤에 해당한다. 그러나 엄연히 하늘과 땅이 나누인 뒤이므로, 태초의 혼돈인 카오스(chaos)는 이미 벗어났다.

「천자문」은 형식상 한 줄(구句)에 넉 자씩으로 된 사언시四言詩 형식의 운문이다. 시는 한 구의 글자 수를 일정하게 맞출 뿐만 아니라 주로 짝수(제2, 4, 6…) 번째 구 마지막 글자가 같은 운모韻母(중성+종성)로 끝나야 하는데 이것이 압운押韻이다. 제1구(~黃)와 제2구(~荒)를 모두 운모 '-ang'으로 마무리한 것은, 이제부터 한동안 짝수 구를 '-ang'으로 압운하리라는 것을 예고한다.

시간의 탄생
제3~10구

　제3~10구는 변역變易 속에서 불역不易인 시간 질서를 발견하는 과정을 우주적 스케일부터 일 년과 사계절, 달과 날, 기후와 날씨(일기)까지 차츰 작고 가까워지는 차례로 노래한다. 시작도 끝도 없고 파악할 수도 없을 것만 같던 우주이지만, 살펴보면 그 속에 변화, 즉 운동이 있다. 해·달·별 천체와 기후와 날씨(일기)의 변화 속에서 어떤 규칙성이 보이기 시작한다. 변화가 없으면 질서도 없다! 생명의 원천인 태양 위주의 시간 질서, 코스모스(cosmos)의 탄생이다.

제3~4구

003 **日月盈昃**, 일월영측　해와 달은 차고 기울며
004 **辰宿列張**. 진수열장　별과 별자리는 하늘길에 늘어섰다.

　제3~4구는 시간에 따른 변화를 눈으로 가늠해 규칙성을 발견하는 가장 기초인 해와 달, 별과 별자리를 노래했다. 형식상으로는 앞의 제1~2구와 합하여 4구로 한 단위를 이루는 게 자연스럽다. 이렇게 하면 제1~4구가 한 단락(4구), 다음 제5~10구가 또 한 단

락(6구)이 되지만, 천지 사이 홍황한 우주(제1~2구)에서 시간 질서
가 차례로 생겨나는 모습(제3~10구)이 돋보이도록 첫 2구를 독립시
키고 나머지 8구를 하나로 묶어 새겼다.

해 일日의 대표 새김은 '날 일'이다. 해(태양)의 모습을 본떠 만든
상형자象形字다. 하늘의 해도 되고, 해가 동쪽에서 떠서 서쪽으로
졌다가 동쪽에서 다시 뜨기까지 한 바퀴의 시간인 '하루(날)'도 된
다. 반면 우리말 '해'는 태양, 그리고 그 태양이 바짝 올라왔다가
(하지) 멀리 내려갔다가(동지) 다시 바짝 올라올 때까지의 한 바퀴
(사실은 지구가 해를 도는 한 바퀴)인 '1년'이다(제7구 해 세歲, 제165구 해
재載, 제237구 해 년年 참조).

달 월月은 달의 모습을 본뜬 상형자다. 역시 하늘의 달을 가리
키기도 하고, 달이 꽉 찼다가 이지러지며 없어졌다가 다시 꽉 찰
때까지 한 바퀴의 시간인 '한 달'도 된다.

찰 영盈, 달은 한 달 단위로 꽉 찼다가 다시 이지러진다(휴虧, 제
96구). 기울 측昃, 해는 한 해(1년) 단위로 가장 낮았다가 다시 높아
진다. 『주역』의 "해는 남중하면 기울고, 달은 꽉 차면 이지러진다
(日中則昃, 月盈則食일중즉측 월영즉식)"(「하경下經·풍괘豐卦」)를 일월영측日月盈昃
네 글자로 압축했다.

지구에서 보아 태양이 일 년 동안 움직이는 것처럼 보이는 길이
황도黃道다(달이 움직이는 길은 백도白道). 별 진辰은 이 황도를 12등분
한, 해와 달이 일 년에 열두 번 교차하는 점인 십이진十二辰(십이차次
라고도 한다)이다. 해와 달과 별(성星, 제116구)까지 물리적인 천체 전
체를 이를 때는 '일월성신日月星辰'처럼 辰을 '신'으로 읽는다.

십이차는 음 11월 현효玄枵, 12월 성기星紀, 정월 석목析木, 2월 대화大火, 3월 수성壽星, 4월 순미鶉尾, 5월 순화鶉火, 6월 순수鶉首, 7월 실침實沈, 8월 대량大梁, 9월 강루降婁, 12월 추자娵訾다. 시작이 음력 11월인 것은 그 달에 '태양의 생일'인 동지冬至가 들어 있어서다. 십이차가 늘어선 가상의 12등분점을 통상 자子, 축丑, 인寅… 십이지十二支(제7, 112구)로 나타낸다(그림 참조).

별자리 수宿의 대표 음훈은 '잘 숙'이다. 황도 주변에 펼쳐진 주요 항성들을 동서남북 각 일곱 개씩 이십팔수二十八宿로 이름 붙였다.

동방: 각角, 항亢, 저氐, 방房, 심心, 미尾, 기箕

북방: 두斗, 우牛, 녀女, 허虛, 위危, 실室, 벽壁

서방: 규奎, 루婁, 위胃, 묘昴, 필畢, 자觜, 삼參

남방: 정井, 귀鬼, 류柳, 성星, 장張, 익翼, 진軫

벌일 렬列, 베풀 장張은 십이진과 이십팔수가 늘어선 모습이다. 진수열장辰宿列張, 하늘길에 십이진과 이십팔수를 비롯한 일월성신이 늘어섰다. 그 모습을 둥근 원 안에 도상화한 것이, 늦어도 고려 때 만들어지고 조선시대에 여러 차례 석각石刻된 〈천상열차분야지도天象列次分野之圖〉다. '하늘 위(天上) 성신이 늘어선 차례(列次)와 하늘의 구역들(分野)의(之) 그림(圖).'

십이진(좌선)

자
축   해
인   술
묘   유
진   신

두우녀허위실벽
북
이십팔수
(우선)
동   서
남

각항저방심미기

규루위묘필자삼

정귀류성장익진

마
사   오   미

(왼쪽) <천상열차분야지도> 석각판을 모각模刻한 목판본 중 하나. 활꼴의 흰 띠는 은하수다. 서울역사박물관 소장
(오른쪽) 십이진과 이십팔수의 방위만 보인 것. 동서 방향이 거꾸로처럼 보이는 땅의 방위가 아니라 올려다본 하늘의 방위이기
때문이다.

　　　　<천상열차분야지도>는 올려다본 하늘의 모습이라서 동서(좌
우) 방위가 반대다. 누워서 이 책을 얼굴 수직 위로 치켜들고
본다고 상상하면 된다.
　　　팔다리를 벌려 큰 대大자로 누워서, 눈은 치켜뜨고 북극성(그
림의 정중앙 부근) 방향을 향한다. 하늘의 십이진은 정수리(정북)
를 자子로 하여 왼팔 쪽으로, 즉 반시계방향으로(좌선左旋) 축·
인·묘… 해 순으로 한 바퀴 돈다. 이십팔수는 벌린 왼다리(남
동쪽)부터 왼팔 쪽으로, 즉 시계방향으로(우전右轉) 동쪽 '각항저

방심미기', 북쪽 '두여녀허위실벽', 서쪽 '규루위묘필자삼', 남쪽
'정귀류성장익진' 순으로 한 바퀴 돈다.

이상은 누워서 봤을 때이고, 북쪽을 등지고 앉아 남쪽을 바
라보면(남면南面) 땅 위의 십이지는 등뒤(아래)를 정북으로 하여
왼쪽(동쪽)으로, 즉 시계방향으로 돈다.

제5~10구

005 **寒來暑往**, 한래서왕　추위가 오고 더위가 가며
006 **秋收冬藏**. 추수동장　가을에 거두어 겨울에 갈무리한다.
007 **閏餘成歲**, 윤여성세　윤달로 채워 한 해 이루고
008 **律呂調陽**. 율려조양　율려로써 음양을 고르게 한다.
009 **雲騰致雨**, 운등치우　구름 올라 비 되고
010 **露結爲霜**. 노결위상　이슬 맺혀 서리 된다.

제5~10구는 좀 길게 여섯 구로 하나의 소단락을 이루어, 계절
의 순환과 일기의 변화를 큰 것부터 작은 것 순서로 노래한다.

제5구를 이루는 찰 한寒, 올 래來, 더울 서暑, 갈 왕往 네 글자
모두 우연히도 헷갈리기 쉬운 비슷한 글자가 저마다 하나씩 있다.

寒(찰 한) ― 塞(변방 새, 제157구)

來(올 래) ― 夾(낄 협, 제124구)

暑(더울 서) ― 署(관청 서)

往(갈 왕) ― 住(살 주)

한래서왕寒來暑往도 『주역』의, "추위가 가면 더위가 오고, 더위가 가면 추위가 온다(寒往則暑來, 暑往則寒來한왕즉서래 서왕즉한래)"(「계사 하繫辭下」)를 여덟 자로 간추리고 '-ang'으로 압운해 재배열한 것이다. 물론 동아시아를 포함, 춥고 덥고 할 정도로 계절의 변화가 뚜렷한 온대 기후 지역에서만 통하는 이야기다.

추수동장秋收冬藏은 『사기史記』의, "봄에 나서 여름에 자라고, 가을에 거두어 겨울에 갈무리하는 것, 이것이 하늘의 커다란 질서(夫春生夏長, 秋收冬藏, 此天道之大經也부춘생하장 추수동장 차천도지대경야)"(「태사공 자서太史公自序」)라 한 말의 뒷부분만 가져온 것이다. 「천자문」이 기생적이라 한 것은 이처럼 고전에서 가져다 쓴 구절들이 적지 않기 때문이다. 「천자문」은 원래 초학용 교재로 쓴 것이 아니고 글줄깨나 읽은 사람들을 독자로 상정해 한껏 재주를 부려 쓴 글이다. 배운 독자들은 고전에서 인용한 부분들을 얼른 알아챌 수 있었을 테고, 덕분에 「천자문」은 함축성 있고 재치 있는 글이 될 수 있었다.

365일 주기로 기울고 올라오는 태양의 변화보다, 29~30일 주기로 뚜렷이 얼굴을 바꾸는 달을 보고 달력을 만들기가 훨씬 수월했을 것이다. 달을 보고 만든 달력이 태음력太陰曆, 줄여서 음력이다. 그러나 농경사회에서는 태양의 순환이 무엇보다 중요하다. 그래서 음력에 춘분, 하지, 추분, 동지 등 태양력太陽曆(줄여서 양력)의 24절기節氣를 보충해 달력을 완성한다. 동아시아 달력은 이렇게 양력과 음력을 절충한 '태양태음력'으로, 순전히 달만 보고 만든 이슬람 지역의 (순)태음력과 다르다.

절기는 음력이 아니라 양력으로 따지는 것임에 주의. 먼저 앞의 십이지에 열두 중기中氣를 대응시키고, 그 사이사이에 열두 절기를 더 끼워 넣은 것이 24절기다. 십이중기를 그냥 십이절기라고도 한다. 동지·춘분·하지·추분을 기준점 삼아 보자.

십이지	子	丑	寅	卯	辰	巳	午	未	申	酉	戌	亥	子
월(음력)	11	12	1	2	3	4	5	6	7	8	9	10	11
12중기	동지	대한	우수	춘분	곡우	소만	하지	대서	처서	추분	상강	백로	
12절기		소한	입춘	경칩	청명	입하	망종	소서	입추	백로	한로	입동	대설

음력 큰달은 30일이고 작은달은 29일이어서, 열두 달은 양력 1년(약 365일)보다 열흘 이상 짧다. 이것을 해결하기 위해 19년에 일곱 번 윤달을 끼워 넣어 날짜가 계절과 아주 어긋나는 것을 방지한다. 윤달은 남을 여餘를 써서 윤여閏餘라고도 한다. 그렇게 윤여성세閏餘成歲, 윤달을 넣어 한 해(歲세)를 이룬다고 했다. 이것이 음력(태양태음력)에 있는 윤달이고, 양력 윤달은 4년에 한 번씩 2월에 하루(윤일閏日)만 더 넣어 주는 것이다. 양력으로 윤일이 들어가 2월이 29일까지 있는 해가 윤년閏年이다.

해 세歲는 한 해(1년), 두 해… 할 때의 그 한 해이고, 해 재載(제165구)나 해 년年(제237구)과 같은 뜻이다. 나이(살)는 '세'로 센다.

세계를 형성하는 재료의 맨 바탕이 기氣(제90구)다. 기에는 볕 양陽의 기운인 양기와 그늘 음陰의 기운인 음기가 있다. 양기와 음기는 음악의 선율을 이루는 열두 개 소리로 구체화되는데, 양기에 해당하는 여섯 소리가 육률六律, 음기에 해당하는 여섯 소리가 육려六呂이니 합하여 십이율려, 줄여서 율려律呂다. 신화시대 임금들은 십이율려의 소리를 내는 율관律管 열두 개를 제정하여 그 소리로써 음양의 기를 확인하고 나아가 조절(고를 조調)까지 했다고, 그야말로 신화로 전한다. 조양調陽이라고 양기만 말한 것은 무엇보다 압운 'ang'을 맞추기 위해서다. 함축미가 뛰어난 「천자문」의 특성 상 하나만 말해도 나머지까지 저절로 따라올 것이지만, 모양새는 음보다 양을 더 우대한 게 되고 말았다.

계절의 순환은 날씨의 변화를 동반한다.

구름 운雲에서 머리의 雨(비 우)는 뜻, 아래의 云(이를 운)은 소리와 각각 관계된다. 이렇게 뜻 부분과 소리 부분을 결합해 글자를 만드는 원리가 '형성形聲'이다. 날씨와 관계된 한자 가운데는 이처럼 비 雨자를 뜻 부분으로 삼는 형성문자가 많다. 눈 설雪, 번개 전電, 천둥 뢰雷, 노을 하霞…. 그 구름이 치솟아 하늘로 오르면(오를 등騰), 이를 치致 비 우雨, 비(와 눈) 되어 내린다.

구름과 비가 하늘 땅을 오가는 물의 커다란 순환이라면, 이슬로露와 서리 상霜은 지표에서 관찰되는 물의 작은 순환이다. 술 이름 중 '참진이슬로(참이슬)'는 '진로眞露'라는 브랜드명을 '참 진, 이슬로'라고 글자별로 새긴 뒤 내리 써내린 재치 있는 작명이다.

될 위爲는 '되다, ~이다, 하다, 만들다, 삼다, 여기다, 말하다, 위하다'의 여덟 가지로 새길 수 있다.

비 우雨 성분이 들어간 雲·露·霜자처럼, 맺을 결結도 뜻 부분(실 사糸)과 소리 부분(길할 길吉)을 합친 형성문자라는 것이 이제쯤 보일 것이다. 앞으로는 처음 보는 복잡한 한자라도 뜻 부분과 소리 부분을 나눠 보고 독음을 예측해 보기를 권한다.

제9구 운등치우雲騰致雨는 봄여름, 제10구 노결위상露結爲霜은 가을겨울, 이렇게 사계절 차례를 연상하며 읽을 수도 있다.

판소리 〈춘향가〉 중 '천자뒤풀이'가 있다. 춘향을 면발치서 처음 본 이몽룡이 집으로 돌아와 『맹자』, 『대학』 첫 장들을 넘겼다가 걷어치우고 「천자문」의 처음 서른 자(제8구 '율려조양' 중 앞 두 글자까지)를 가지고 노는데, 시작은 거창하지만 마지막 음려 려呂에서 삼천포로 빠진다.

"자시子時에 생천生天하니 불언행사시不言行四時, 유유피창悠悠彼蒼에 하늘 천天,

축시丑時으 생지生地허여 금목수화金木水火를 맡았으니, 양생만물養生萬物 따 지地,

유현미묘幽玄微妙 흑정색黑正色, 북방北方 현무玄武 감을 현玄,

궁상각치우宮商角徵羽 동서남북東西南北, 중앙 토색土色으 누루 황黃,

(…)

조강지처糟糠之妻는 박대 못 허느니, 『대전통편大典通編』으 법중 율律,

춘향과 날과 단둘이 앉어 법중 여呂자로 놀아 보자."

呂자가 입 구口자 두 개를 위아래로 붙인 모양이니, 자기도 춘향과 그리 하고 싶다는 말이렷다.

땅의 모든 것은 인간을 위해
제11~18구

제11~14구

011 **金生麗水**, 금생여수　황금은 여수에서 나고
012 **玉出崑岡**. 옥출곤강　옥돌은 곤강에서 난다.
013 **劍號巨闕**, 검호거궐　검으로는 거궐검을 알아주고
014 **珠稱夜光**. 주칭야광　구슬로는 야광주를 일컫는다.

생육하고 번성하여 땅에 충만하라, 땅을 정복하라, 바다의
물고기와 하늘의 새와 땅에 움직이는 모든 생물을 다스리라.
(「창세기」 1.28, 개역개정 4판)

　유대기독교(그리고 이슬람)의 창조주가 인간을 만들고 축복하며
한 말이다. 정말로 인간이 바다와 하늘과 땅에 있는 모든 생명
있는 것들을 다스릴 권리가 있는지는 차치하고, 「천자문」 서언의
마지막도 「창세기」처럼 인간이 쓸 자원을 노래한다. 다만, 인격
신의 개입이 없고, 인간은 아직 출현하지 않았다.
　홍황洪荒한 천지 사이에 시간 질서가 생겨나고, 이어서 사람이
쓸 수 있는 자원들이 생겨난다. 먼저 광물부터.
　쇠 금金은 좁게는 금(황금)을, 널리는 쇠붙이(금속)를 두루 가리킨

다. 성씨와 일부 지명에서는 '김'으로 읽는다(김유신金庾信, 김해金海).

두 줄씩 대구對句를 이룰 때, 같은 뜻이라도 같은 글자를 거듭 쓰면 문학적 문장으로서는 단조로워져 좋지 않다. 그래서 똑같이 난다는 뜻도 제11구에서는 날 생生, 제12구에서는 날 출出을 썼다 (합하면 출생出生). 문법대로는 '生於~', '出於~'라고 전치사 어於('~로부터', 제163구)자를 넣어 줘야 하지만, 사언 운문을 이루느라 생략했다.

여수麗水는 중국 내륙 오지인 운남雲南원난성의, 고울 려麗자 여강 麗江리장시를 지나는 금사강金沙江진사장 일대다. 강 이름이 '금모래'라 니, 정말 사금이 나오던 강인가 보다. 麗자가 나라 이름으로 쓰일 때 원래 독음은 '리'였다. 따라서 고구려高句麗 · 고려高麗를 '고구리 · 고리'로 회복해야 한다는 주장이 있다.

물 수水는 냇물이 흘러가는 모습을 본뜬 상형자.

구슬 옥玉이라고 썼지만, 여기서는 구슬 등으로 가공하기 전의 원석, 즉 옥돌을 이른다. 아무리 빼어난 원석이라도 자르고(절切) 갈고(차磋) 쪼고(탁琢) 숫돌질(마磨)해야 비로소 쓸모가 있는 법이다. 이로부터 사람의 인품이나 능력을 다듬는 것을 '절차탁마'에 비유 한다(제92구 '절마잠규切磨箴規' 참조).

곤강崑岡은 곤륜崑崙쿤룬산인데 그냥 메 곤崑만으로도 쓴다. 유명한 화씨의 옥돌(화씨지벽和氏之璧)이 바로 곤륜산에서 난 것이라는 전승 이 있다. 곤륜산은 황하의 발원지라 믿어져 온 서쪽의 전설상의 산이지만, 현실에서는 중국 서부 티베트(서장西藏시짱자치구)와 신장위 구르자치구를 가르는 산맥을 쿤룬산맥이라고 부른다. 쿤룬산맥 북 쪽과 타클라마칸사막 남단이 만나는 경계 부근의 오아시스 도시 화전和田허톈(호탄Khotan) 일대는 실제로 옥과 옥 가공품으로 유명하다.

『한비자韓非子・화씨편』에서는 화씨의 옥돌이 전국 초나라의 초산楚山에서 났다고 한다. 구슬 감정을 업으로 하는 화씨라는 이가 초산에서 귀한 옥돌을 발견하여 초왕에게 바쳤으나 다른 감정하는 이가 보통 돌이라고 하자 왕이 벌로 화씨의 왼쪽 발 뒤꿈치를 잘랐다. 그다음 왕에게 바쳤으나 또 보통 돌이라며 오른쪽 발뒤꿈치를 잘랐다. 다시 그다음 왕이 가치를 알아보고 명옥名玉으로 다듬었다.

그 밖에 화씨지벽이 곤륜산에서 나왔다. 진시황이 천하를 통 일한 뒤 이 명옥으로 옥새를 만들었다는 등등의 전승이 있다.

〈춘향가〉에서, 광한루에 나갔다가 춘향 그네 뛰는 모습을 먼발치서 본 이몽룡이 방자더러 가서 불러 오라며 "형산 백옥荊 山白玉과 여수 황금이 물각유주物各有主라, 잔말 말고 불러 오너라" 하고 다그친다. 여기 '여수 황금'은 바로 금생여수金生麗水에서 나 온 것이다. 소리에서는 곤강의 옥 대신 형산의 백옥이라 했지 만, 아무튼 귀한 것은 자고로 금옥金玉이렷다.

쇠붙이와 비금속 광물로 무엇을 만들까?

쇠붙이로 만드는 대표적인 물건은 칼이다. 칼 검劍은 양쪽으로 날이 선 양날칼이다. 한쪽만 칼날이고 반대편은 칼등인 홑날칼은 칼 도刀라고 따로 쓴다. 그러니까 장검長劍은 긴 양날칼, 단도短刀는 짧은 홑날칼이다.

부를 호號는 이름인데, 여기서는 알아준다는 뜻으로 썼다.

클 거巨는 큰 대大보다 더 거대巨大한 것이다. 신하 신臣과 모양이 비슷하니 주의.

집 궐闕은 규모가 아주 큰 집, 특히 임금이 사는 궁궐宮闕을 가리

킨다. 구멍이 뚫렸다, 모자라다는 뜻도 있다. 거궐巨闕은 춘추 오吳
나라의 구야자歐冶子가 만들고, 월越왕 구천勾踐이 오나라를 멸망시
키고 얻었다는 여섯 개 명검 중 하나의 이름이다. 검호거궐劍號巨
闕, 검으로는 거궐검을 알아준다.

옥돌로는 온갖 옥기玉器를 만든다. 구슬 주珠는 옥돌을 말 그대
로 구슬처럼 구형으로 가공한 것이다. 그 밖에 팔찌처럼 가운데가
뚫린 것은 환環, 한쪽이 살짝 열린 고리는 경瓊, 반고리는 황璜, 원
반 모양으로 만들어 가운데 구멍을 뚫으면 벽璧…. 하나같이 구슬
玉(옥)자가 뜻 성분으로 들어간 형성자들이다.

일컬을 칭稱도 앞의 '부를 호'와 마찬가지로 알아준다는 뜻. 칭
호稱號는 부르는 이름이다. 호칭呼稱은 號 대신 '呼(부를 호)'를 쓰는
데 주의.

야광夜光은 밤에도 빛을 낸다는 뜻. 여기서는 커다란 바다진주
인 야광주夜光珠다. 춘추 수隨나라 임금이 바닷용(또는 큰 뱀)의 아들
을 살려 주고 그 보답으로 야광주를 선물받았다는 설화가 있다.
주칭야광珠稱夜光, 구슬 중엔 야광주가 유명하다.

제15~18구

015 **果珍李奈**, 과진이내   과일 중엔 자두와 능금이 진귀하고
016 **菜重芥薑**. 채중개강   나물로는 겨자와 생강을 높이 친다.
017 **海鹹河淡**, 해함하담   바닷물은 짜고 민물은 싱거우며
018 **鱗潛羽翔**. 인잠우상   물고기는 헤엄치고 새들은 난다.

다음은 생명 있는 것들이다. 먼저, 식물.

과실 과果는 널리 풀과 나무의 열매를 통칭한다. 어떤 일의 마지막이 결과結果이고, 어떤 일에 딸려 생기는 것(원금의 이자 같은)이 과실果實이다.

보배 진珍은 진귀하게 여긴다, 여기서는 먹을 것이므로 진미珍味로 여긴다는 뜻.

오얏 리李의 오얏은 자두의 옛말이다. 성씨 중 이씨가 바로 이 李자를 쓴다. 어떤 집안은 원음대로 '리'로 쓰지만(보기: 리승만), 표기 규정은 '이'만을 허용한다(두음법칙).

벚 내柰는 대표 훈을 벚(버찌)이라고 했지만, 조선시대 본초本草(약에 쓰는 식물) 책들에서는 능금 종류라 설명한다. 독음이 같은 의문사 '어찌 奈(내)'와 겨우 한 획 차이인데, 아예 '柰/奈' 둘 다 같은 '어찌'의 뜻으로 쓰기도 한다.

자두와 능금 정도가 그 무슨 진미였을까마는, 농경과 작물 개발 수준이 지금 같지 않아 대추 같은 것들도 중요한 먹을거리이던 그 옛날 자두와 능금이라면 얘기가 달랐을 것이다.

나물 채菜는 먹는 풀이다. 채소菜蔬는 푸성귀.

무거울 중重은 앞 구의 '보배 진'과 마찬가지로 귀중하게 여긴다는 뜻. 겹친다는 뜻일 때는 '거듭 중'이라 새긴다.

겨자 개芥와 새앙 강薑은 향신료로 쓰여 제법 중히 여겼을 식물들이다. 많고 많은 향신료 중 하필 새앙(생강)이 선택된 데는 압운 덕도 톡톡히 작용했겠다.

우리말의 '과일, 채소, 겨자, 생강'은 모두 제15~16구 '果, 菜, 芥, 薑'에서 나온 것들임을 쉬이 짐작할 수 있겠다.

동물로 넘어간다. 유럽에서 아리스토텔레스 이래 중세까지 만물을 하등한 것부터 차례로 광물(무생물) → 식물 → 동물(그리고 → 인간 → 천사) 순으로 등급 매겼는데, 사실인즉 세상 어디서나 직관적으로 비슷한 생각들을 했다.

바다 해海는 바다의 통칭이고, 특별히 넓은 바다는 따로 큰바다 洋(양)으로 구별하기도 한다. 합쳐서 해양海洋.

짤 함鹹은 왼편의 鹵(소금 로)가 뜻 성분을, 오른편의 咸(다 함)이 소리 성분을 나타내는 형성자다. 소금 염鹽자에도 똑같이 '鹵' 성분이 들어간다.

물 하河는 강물, 하천河川이다. 좁게는 황하만을 가리킨다. 중국 안에서 河는 북쪽의 황하, 물 강江은 남쪽의 장강長江창장, 즉 양자강 揚子江양쯔장이고, 나머지 강들은 거의 다 물 수水로 쓴다(회수淮水후이수이, 상수湘水상수이…). 그러고 보면 중국의 큰 강들은 대체로 서쪽 고지대에서 발원해 동쪽 바다로 흐른다. 여기서 "황하가 만 구비로 꺾여도 반드시 동쪽을 향한다"는 뜻의 '만절필동萬折必東'이 나왔다.

'만절필동'은 본디 '사필귀정事必歸正', 전轉하여 충신의 절개를 뜻한다. 임진왜란 때 명明이 조선에 원군을 보낸 일로 선조가 이 말로 고마움을 표했고, 1704년 송시열宋時烈의 유지遺志에 따라 제자들이 충북 괴산 화양동계곡에 '만절필동'의 앞뒤 글자를 딴 '만동묘萬東廟'를 세워, 멸망한 명의 신종(만력제, 임진왜란 당시 황제)과 의종(숭정제, 1644년 명 멸망 때 황제)의 위패를 모셨다(묘 廟는 사당, 독음이 같은 墓는 무덤). 앞으로 청淸에 사대하고 뒤로는 없어진 명을 기린 이 백여 년을 "이제는 조선이 (소중화小中華가 아니라) 중화中華"라는 조선중화주의 시대로 부르기도 한다.

맑을 담淡은 액체가 눈으로 보아 투명한 상태인데, 맛이 싱겁다
(묽다)는 뜻으로도 쓴다. 민물은 담수淡水다.

바닷물과 민물에는 무엇이 사는가? 비늘 린鱗은 '비늘 달린 것
들', 즉 물고기를 가리킨다. 이렇게 부속물로 소유자를 나타내는
수사법이 환유換喩(metonymy)다. 어류뿐 아니라 파충류의 비늘과
소나무 껍질도 모두 鱗이다.

잠길 잠潛이라 했지만, 물속에 잠겨 '헤엄친다'고 새기는 편이
자연스럽다. 인잠鱗潛, 비늘 달린 물고기는 헤엄친다.

먹을 것들은 하늘에도 있다. 깃 우羽도 깃털 달린 것들, 즉 새들
의 환유다. 조류의 깃털은 羽, 포유류의 털은 毛(털 모)다.

날 상翔은 빙빙 돌아 난다, 날아오른다는 뜻. 흔히 날 비飛자와
나란히 비상飛翔으로 쓴다.

이상 제1구부터 18구까지가 「천자문」의 서언, 첫 번째 큰단락
이다. 우주는 창조되는 것이 아니라 그냥 처음부터 있었고, 그 속
에 질서가 생기고 인간이 쓸 것들이 생겨나 인간 삶의 터전이 될
준비를 마쳤다. 지극한 인간 중심주의를 예고하지만, 막상 인간은
아직 등장하지 않았다.

선왕의 시대

신화에서 역사로(제19~22구)
나라를 얻는 두 가지 방법(제23~26구)
팍스 시니카Pax Sinica(제27~36구)

중화민국 출범(1912) 전까지 오천 년 중국 전제정의 핵심 이데올로기를
둘 꼽으면, 첫째는 중국민족이 세계의 중심이라는 중화사상, 둘째는 과거
의 임금들은 무력이 아니라 덕德으로써 통치했다는 선왕先王(또는 성왕聖
王) 사상이다. 「천자문」의 첫 번째 거대서사는 신화시대부터 고대 전제
정 성립까지 '선왕의 역사'를 중화주의·선왕 사상 시각에서 노래한다.

신화에서 역사로
제19~22구

019 **龍師火帝**, 용사화제 용 임금 복희, 불 임금 신농
020 **鳥官人皇**. 조관인황 새 임금 소호 이어 사람 모습 황제黃帝가
021 **始制文字**, 시제문자 비로소 문자를 제정하고
022 **乃服衣裳**. 내복의상 의복을 갖추어 입히다.

중국 신화와 역사 속 최초의 통치자들의 모습과 업적이다. 반인 반수半人半獸 형상을 한 임금들이 차츰 인간의 모습으로 변해 가지만, 그 마지막인 황제黃帝(the Yellow Emperor. 독음이 같은 일반명사 皇帝와 혼동 주의)조차 아직 삶과 죽음을 초월한 신성神性을 띤 '신과 인간의 중간' 모습이다. 문명과 예의를 상징하는 문자와 의복은 하늘이 인간의 대표인 임금에게 내려주거나, 그 하늘을 대신하여 임금이 제정한 것이라고 선언한다.

하夏 왕조 성립 전인 신화시대의 주요 임금들을 삼황오제三皇五帝라 일컫는다. 딱 여덟 명도 아니고, 전승에 따라 그게 누구누구인가도 다르다. 공통적으로 들어가는 임금들은 복희씨伏羲氏, 신농씨神農氏, 수인씨燧人氏, 황제, 요堯, 순舜의 여섯 명이다.

중국 신화에서 인류의 시조인 복희는 용 룡龍자와 관계가 깊다. 복희가 거느린 관직명들이 용자 돌림이다. 복희는 또 황하에서 용마龍馬가 등에 지고 나온 「하도河圖」를 얻어 역易의 팔괘八卦를 지었다고 한다. 한편 복희와 아내 여와女媧는 사람 얼굴에 뱀의 몸을 한 형상이다. 용이란 다름 아닌 '울트라 뱀' 아닌가. 그러니까 용사龍師는 복희를 '용 우두머리'로 부른 것이다. 사람 얼굴에 짐승 몸을 한 초인적 존재는 여러 문화의 신화에 드물지 않게 나타난다. 켄타우로스, 스핑크스, 더 나중의 인어들까지.

복희와 여와를 그린 〈복희여와도(복희와 여와)〉 하나가 우리나라 국립중앙박물관에 있다. 둘 다 상반신은 사람, 하반신은 뱀(용)이며, 창세신들답게 오른쪽 복희는 곱자(구矩, 제243구), 왼쪽 여와는 컴퍼스(규規, 제92구. 합해서 '규구規矩')를 들었다. 하반신이 한데 엉킨 건 시조신들의 생산행위를 상징한다. 이렇게 뱀이 감싼 기둥을 중앙에 배치한 구도를 '우주목(cosmic tree)'이라 하는데, 미켈란젤로 〈천지창조〉 중 '인간의 타락'에서도 한가운데 우주목을 뱀이 휘감고 있다.

〈복희여와도〉는 원래 중국 서부 투르판의 '아스타나 고분' 천장화였다. 이 그림은 우리나라 국립중앙박물관이 소장한 세계 몇째 가는 방대한 '서역 컬렉션'에 포함된 것인데, 국립중앙박물관이 갖게 된 경위가 드라마틱하다. 1902~14년, 일본 승려 오타니 고즈이大谷光瑞가 이끄는 '오타니 탐험대'가 신강(신장) 지역을 탐사하고 대량의 유물을 훔쳐갔다. 오타니는 빚을 갚기 위해 '오타니 컬렉션' 유물의 3분의 1가량을 1916년 상인 구하라 후사노스케久原房之助에게 넘겼고, 구하라는 조선과 관련된 이

<복희여와도>
국립중앙박물관 소장

미켈란젤로, <천지창조> 중 '인간의 타락' 속 우주목

권을 노리고 이를 조선총독 데라우치에게 넘겼는데, 광복이 되
면서 물건들은 고스란히 총독부 지하에 남았고, 총독부 건물이
그대로 국립중앙박물관이 된 것이다(최영도, 『아잔타에서 석불
사까지』, 기파랑, 2017, 398쪽).

화제火帝란 '불 임금'일 텐데, 두 가지 해석이 가능하다. 하나는
그리스 신화의 프로메테우스처럼 인류에게 불 만드는 법을 가르
쳤다는 수인씨다. 다른 하나는 인류에게 농사짓는 법을 가르쳤다
는 신농씨인데, 그의 별칭이 불 화火자를 두 개 겹쳐 쓴 염제炎帝
다. 어쩌면 수인씨와 신농씨 둘 다로 읽도록 했을지도 모르겠다.

중국 동쪽에 사는 동이족東夷族은 소호씨少昊氏라는 신인神人이 다
스렸는데, 그가 거느린 관직명에는 새들의 이름을 썼다. 조관鳥官은
그러니까 '새 이름 벼슬'을 거느린 임금 소호씨다. 새 중에 닭이
친근한데, '울트라 닭'이 봉황鳳凰 아니던가. 수컷은 봉, 암컷은 황.
　인황人皇은 '사람 임금'인데, 신화시대 중국을 처음으로 통일하고
의복, 수레와 배, 문자 등 문명을 도입했다는 황제黃帝다. 누를 황
黃(제1구)자를 쓴 데서, 황하 주변인 화하華夏 중심으로 신화가 정비
됐음을 엿볼 수 있다.
　전설의 삼황오제의 임금 황皇과 임금 제帝, 이 둘을 합쳐 황제皇
帝라고 처음 쓴 이는 진秦나라 시황제始皇帝, 줄여서 진시황이다. 이
후 오랫동안 황제는 중국 주변국의 왕王보다 한 등급 높은 칭호로
쓰였다.

　　그러나 주변국이 중국을 상대할 때는 스스로 국왕國王으로 낮

추면서도 자국 내에서는 황제를 칭하기도 한다. 예를 들어 월남越南(베트남)은 안에서는 시대에 따라 남제南帝 또는 월남황제로 자칭했으면서 중국과의 관계에서만 '월남국왕'으로 낮추었다. 일본은 안으로 국왕인 천황天皇(덴노)이 따로 있으면서 대 중국 외교에서는 쇼군將軍(장군)이 일본국왕 노릇을 했다.

현대 세계에서 주권국들끼리는 명목상 평등하므로, 외국의 자칭 황제라도 우리나라 언론에서는 왕으로 표기한다(보기: 일본 천황 → 일왕日王).

제21~22구는 '인황' 황제가 문자를 제정하고 계급에 따라 의복제도를 정했음을 상기시킨다.

비롯할 시始는 '비로소'라는 부사어로 쓰였다. 지을 제制는 제도로 정한다는 뜻. 만든다는 제작은 製(지을 제)로 달리 쓴다.

글월 문文은 본래 '무늬'를 뜻하는 글자였다. 일월성신이 운행하는 하늘의 무늬가 천문天文, 사람 정신의 무늬가 인문人文, 인문을 이루는 행위와 결과물이 문화文化다. 그러다 나중에 文은 글·글자·글월(문장)의 뜻으로 축소되고 무늬 문紋자가 따로 생겼다.

글자 자字는 낱글자를 가리킨다. 문자文字는 그러니까 '글과 글자'다. 중국 주변의 동아시아 국가들은 일찍부터 중국 글인 한문을 받아들여 사용했으므로, 한동안 '문자' 하면 대개는 제 나라 글(한글 같은) 말고 한문을 가리켰다. 우리나라 말이 중국 말과 달라 '문자'로 적을 수 없으므로 우리말을 적기 위해 만든 게 훈민정음이다. 요즘도 한자어나 한문 섞어 유식한 체하면 '문자 쓴다'고 한다.

비로소 문자를 제정했다는 것은, '인황' 황제의 신하 창힐蒼頡이 새의 발자국을 보고 글자를 발명했다는 전설(조적鳥迹 기원설)을 이

른 것이다. 전설 속 문자 기원설에는 새 발자국 말고도 새끼줄
묶음인 결승結繩 기원설, 거북 등껍질을 불에 태워 갈라진 자국인
복서卜筮 기원설, 낙수洛水의 거북등에서 얻었다는 「낙서洛書」 기원
설 등이 더 있다.

이에 내乃는 미칠 급及(제36구)과 모양이 비슷하므로 주의.

입힐 복服은 '옷', '복종하다·복종시키다'의 뜻으로도 쓴다.

옷 의衣는 본래 윗옷이고 아래옷은 따로 치마 상裳이라 한다. 여
성용 스커트뿐 아니라 발목까지 치렁치렁 내려오는 남성 관복도
상이다. 합쳐서 의상衣裳이라 하면 입는 옷 일체를 두루 이른다.

내복의상乃服衣裳, 옷을 갖추어 입게 했다는 것은 몸을 보호하는
기능을 넘어 신분, 관등, 성별 등에 따라 복식에 차등을 두도록
제정했다는 뜻까지 포함한다. 상하간의 '다름'을 규율하는 것, 바
로 예의禮義의 시작이다.

문자와 복식의 차등(즉, 계급)을 갖추었다는 것은 문명의 대표적
인 표지다. 이것들이 어디에서 왔나? 임금으로부터 왔다. 곧, 문
명과 예의는 임금으로부터(또는 하늘로부터 임금을 통해) 온 '위로부터
의 선물'이라는 선왕 이데올로기다.

'인황' 황제가 비로소 인간 형상을 했다고 했다. 이로써 신화시
대가 끝나고 역사시대가 열린다.

나라를 얻는 두 가지 방법

제23~26구

제23~26구

023 **推位讓國**, 퇴위양국   자리를 미루고 나라를 사양함은
024 **有虞陶唐**. 유우도당   순임금과 요임금이요
025 **弔民伐罪**, 조민벌죄   백성을 불쌍히 여겨 죄인을 정벌함은
026 **周發殷湯**. 주발은탕   주 무왕과 은 탕왕이라.

나라를 서로 양보하는 읍양揖讓(또는 선양禪讓)과, 정벌로써 나라를 빼앗는 역성혁명易姓革命 이야기다. 때는 중국 역사시대의 새벽, 현성賢聖들이 다스린 황금시대라 일컫는 하夏, 상商(또는 은殷), 주周의 '삼대三代'다.

제24구부터 보자. 중국 최초의 왕조인 하나라가 들어서기 전까지 임금들은 왕위를 자식에게 세습하지 않고 어진 이를 찾아 물려주었다고 전한다. 온전히 사람인 첫 임금 요堯는 허유許由라는 이가 어질다는 말을 듣고 그를 찾아 제위帝位를 넘길 뜻을 말했더니 허유는 "더러운 말을 들었다"며 영천潁川 개울에 귀를 씻고 기산箕山으로 들어가 숨었다. 마침 영천에서 소에게 물을 먹이던 소부巢父라는 이는 한 술 더 떠, "더러운 귀를 씻은 물을 먹일 순 없지" 하며 소를 끌고 상류로 올라가 버렸다나. 결국 요는 들에서 밭

갇던 순舜에게 제위를 물려주었다. 순 재위 때 성공적인 황하 치수治水로 9년 홍수를 잡은 세습 귀족 우禹(하우夏禹)가 그 공로로 순의 뒤를 이었고, 이 우임금부터 왕위가 자식에게 세습되는 최초의 왕조인 하夏나라가 시작한다.

 소부가 소 물 먹인 영천은 영수潁水라고도 쓴다. 판소리 〈춘
 향가〉 초앞에서, 이몽룡이 놀러 갈 데를 묻자 방자가 "공부하시
 는 도련님이 승지勝地 찾아 무엇 하실라요?"라며 시큰둥하니, 몽
 룡이 옛 글에 나오는 명승지 이름을 들먹이며 부르는 '기산영
 수' 첫머리, "기산 영수 별건곤別乾坤, 소부 허유 놀고~"가 바로
 이 소부와 허유의 고사를 들먹인 것이다.

있을 유有는 존재한다는 뜻 외에 가진다(소유)는 뜻으로 많이 쓴다. 순임금의 성씨, 곧 기반 지역은 우虞였다. 여기에 별 뜻 없는 유有를 붙여 순임금을 유우有虞라고 쓴다.

고을이름 도陶의 대표 새김은 '질그릇 도'다. 사람 이름일 때는 '요'로 읽을 때도 있다. 순의 신하로 형벌을 제정하고 감옥을 발명한 고요皐陶가 이 글자를 썼다. 잠깐, '순의 신하' 이순신李舜臣에게 혹시… 형이 있었다면 요임금 요신堯臣, 동생이 있었다면 우임금 우신禹臣 아닐까? 과연 요신·순신·우신에, 더 위로 맏형 '복희의 신하' 희신羲臣이 있다.

당나라 당唐은 후대에 왕조명으로 많이 쓰였다. 가장 귀에 익은 당은 후기신라(통일신라) 때와 겹치는 당(618~907)인데, 우리나라에서는 이후로도 오랫동안 으레 중국이라는 뜻으로 쓰였다(당악唐樂은 중국 음악, 당의唐衣는 중국 기원 옷의 하나).

요임금은 부족장으로 다스린 기반 지역들이 도陶와 당唐이어서 도당씨陶唐氏 또는 당요唐堯라 한다. 그러니까 도당陶唐은 요임금이다 (환유). 재위 순으로는 요(도당)가 앞서지만, 압운을 지키려 순(유우) 을 먼저 썼다. 신화 속 임금들인 삼황오제의 마지막 둘이 이 요·순인데, 이를 기반 지역으로 쓰면 '당우唐虞'가 된다. '요순＝당우'는 성인聖人 임금이 다스리던 태평성대다('부분으로 전체를', 제유提喩).

전통가곡 한바탕을 다 부르고 맨 마지막에 부르는 '태평가太平歌'의 한중간 3장, "요지일월堯之日月이요 순지건곤舜之乾坤이로다"가 바로 '요 임금이 다스리는 세월, 순 임금이 다스리는 천하' 같은 태평성대를 노래한 것이다. '태평가'가 가곡 한바탕의 마무리('대받침'이라 한다)로 확립된 19세기~20세기 초 이 땅은 태평성대와는 거리가 멀었는데.

이제 제23구를 보자. 밀 퇴推는 멀리 밀쳐 낸다는 뜻이다. 시를 완성하기 직전, 달빛 아래 스님이 빈 집 문 앞에 서서 문을 '민다(推)'고 쓸까 '두드린다(고敲)'고 쓸까 고민하며 다시 보며 다듬는 것을 퇴고推敲라 한다. 推자가 밀어 보낸다는 뜻일 때는 '밀 추'로 읽는다(추진推進). 그래서 推敲를 '추고'라고 읽는 이들이 꽤 있다.

퇴고 고사의 시는 당唐 가도賈島의 「이응(사람 이름)의 한적한 거처에 붙임(제이응유거題李凝幽居)」이다. '퇴'로 할까 '고'로 할까를 명시인 한유韓愈에게 물은 결과 '고'로 결론 내렸다고.

閑居少隣竝, 草徑入荒園. 한거소린병 초경입황원

鳥宿池邊樹, 僧敲月下門. 조숙지변수 승고월하문

한적한 데 사니 이웃도 적고

풀길 따라 들어가니 을씨년 동산이라.

새들도 연못가 나무에 깃들 제

스님은 달 아래 문을 두드리누나.

자리 위位는 임금 자리다. 퇴위推位는 임금 자리를 스스로 밀쳐 낸다는 것이니 곧 사양한다는 말. 독음이 같은 退位는 억지로 물러나는 것까지 포함하므로 구별된다.

사양할 양讓은 '사양한다', '넘겨준다'의 두 가지 뜻이 있다. 나라 국國은 나라, 국가.

퇴위양국推位讓國, 임금 자리를 밀치고 나라 맡기를 사양하다. 한쪽(도당=요)은 나라를 넘겨주려(퇴위) 세 번 권하고 상대(유우=순)는 이를 한사코 세 번 마다하는(양국) 삼양삼읍三讓三揖, 줄여서 읍양의 뜻이 들어 있다. 이런 평화로운 정권 이양을, 역시 사양할 양자를 써 선양禪讓이라고도 한다.

다음은 은나라 탕왕湯王과 주나라 무왕武王의 정벌 이야기다. 시대로는 은탕殷湯이 앞서지만 역시 각운을 맞추려고 주 무왕 주발周發을 앞세웠다.

요·순·우가 이어 다스린 하나라의 마지막 임금 걸桀이 포악했으므로 은나라 탕왕이 하를 정벌해 멸망시키고 부족연합체인 상나라를 세웠다. 이때가 청동기시대로, 중국은 비로소 본격적인 역사시대로 들어선다. 이처럼 정벌(당하는 편에서 보면 반란)로 왕조가 바뀌면 임금의 성씨가 바뀌므로 '역성혁명'이라 한다. 넘어질 탕湯

은 '끓을 탕'(욕탕浴湯)으로도 쓴다.

탕왕이 세운 상나라의 말기에는 폭군 주紂가 있었다. 희姬씨 성에 이름은 창昌인 이가 반란하여 독립했으니, 그가 나중에 주나라의 문왕文王으로 추존追尊(사후에 존호를 올림)된다. 주는 조그만 나라로서 상(은)과 대립하다가, 문왕의 아들 무왕 때 드디어 은의 폭군 주왕을 정벌하고 천하를 재통일하며 정식으로 주 왕조를 열었다. 이 주 무왕의 이름이 발發이다. 대표 새김은 '필 발', 꽃이 핀다는 뜻.

조상할 조弔는 속자로 吊(본래는 '다다를 적')로도 쓴다. 죽은 이를 조상弔喪한다는 뜻인데, 여기서는 폭정에 시달리는 백성을 불쌍히 여긴다는 뜻으로 쓰였다. 왕조국가에서 백성 민民은 민주국가의 주권자 국민과 달리 통치의 대상이기만 했기에 조민弔民, '백성을 불쌍히 여긴다'라는 표현이 가능했다. 조선 세종도 '어리석은 백성 (우민愚民)을 불쌍히 여겨' 백성 가르칠 바른 소리(훈민정음訓民正音)를 창제하지 않았나.

칠 벌伐은 정벌한다, 허물 죄罪는 죄악이다. 벌죄伐罪는 죄인을 친다, 그러니까 폭군을 정벌한다는 말.

폭군의 대명사처럼 된 걸·주는 정말로 포악하기만 했을까? 조선의 연산군이나 광해군처럼 '승자의 기록'인 역사의 희생물로 포악함만 부각된 건 아닐까? 그래서인가, 망한 왕조에도 충신은 있었다. 은나라의 백이伯夷와 숙제叔齊 형제는 의리 때문에 주나라의 녹祿을 먹을 수 없다며 수양산首陽山에 들어가 고사리를 캐먹으며 연명하다 죽었다고 한다.

후세에 "그 고사리는 어느 나라 땅에 난 건데?" 하며, 그조차

캐먹지 말고 굶어 죽었어야 한다고 꾸짖은 건 조선 사육신死六臣 중 한 사람인 성삼문成三問이다. 시 속 수양산은 백이·숙제가 들어간 산 이름이면서, 조카의 왕위를 빼앗은 수양대군首陽大君 (세조)을 암시한다(중의법重義法).

　수양산 바라보며 이제夷齊(백이와 숙제)를 한恨하노라
　주려 죽을진들 채미採薇(고사리를 캠)도 하는 것인가
　비록에 푸새엣 것인들 그 뉘 땅에 났더니?

　성삼문이 정말로 이 한글노래를 부르거나 읊거나 썼다는 증거는 없고, 후대 가객歌客들의 문학적 상상력의 소산일 개연성이 크다.

팍스 시니카Pax Sinica
제27~36구

제27~36구

027 **坐朝問道**, 좌조문도　조정에 앉아 도를 물으니
028 **垂拱平章**. 수공평장　소매 늘여 팔짱 끼고 있어도 정사가 공평하다.
029 **愛育黎首**, 애육여수　사랑으로 뭇 백성 길러 내니
030 **臣伏戎羌**. 신복융강　오랑캐도 신하 되어 복종한다.
031 **遐邇壹體**, 하이일체　먼 데 가까운 데 한 몸 되어
032 **率賓歸王**. 솔빈귀왕　온 땅끝까지 임금께 귀의한다.

　먼저 제27~32구 여섯 구가 한 묶음을 이룬다. 하·은·주 삼대에 성왕들이 연이어 나타나면서 무력보다 어짊으로 정사를 돌보고, 백성을 사랑하고, 그 모습을 부러워하는 사방 이민족들이 자진해서 신하가 되겠다고 나아오는 모습을 철저히 임금 중심, 중국 중심으로 노래한다.

　읍양과 정벌로 나라를 세운 성군의 다스림은 어땠을까?
　우선, 임금은 하는 일이 없다. 조정에 앉아 신하들에게 도道를 묻고, 그냥 팔짱 끼고 가만히 있으면 된다. 그래서 요임금이 재위 50년에 천하가 안녕한지 보려고 미복微服으로 거리에 나섰더니, 큰

길에서 아이들이 노래를 부르며 뛰논다.

立我烝民, 莫匪爾極. 입아증민 막비이극

不識不知, 順帝之則. 불식부지 순제지칙

우리 백성을 살려 냄은 그대의 지극함 아닌 것 없어라

느끼지도 알지도 못하면서 임금의 법을 따른다네.

　또 한 길가에서는 늙은이가 다리를 뻗고 앉아 한 손으로 배 두들기고 한 손으로 땅바닥을 치며 노래한다.

日出而作, 日入而息. 일출이작 일입이식

鑿井而飲, 耕田而食. 착정이음 경전이식

帝力于我何有哉? 제력우아하유재

해 뜨면 일하고, 해 지면 쉬고

우물 파서 물 마시고, 밭 갈아 밥먹는데

임금의 힘 따위 나랑 무슨 상관이리?

　큰길(강구康衢)에서 불렀대서 「강구요康衢謠」, 땅바닥(흙 양壤) 두들기며(칠 격擊) 불렀대서 「격양가擊壤歌」라 전하는 노래들이다. 임금이 할 일이 없다니, 다분히 도가道家의 무위無爲 사상을 떠올리게 하는데, 실제 「천자문」이 완성된 6세기 남조南朝의 통치자와 지식인들 사이에는 도가 사상이 유행하기도 했다.

　앉을 좌坐는 독음이 같은 '자리 座'와 구별할 것.

　조정 조朝에는 '아침, 조정, 왕조'의 세 가지 뜻이 있다. 좌조坐朝,

조정에 앉아 있는 이는 임금이다. 나머지 신하는 읍揖(두 손을 마주 잡는 공손한 몸짓)하고 서 있어야겠지?

길 도道는 물체가 가는 물리적 길(제145구 '길 도途'도 참고)도 되고, 여기서처럼 마음과 정신이 마땅히 가야 할 길을 가리키기도 한다. 문도問道, 도를 묻는다는 것은 정치의 도를 묻는다는 것인데 속뜻은 물을 문問뿐 아니라 독음이 같은 들을 문聞(제247구)까지 담고 있다.

동아시아 전통 옷들엔 치렁치렁한 소매가 달려 있다. 신분이 높을수록, 제사 같은 의식과 관계된 옷일수록 소매가 크다. 육체노동을 하지 않는다는 표시도 되기 때문이다. 수공垂拱은 그 소매를 늘이고(드리울 垂) 두 손을 맞잡은(두손맞잡을 拱) 자세다. '후까시 금지'의 그 팔짱 말고, 소매가 맞닿아 늘어지도록 예의를 갖춰 팔을 낀 자세다. 은나라를 멸망시킨 주 무왕 희발(제25~26구)은 "소매를 늘이고 팔짱을 끼고 있어도 천하가 다스려졌다(垂拱而天下治수공이천하치)"(『상서尙書 · 주서周書 · 무성武成』)고 한 데서 가져왔다.

밝을 장章은 글월 문文과 마찬가지로 '글 장', '무늬 장'으로도 새긴다. 여기서는 숨긴 것 없이 드러난다는 '밝을 창彰'의 뜻. 평장平章은 한편으로 공명정대公明正大, 줄여서 공정公正과 통하고, 또 한편으로 그러한 통치의 결과 세상이 평온한 것도 뜻할 수 있다. 역시 『상서』, 그것도 맨 첫머리에 요임금이 "백성을 평장케 하다平章百姓"(『우서虞書 · 요전堯典』)라고 한 것을 갖다 썼다. 시간 순서로는 요임금의 '평장'이 앞서지만 압운 때문에 무왕의 '수공'을 앞세웠다.

수공(인천 차이나타운의 공자 상) 대한민국역사박물관 현대사아카이브

검을 려黎는 새벽이나 초저녁의 어스름 같은 검은색이다. 머리
수首는 신체의 머리 부위인 頭(머리 두)와도 비슷하지만, 우두머리
나 가장 중요한 부분이라는 뜻으로도 쓰인다. 여수黎首는 바깥노동
으로 얼굴이 그을려 멀리서 보면 검게 보이는 머리이니 곧 백성이
다. 거꾸로, 양반으로서 벼슬을 하지 않아 관을 쓰지 않은 사람을
백수白首라고 하니, 여수와 백수는 검은 머리, 흰 머리로 겉뜻은
반대지만 속뜻은 부분적으로 통한다. 노동을 하지 않는 사람의 흰
손은 백수白手.

임금은 어버이처럼 신민臣民을 사랑(애愛)으로 기르는(육育) 존재
니까 임금의 사랑은 내리사랑이다. 임금이 하늘을 대신하여 나라
의 주인 노릇한다고 여겼던 옛적 이야기다. 지금은 백성이 아니라
'국민'이 주인으로서 '상머슴'인 대통령이나 국회의원을 뽑는 민주
세상 아닌가? 국가를 대표하는 자리인 만큼 예우하고 사회 어른
이니까 존중도 하는 것은 주권자인 국민이 매너를 발휘하는 것이
지, 행여 무의식중에라도 '백성을 내리사랑'하는 듯한 말을 정치인
스스로 꺼내서는 안 될 일.

신하 신臣은 '클 거巨'(제13구)와 혼동 주의. 엎드릴 복伏은 개(견犬)
가 사람(인人) 앞에 엎드린 모양이다. 여기서는 복종한다는 뜻. 앞
제22구에서 본 '옷 복服'도 마찬가지로 복종한다, 복종시킨다는 뜻
이었다. 신복臣伏은 신하가 되어 엎드린다, 복종하여 신하가 된다
는 말.

황하 유역에 나라를 세운 중국인들은 자기네를 중화라 하고 사
방 나머지 민족을 오랑캐라며 얕잡아 보았다. 동서남북 방위마다
오랑캐 명칭도 동이東夷, 서융西戎, 남만南蠻, 북적北狄 따위로 구별해
불렀다. 되 융戎은 서쪽 오랑캐(서융). 우리나라도 불과 200여 년
전까지는 스스로 소중화小中華라 뻐기며 중국 외의 민족을 덩달아
오랑캐라 멸시했더랬다. 압록강 북서쪽의 여진족(만주족)이 세운
청나라에 두 번이나 무릎을 꿇고서도 이불 밑에서는 그들을 '되놈'
이라 얕잡아 불렀다. 지금도 소중화 시절의 골목대장 의식에 갇혀
우리보다 경제적으로 못한 나라 사람들을 부당하게 대하고 있는
건 아닌지?

굳셀 강羌도 중국 서쪽 지방 민족의 이름이다. 융강戎羌은 제유

로써 널리 사방 이민족을 가리킨다. "융·강이 신복臣伏한다"라고 써
야 하지만 압운을 지키느라 신복융강臣伏戎羌으로 도치倒置해 썼다.

멀 하遐와 가까울 이邇를 붙여 쓴 하이遐邇는 같은 뜻의 원근遠近
보다 좀 더 예스러운 말.

한 일壹은 한 일一자와 같은 뜻인데, 마음대로 고쳐 쓰기 힘들도
록 문서 같은 데는 1, 2, 3, 10을 '一, 二, 三, 十' 대신 '壹, 貳, 參,
拾'처럼 쓴다. 이렇게 같은 음과 새김으로 여러 글자를 갖춘 것을
'갖은자'라고 한다.

가까운 곳은 이미 다스리고 있고, 먼 곳 오랑캐까지 신복하니
하이일체遐邇壹體, 먼 데 가까운 데가 모두 중화를 중심으로 한 몸
한마음이 된다.

거느릴 솔率은 인솔引率, 통솔統率한다는 뜻. 여기서는 '온통, 일제
히'라는 뜻으로 썼다. 비율比率이라는 뜻일 때는 '률(율)'로 읽는다.

손 빈賓은 손님이라는 뜻인데 여기서는 발음이 같은 濱(물가 빈)
대신 쓰였다. 솔빈率賓은 『시경』 중 살아 있는 왕의 공덕을 찬미하
는 「소아小雅」편의, "땅의 가장자리까지 온통 / 임금의 신하 아닌
이 없어라(率土之濱, 莫非王臣솔토지빈 막비왕신)"(「북산北山」)에서 가져왔다.

돌아갈 귀歸는 하느님·부처님처럼 덕이 높은 상대에게 복종하
기로 하고 귀의歸依한다는 뜻으로 쓰였다. 귀왕歸王은 임금께 귀의
하는 것이니, 신하가 되어 임금으로 모신다는 말.

솔빈귀왕率賓歸王, 중국 임금의 통치에 귀의해 온다. 그러나 잊어
서는 안 되겠다, 여러 사람 여러 나라의 마음이 본래 하나가 아니
라서 '한마음'이라는 말이 굳이 필요했는 걸.

제33~36구

033 **鳴鳳在樹**, 명봉재수   나무에서 봉새가 울고

034 **白駒食場**, 백구식장   흰 망아지가 밭에서 풀을 뜯는다.

035 **化被草木**, 화피초목   교화가 풀과 나무에까지 미치고

036 **賴及萬方**, 뇌급만방   은택이 온 세상에 미친다.

천하 모든 사람이 마음으로부터 임금께 복종한다면 무에 증거가 따로 필요했을까마는, 그들은 증거를 필요로 했다!

임금은 사람뿐 아니라 금수禽獸(새와 길짐승)와 초목草木까지 하늘 아래 모든 것의 주인인 만큼, 천하가 화목하다는 신비로운 증거를 한편으로 하늘이 내려 주고, 다른 한편 백성들 사이에서도 덕에 대한 화답이 보여야 했다.

울 명鳴은 오른편에 새 조鳥(제20구)자가 있는 데서 보듯 날짐승이 소리 내어 우는 것이다. 어떤 문화에서는 새가 운다고 하고, 어떤 문화에서는 노래한다고 한다. 새 봉鳳은 '울트라 닭' 봉황, 또는 그 수컷이다(암컷은 황凰). 명봉鳴鳳은 써 있는 대로는 '우는 봉황'이지만 이것은 다음 구의 '흰 망아지'와 성분 순서를 맞추느라 그런 것이고, '봉황이 운다'라는 봉명鳳鳴으로 새겨야 자연스럽다.

나무 수樹는 살아 있는, 적어도 아직 심어져 있는 나무에만 쓴다는 점에서 나무 목木(제35구)과 살짝 다르다.

명봉재수鳴鳳在樹는 "우는 봉새가 나무에 있다(있을 재在)"인데, 실질은 "봉명어수鳳鳴於樹(봉새가 나무에서 운다)"를 고쳐 쓴 것이다. 봉황은 벽오동의 씨앗만 먹는다니, 나무는 벽오동나무렷다.

성군의 치세에는 그 증거로 봉황이나 기린麒麟(울트라 말. 열대 초

원의 giraffe와 다른, 상상 속의 동물)이 발견됐다는 보고가 여기저기서
올라온다. 왕궁 가까이서 발견되면 붙잡아서 진상할 텐데, 희한하
게도 봉황과 기린은 주로 머나먼 곳에서만 발견되고, 붙잡았다는
기록은 없더라.

흰 백白은 숫자를 나타내는 百(일백 백)과 한 획 차이다. 망아지
구駒는 말(마馬)의 어린 것.

밥 식食은 먹는 행위도 되고 먹는 음식도 된다. 단, 음식 중 특
별히 밥을 가리킬 때는 '밥 사'로 읽는다. 식장食場은 "식어장食於場
(마당에서 먹는다)"을 사언으로 맞추느라 줄인 것.

봉황과 기린이 하늘의 증거라면 백구白駒, 흰 망아지는 성군을
보필할 어진 선비의 화답을 상징한다. 『시경』에, 흰 망아지 타고
다니는 선비를 임금이 곁에 두려 하는데 선비가 응하지 않으니까
"(그분이 타고 온) 새하얀 망아지가 우리 밭 싹을 먹었다(皎皎白駒,
食我場苗교교백구 식아장묘)"(「소아·백구」)고 거짓으로 뒤집어씌워서라도
눌러앉히면 어떨까 했다나? 그로부터 백구식장白駒食場은 임금이
사방의 어진 선비를 대접하고 자주 불러들여 귀를 기울인다는 말
이 됐다. 앞의 제27구 '좌조문도'와도 상통하는 얘기다.

될 화化는 변화시킨다는 뜻인데, 여기서는 임금의 교화敎化·풍
화風化의 준말이다. 거꾸로 아랫사람도 넌지시 윗사람에게 원망이
나 경고를 풍문風聞에 실어 보낼 수 있는데, 이것은 찌를 자刺를
써서 풍자風刺(현대어로는 諷刺)라 한다. 입을 피被는 여기서 입힐 복服
(제22구)처럼 '입힌다'는 사역의 뜻으로 쓰였다.

풀 초草는 한해살이, 나무 목木은 여러해살이 식물이니 초목草木

은 식물 전체다. 임금은 천하의 주인이니 그 교화는 사람에 그치지 않고 화피초목化被草木, 풀과 나무에까지 미친다. 『상서』의 "빛이 사방을 덮는다(光被四表광피사표)"(『우서·요전』)를 변형해 썼다. 경복궁 정문 광화문光化門이 『상서』의 "광피사표, 화급만방(光被四表, 化及萬方)"에서 한 글자씩 딴 것이라고 흔히 설명하는데, '광피사표'는 방금 보았지만 '화급만방'은 『상서』는 물론이고 실록과 고전 원문 데이터베이스에서도 찾지 못했다. 바이두(baidu.com)에서는 그냥 성어成語라고 소개했다. 혹시 다음 구 '뇌급만방'을 살짝 바꾼 것인지 모르겠다.

　　풍화·풍자의 '풍'은 바람도 되고 바람결에 들리는 노래나 풍문, 에두른 말도 된다. 『시경』 서문에 "임금은 에두른 말로 아랫사람을 변화시키고, 아랫사람은 에두른 말로 임금을 원망한다(上以風化下, 下以風刺上상이풍화하 하이풍자상)"고 했다. 공자는 그중 풍화에 초점을 맞추어 "군자의 덕은 바람과 같고 소인의 덕은 풀과 같다. 풀은 바람이 불면 반드시 눕는다(君子之德風, 小人之德草. 草上之風, 必偃공자지덕풍 소인지덕초 초상지풍 필언)"(『논어·안연顔淵』)고 했다. 풀이 바람보다도 더 빨리 울고 더 빨리 누워도, 그 바람보다 먼저 일어나고 먼저 웃는다(「풀이 눕는다」)고 한 것은 한국 시인 김수영이고.

　　힘입을 뢰賴는 신뢰信賴의 그 뢰다. 임금께 힘입고 의지한다는 것이니, 곧 체언으로 임금의 은택을 이른다.

　　미칠 급及은 어디까지 미친다, 다다른다는 말. 모양이 비슷한 이에 내乃(제22구)와 혼동 주의.

일만 만萬은 반드시 1만 개가 아니라 아주 많다는 말. 일백 백(백
화점百貨店), 일천 천(천심절벽千尋絶壁), 천과 만(천변만화千變萬化) 등 백·
천·만은 아주 많다는 뜻으로 흔히 쓰인다(제126구 '가급천병' 참조).
특히 만자는 중국 황제(천자)와도 자주 결부되어, 제후의 수레가 천
대(천승千乘)이면 천자는 만승萬乘이다. 모 방方은 모서리이니 만방萬
方은 세상의 모든 구석이다.

뇌급만방賴及萬方, 임금의 은택이 세상 구석구석 안 미치는 데가
없단다.

이상 제27~36구 열 구는 천자의 높은 덕에 백성과 주변 외국들
이 자발적으로 복종하고, 자연에까지 덕이 미쳐 상서로운 동물들
이 출현하고 초목까지 은택을 입는다는, 중화 중심의 사해일체四海
一體 이상향을 노래했다. 이상理想(ideal)이란 '가장 좋은' 것인 동시
에 '비현실(irreal)', 즉 이 땅에 없는 것이기도 하다. 그래서 토머스
모어 소설 속 이상향의 이름도 '유토피아Utopia', 없는(u-) 곳(topos)
이다.

여기까지 열여덟 구(제19~36구)가 「천자문」 첫 번째 서사(중국의
역사)의 전반부다. 선왕이 다스린 황금시대, 인간 역사의 새벽을
철저히 중국 중심, 통치자 중심으로 노래했다. 기록이 있으되 희
소하고 그나마 통치자에 유리하게 왜곡되고 후세에 선별됐을, 선
왕의 '카더라' 이야기다.

초학初學

수신修身 (제37~50구)
입신立身 (제51~80구)
공동체 윤리 (제81~102구)

「천자문」의 두 번째 서사는 가상假想의 사인士人의 일생이다. 「천자문」은 '서언'에서 천지와 시간 질서와 자원, '선왕의 시대'에서 중국사의 새벽을 이야기한 데 이어, 사인의 일생 중 먼저 '초학初學'으로 수신修身부터 입신 立身과 공동체 윤리까지를 이야기하고 다시 중국사로 돌아간다.

가상의 사인은 그냥 사람들일 수도 있고, 때로 「천자문」의 시적 화자 자신이기도 하다. 대체로 '초학'에서는 후학들에게 권면하는 말투고, 더 나중(2.2 '출사와 한거')에서는 '나'의 삶 이야기로 자연스럽게 읽는다. 여기부터는 '서언' '선왕의 시대'처럼 긴 호흡으로 서사가 연결되지 않고 대략 4~6구 단위로 떨어지거나 짧게는 2구짜리 경구(epigram)·격언들을 주워섬긴다.

수신修身
제37~50구

제37~40구

037 **蓋此身髮**, 개차신발 이 몸과 터럭과
038 **四大五常**. 사대오상 사지와 오체는
039 **恭惟鞠養**, 공유국양 삼가 기를지라
040 **豈敢毀傷**. 기감훼상 어찌 감히 헐고 다치랴.

중국에서 황실이나 귀족이 사적으로 도교나 불교를 숭상할 수 있을지언정, 국가를 통치하는 이데올로기는 기원전 2세기 한 무제漢武帝 이후 오직 유가儒家였다. 유가의 사회질서는 가家가 국國으로 확대됐음을 전제로 구축됐고, 따라서 개인 윤리의 출발은 효孝다. 그리고 효의 출발은 부모가 주신 몸을 상하지 않는 것이다.

제37~38구에서는 몸을 '신발, 사대, 오상'으로 다양하게 제유했다. 덮을 개蓋는 문장 첫머리에 일반론임을 전제하는 발어사 '대개 개蓋'의 뜻으로 쓰였다. 현대어에서 대개는 '흔히(usually)' 정도 뜻이지만, 고전어에서는 그보다 개연성 큰 '일반으로(in general)' 급이다. 차라리 번역하지 않는 편이 더 자연스러울 때가 많다.

이 차此는 상대적으로 가까운 것을 지시하는 말이다. 먼 것은 몸 신身은 신체 전부고, 터럭 발髮은 좁게는 머리카락(두발頭髮)을 가리키나 여기서는 넓게 모발毛髮 일체를 가리킨다. 그러니까 신발身髮은 이 몸과 털 하나하나까지.

사대四大에는 여러 뜻이 있다. 가장 널리는 힌두 · 불교 세계관에서 물질세계를 이루는 네 가지 원소인 흙 · 물 · 불 · 바람(지수화풍地水火風)을 뜻한다(고대 그리스의 사원소인 '흙 · 물 · 불 · 공기'와 대동소이하다). 또 사람 성품의 사단四端, 즉 인의예지仁義禮智를 뜻하기도 한다(이러면 바로 아래 '오상'의 부분집합이 된다). 여기서는 그냥 내 몸의 사지四肢 정도로 가볍게 생각하면 된다. "사대육신 멀쩡해 갖고…" 할 때의 그 사대다(육신六身은 사대에 머리와 몸통을 더한 것).

다섯 수로 된 모든 것은 아무튼 오행五行과 결부하던 시절에는 오방五方(동서남북과 중앙), 오색五色, 오장五臟 등 자연과 인간의 온갖 것이 다섯 수를 매개로 연관돼 있다고 봤다. 여기 오상五常은 사람 몸의 다섯 장기(오장)나 다섯 감각기능 또는 기관(오관五官), 사지에 머리를 더한 오체五體 정도로 새기면 된다. 그러니까 신발, 사대, 오상, 육신 모두 '이 몸'이다.

> 오상五常은 유가에서 사람이 기본적으로 타고나는 마음인 인의예지신仁義禮智信을 가리킬 때가 더 많다. 이 오상을 오륜五倫 '부자유친, 군신유의, 부부유별, 장유유서, 붕우유신'과 헷갈리지 말 것(제84, 92구 참조).

공경할 공恭은 부사어 '공손하게, 삼가'로 쓰였다.

오직 유惟는 여기서는 별 뜻 없이 어감을 살리는 정도 역할이
다. 굳이 새기려면 글자 뜻 그대로 '오직' 정도. 독음이 같은 唯(오
직 유)와 통용되고, '생각할 유'라는 새김도 있다(사유思惟).

기를 국鞠은 둥근 '공 국'으로 더 흔히 쓰인다. 가축의 오줌보에
바람을 넣은 것이나 가죽 등을 뭉친 공을 뛰어 다니며 발로 차서
겨루는 것이 축구의 전신인 축국蹴鞠이고, 말 타고 막대기로 쳐서
겨루면 폴로의 전신인 격구擊毬다. '기를 국'으로는 여기 국양鞠養이
거의 유일한 용례다.

내 이 몸과 터럭과 사대오상은 부모께 받은 것이니 공유국양恭
惟鞠養, 삼가는 마음으로 잘 보전하라는 말.

어찌 기豈는 의문형의 첫머리에 써서 '그리하면 안 된다'는 부정
의 뜻을 나타낸다. 감히 감敢은 차마 해선 안 될 것, 보통 용기로
는 못 할 일을 무릅쓰는 것. 기감豈敢은 '어찌 감히'.

헐 훼毁, 상할 상傷은 훼손毁損하는 일. 기감훼상豈敢毁傷, 부모님께
받은 몸이니 어찌 감히 헐고 다치게 할까.

제39~40구 '공유국양, 기감훼상'은 『효경孝經』의 맨 첫 장, "몸과
터럭과 살갗은 부모님께 받은 것이니, 감히 헐고 다치지 않음이
효의 시작이다(身體髮膚, 受之父母, 不敢毁傷, 孝之始也신체발부 수지부모 불감훼상 효
지시야)"라는 구절을 재구성한 것이다. 이 말을 문자 그대로 지키려
니 머리카락도 자르면 안 되어서, 남성도 어려서는 머리를 땋고
자라서는 상투를 틀어 올려야 했다. 조선 고종 1895년에 성년 남
자의 상투를 치라는 단발령斷髮令이 내리자, 유림儒林은 "내 머리를
자를지언정 머리카락은 못 자른다(吾頭可斷, 吾髮不可斷오두가단 오발불가단)"

라며 극렬하게 저항하기도 했다.

　한양에서 육로로 금강산 들어가는 초입에 있는 고개가 단발
령斷髮嶺이다. 신라 마지막 왕 경순왕이 고려 왕건에게 나라를
바치자, 경순왕 아들 마의태자麻衣太子가 궁궐을 떠나 금강산으
로 은둔하러 들어가며 이 고개에서 머리를 밀었다는 전승에서
온 이름이다.

정선, <단발령에서 금강산을 바라보다(단발령망금강斷髮嶺望金剛)> 　국립중앙박물관 소장

　효의 시작이 몸을 다치지 않는 거라면, 효의 마지막은?『효경』
은 "사회에 나가 도를 행하고 후세에 이름을 날려 부모를 빛나게
하는 것이 효의 마지막(立身行道, 揚名於後世, 以顯父母, 孝之終也입신행도 양명어
후세 이현부모 효지종야)"이라 했다. '효의 시작'으로 여는 '초학' 단락도

그래서 입신양명으로 끝날 예정이다.

제41~42구

⁰⁴¹ **女慕貞烈**, 여모정렬 계집은 정녀와 열녀를 우러르고
⁰⁴² **男效才良**. 남효재량 사내는 재주 있고 어진 이를 본 삼는다.

이제부터는 2구짜리 단장 모음이다. 먼저 제41~42구, 여성의
미덕과 남성의 미덕이 다르다.

계집 녀女는 여자가 다소곳이 앉아 있는 모양을 상형한 글자.
여자가 집안(宀집 면, 갓머리)에 있으면 편안할 안安, 젖(유방)을 강조하
면 어미 모母가 된다. 계집이라는 말 자체가 집에 있다(겨다)는 뜻
이다. 딸이라는 뜻도 있다(자녀子女는 아들딸).

그릴 모慕는 우러러보며 그리워한다는 뜻. 사모思慕한다고 하면
어른이나 옛 사람의 높은 덕이나 선진국을 우러러본다는 뜻과, 특
히 이성을 연모戀慕한다는 뜻이다. 여기서는 '~을 우러른다, 모범
으로 삼는다'는 뜻으로 썼다.

장성한 여성은 남편만 바라보며, 평소에는 딴 남자한테 한눈팔
지 말고 곧을 정貞, 섹스 파트너를 하나만 둘 것이며, 위기에는 매
울 렬烈, 그놈의 정절貞節을 목숨하고라도 맞바꾸란다. 정렬貞烈은
'정과 열'로 병렬로 새길 수도 있지만, 다음 구에 맞추어 '정녀貞女
와 열녀烈女'로 새겨야 자연스럽다.

심할 경우 여성에게는 '평생 한 남자만'을 강요해서, 혼인한

뒤 이혼당하거나 남편을 사별(심지어 결혼 전에!)하면 여생을 홀로 지내야 하기도 했다. 성생활을 못 해서 유감이 아니라, 여성에게만 강요되기에 유감이다. 그런 여자를 열녀烈女라 했는데, 그 상징이 은장도다. 그러니까 몸에 지니고 다니다가, 몸을 더럽힐(더럽다면 그 원천인 '저쪽'이 오염원인데!) 위기에 맞닥뜨리면 저 칼로 상대를 찌르…는 게 아니고 자결하라는 거다. 그런데 힘으로 제압당하는 상황에서 자결인들 가능할까? 게다가 비싼 은으로 장식까지 했으니, 저 정도 장만할 재력은 돼야 '지킬 가치 있는 정조'이거나, "나는 이렇게 몸을 지킬 준비가 돼 있어요"를 빙자한 마나님 돈자랑이거나. 여자가 나다니다가 봉변을 당할 수도, 집에서 아는 이에게 성폭행을 당할 수도 있지만, 여성들이 성적 자결권을 발휘하기 힘든 전형적인 때는 남성들의 잘못으로 가세가 기울거나 나라가 불운해졌을 때일 텐데, 왜 열녀만 있어야 되고 열남烈男은 없을꼬?

우리나라 어떤 판본에는 매울 렬 대신 깨끗한 결潔을 써서 '여모정결女慕貞潔'이라고도 했다는데, 그러면 제209구(환선원결)와 글자가 겹친다. 중복을 무릅쓰고 그리 했다면 혹시, 여성에게 매울 렬자를 쓰기 켕겨지는 무슨 이유가 (남자들한테) 있어서는 아니었을까?

반면 남성은 '재주와 덕'이 미덕이다.

사내 남男은 밭(田전)에서 힘(力력) 쓴다는 뜻을 가진 글자들을 모아 만든 회의會意문자다. 아들이라는 뜻도 있다. 사내·계집이라는 말이 근대 전에는 평칭이었는데, 지금은 사내는 계속 평칭인데 계집은 비칭으로 쓰인다. 놈·년은 그보다 더해서, 둘 다 과거에는 평칭이거나 살짝 비하하는 정도였던 게 지금은 놈은 살짝 비칭, 년은 아주 상욕이 됐다. 일상 언어 자체에 불평등이 포함되어 있는 '상징적 폭력'의 대표적인 보기다.

본받을 효效는 효과效果 등으로 쓰는 말인데, 앞의 그릴 모와 마찬가지로 '~을 본받는다, 본으로 삼는다'고 새긴다.

재주 재才는 사람의 재능, 좋을 량良은 품성이 좋은 것이다. 물품의 품질이 좋은 것은 우량優良, 사람의 품성이 좋은 것은 선량善良이다. 재량才良은 재주와 덕이 뛰어남, 또는 그런 사람. 이렇게 남자는 재덕才德, 여자는 정절로 미덕을 달리 설정하면서 여자를 먼저 쓴 건 역시 압운(-ang) 때문이렷다.

수우미양가의 '양'이 良이다. 그런데 가만히 보면 수우미양가 다섯 글자 모두가 다 좋다는 뜻이다. 빼어날 수秀, 빼어날 우優(제77구), 아름다울 미美(제73구), 좋을 량, 아름다울 가佳(제234구).

뛰어난 인물(良)을 뽑는(가릴 선選) 행위가 선량選良인데, 이로부터 선거로 뽑힌 국회의원 같은 사람을 선량이라고 부르기도 한다.

제43~44구

043 **知過必改**, 지과필개 허물을 알았으면 반드시 고치고
044 **得能莫忘**. 득능막망 할 줄 알게 되었으면 잊지 말라.

───────

알 지知의 반대는 모르는 것인데, 이 '모르다'를 한 낱말로 쓰는

언어가 많지 않은 것 같다. 물론 우리말 '모르다'도 '못+알다'에서 왔지만 마침내 독립 단어가 됐다. 한문과 중국어로는 부지不知, 일본어는 分からない(와카라나이)·知れない(시레나이), 유럽어들은 not know 등등, 내가 아는 범위에서는 다 '알지 않다'이다. 知에는 또 지방관으로서 어느 행정구역이나 관청을 담당한다는 뜻도 있다. 도道의 일(事사)을 맡으면 도지사道知事, 미국 같은 데 주州(state)를 맡으면 주지사州知事(governor)···. 그리고 중국에 사대事大하던 시절, 새로 즉위한 국왕이 중국의 형식적인 인준(책봉)을 아직 받기 전에는 국서에 조선국왕 대신 '임시로(권權) 조선국의 일을 맡고' 있다는 뜻으로 권지조선국사權知朝鮮國事로 낮췄다.

허물 과過는 과실過失, 과오過誤 따위 뜻인데, 형용사 또는 동사로 '지나치다', 부사로 '지나치게'로도 쓰인다.

반드시 필必은 어김없이 하라는 부사, 고칠 개改는 한번 한 것에 변화를 가하는 일인데 많은 경우 개정改正, 개선改善처럼 더 낫게 고치는 데 쓴다.

지과필개知過必改, 허물을 알았거든 반드시 고치라.

능할 능能은 본동사로 능하다, 조동사로 '~할 수 있다'는 뜻인데, 여기서는 얻을 득得을 조동사, 能을 본동사로 하여 '잘하게(能) 되면 (得)'으로 썼다.

말 막莫은 부정(아니다, 없다) 또는 금지(말라). 또 '~만 한 것이 없다', 즉 '가장 ~하다'는 뜻으로도 쓰인다. 막대莫大는 그보다 큰 것이 없다, 막심莫甚은 그보다 심한 것이 없다, 등등.

잊을 망忘자는 소리 부분인 亡(망할 망)과 뜻 부분인 心(마음 심)을 결합한 회의문자다. 亡자가 마음 심자의 이형異形인 심방변(忄)과 결합하면 바쁠 망忙.

득능막망得能莫忘, 할 줄 알게 되었으면 잊지 말라.

'지과필개'는 "허물이 있으면 고치기를 꺼리지 말라(過則勿憚改과즉
물탄개)"(『논어 · 학이學而』), '득능막망'은 "부족하던 것을 날마다 알고,
할 줄 알 게 된 것을 한 달 안에 잊지 않으면, 배우기를 좋아한다
고 할 수 있다(日知其所亡, 月無忘所能, 可謂好學也而矣일지기소망 월무망기능 가위호학
야이의)"(『논어 · 자장子張』)는 '공자 말씀'들을 고쳐 쓴 것이다. 「천자문」
이 기생적 텍스트라는 건 그래서다.

제45~46구

045 **罔談彼短**, 망담피단　남의 단점 말하지 말고
046 **靡恃己長**. 미시기장　나 잘났다 뻐기지 말라.

말 망罔은 앞 구의 말 막莫처럼 금지의 조동사다. 대표 음훈은
'그물 망'. 말씀 담談은 이야기를 나누는 일이니 망담罔談은 이야기
하지 말라, 대놓고든 뒷담화든.

저 피彼는 멀리 있는 물건이나 사람을 가리키는 지시사다. 인칭
대명사로는 '그 사람'이 된다. 제37구 '이 차此'의 반대다. 피차彼此
는 '저쪽이나 이쪽이나', 어차피於此彼는 이러나저러나. 짧을 단短은
길이가 짧은 것인데, 여기서는 사람의 단점이다.

망담피단罔談彼短, 남의 단점 말하지 말라.

아닐 미麛도 금지의 조동사다. 대표 음훈은 쓰러질 미.

믿을 시恃는 그저 믿고 뻐긴다는 뜻. 부모님 은혜를 당연하다 여겨 업신여기고 그 사랑 믿고 함부로 하는 것을 '압은시애狎恩恃愛' 또는 그냥 '시은恃恩'이라고 한다.

몸 기己는 자기自己의 그 기다. 己는 나, 특정 타인은 앞에서 본 彼, 불특정다수의 남들은 사람 인人이다. 병법서 『손자孫子』에 "저 편(적)을 알고 나를 알면 백 번 싸워도 위태롭지 않다(知彼知己, 百戰不 殆지피지기 백전불태)"고 했다. 한편 십간十干 중 여섯째가 己이고, 서기 연도 끝자리 9에 해당한다.

긴 장長은 여기서는 사람의 장점이다. 앞의 짧을 단과 합쳐 장 단長短 하면 길이(길고 짧음), 사람이나 일의 장점과 단점, 음악의 박절 등 여러 뜻이 된다.

미시기장麛恃己長, 자기 장점 믿고 뻐기지 말라.

제47~48구

047 **信使可覆**, 신사가복 약속은 지킬 수 있을 만큼
048 **器欲難量**. 기욕난량 배포는 측량하기 어려울 만큼.

믿을 신信은 사람(인亻)의 말(언言)에서 온 회의자다. '믿다, 소식' 등의 뜻인데 여기서는 약속이라는 뜻으로 썼다.

하여금 사使는 사역의 조동사. 나라의 심부름으로 파견되는 사 신使臣 · 전령의 뜻도 있다. 조선시대에 중국 명明에 사대하느라 중 국 사신인 '천자天子의 심부름꾼'을 줄여서 천사라고 썼는데, 기독

교의 하느님의 심부름꾼 천사(angel)와 한자가 같다.

옳을 가可는 '~해도 좋다, ~할 수 있다'는 조동사.

뒤집힐 복覆의 기본 새김은 '뒤집(히)다'이고, '덮을 복', '덮을 부'로도 쓴다. 여기서는 독음이 같은 '돌이킬 복復', 즉 되풀이한다는 뜻으로 새기면 무리가 없다. 신사가복信使可覆, 약속은 몇 번이고 되풀이 실천할 수 있게, 즉 지킬 수 있게.

그릇 기器는 담는 그릇(용기容器), 나아가 기구·도구(기기機器)인데, 여기서는 사람의 그릇, 즉 도량·능력의 뜻으로 쓰였다.

하고자할 욕欲은 욕구·욕망·의욕, 조동사로는 '~하고자 하다, ~하고 싶어하다'라는 뜻. 欲자가 중립적인 데 반해, 마음 심心을 바닥에 깐 욕慾은 욕심·탐욕처럼 주로 부정적인 뜻으로 쓴다. 여기서는 '욕망하라, 추구하라'는 뜻으로 쓰였다.

어려울 난難도 '~하기 어렵다'는 조동사로 썼다. 헤아릴 량量은 체언으로 분량分量, 여기서는 동사로 헤아리다, 가늠하다.

기욕난량器欲難量, 배포는 측량할 수 없을 만큼 큰 경지를 추구하라.

量자는 특별히 부피를 가리키기도 한다. 길이 도度, 부피 량量, 무게(저울) 형衡의 기준이 도량형이다.

제49~50구

049 **墨悲絲染**, 묵비사염　묵자는 생실이 물듦을 슬퍼하였고
050 **詩讚羔羊**. 시찬고양　『시경』은 백성이 양같이 순해짐을 기렸다.

'수신' 작은단락을 『묵자』와 『시경』으로 마무리한다.

먹 묵墨은 붓에 적셔 글씨 쓰는 그 먹이다. 후한 1~2세기 어간에 제지법製紙法이 실용화하고 모필毛筆에 먹을 적셔 쓰는 것이 일상화되면서, 글씨가 단순 기록 수단에서 예술(서예)로 업그레이드될 계기가 열렸다. 여기서는 전국戰國시대 제자백가諸子百家 중 묵자墨子를 가리킨다. 묵자는 자묵자子墨子라고도 쓰며, 그(의 학파)의 생각이 『묵자』라는 책으로 남아 있다. 유가의 예악禮樂을 사치라며 배격한 묵자의 사상을 따르는 묵가墨家는 전국시대 말 유가 · 도가道家와 정립鼎立할 정도로 세를 이루었다가 급격히 몰락했다.

슬플 비悲는 슬프다, 슬퍼한다는 뜻. 부모가 자식을, 부처가 중생을 굽어보며 무한히 아끼는 마음에 하필 슬플 비를 써 자비慈悲(제93구 참조)라 하니, 내리사랑이란 으레 걱정과 슬픔을 동반하는가.

실 사絲는 실꾸리(사糸) 두 개를 나란히 놓은 것을 상형한 글자다. 좁은 뜻으로는 누에고치에서 뽑은 명주(비단緋緞)실, 더 좁게는 물들이지 않은 생사生絲를 이른다.

물들일 염染은 실이나 베에 물을 들이는 염색染色, 더러운 것이 배어드는 오염汚染, 병원균이 옮는 전염傳染 · 감염感染 등에 쓴다.

묵비사염墨悲絲染, 묵자가 실이 물듦을 슬퍼하다. 누에고치에서 처음 뽑은 흰 생실이 이 색을 입히면 이 색으로, 저 색을 입히면 저 색으로 물드는 것, 즉 사람의 타고난 본성이 사회생활을 하며 오염돼 가는 것을 묵자가 한탄했다는 말이다. 『묵자 · 소염所染』편에, 묵자가 염색장이를 보며 "푸른 물 들이면 푸르러지고, 누른 물 들이면 누르러지누나(染于蒼則蒼, 染于黃則黃염우창즉창 염무황즉황)"라며 탄식했다는 구절을 축약했다. 사람 본성을 오염시킨다고 묵자가 비난한 원흉은 유가다. 「천자문」이 지어진 남조시대 지식인들 사이에서 유행한 도가 역시 비슷한 논조로 유가의 허례를 비판했으므로 이런 구절이 거부감 없이 글에 들어올 수 있었다.

'물들인다'고 하면 서진西晉 부현傅玄의 「태자소부잠太子少傅箴」에 나오는 "근주자적, 근묵자흑近朱者赤, 近墨者黑"이라는 말이 유명하다. 붉은 물감을 가까이하면 붉어지고, 먹을 가까이하면 검어진다, 즉 사람은 벗이나 환경에 따라 달라진다는 말이다. 불경 『법구비유경法句譬喩經』의 "향 쌌던 잎에선 향내 나고, 생선 꿰었던 새끼에선 비린내 난다"는 말도 같은 맥락이다.

글 시詩는 글(문장) 중에서도 운문, 시다. 여기서는 『시경』을 가리킨다. 주周나라 때까지의 고대 민가民歌를 채집한 「국풍國風」과, 산 임금 조정의 악가樂歌인 「소아小雅」와 「대아大雅」, 죽은 임금 종묘의 악가인 「송頌」을 모은 책으로, 유가의 핵심 경전인 삼경三經(시경 · 상서 · 역경)의 하나다.

옛적에는 시와 문文의 구별이 운문이냐 산문이냐가 아니라, 속뜻(감정)을 말하면(언지言志 · 언정言情) 시, 객관적 사실을 기술하거나 주장을 펴면(기사입언記事立言) 문이라고 했다. 옛날의 시는 노랫말과 등가물이었는데, 시를 더 이상 노래로 부르지 않게 되면서 잃어버린 음악성을 보충하기 위해 운율(압운과 율격)이 생겼다.

기릴 찬讚은 찬양한다, 칭찬한다는 뜻. 남의 그림에 감상과 찬사를 적어 주는 것도 찬인데, 으레 주례사처럼 칭찬하는 말 일색이겠지? 그런 찬을 자기 그림에 손수 하는 게 자화자찬自畵自讚이다.

새끼양 고羔만으로도 새끼양이고 양 양羊자를 더해 고양羔羊이라
써도 역시 새끼양이다. 앞의 제26구 '주발은탕周發殷湯'의 주발, 즉
주 무왕은 은나라를 멸한 후 동생들인 주공周公과 소공召公(소백召伯
이라고도 한다)을 중용重用했는데, 그중 소공이 맡은 서쪽 지방의 민
가를 채집한 게「국풍」중「소남召南」의 시들이다. 소공의 나라가
주나라 시조 문왕(무왕 형제들의 아버지)의 교화를 일찍부터 입어 사
람들이 정직함을 칭송하는 시가 그중「고양」이다. 시에서 고양은
양이 아니고 새끼염소로 새긴다.

> 羔羊之皮, 素絲五紽. 고양지피 소사오타
>
> 退食自公, 委蛇委蛇. 퇴식자공 위이위이
>
> 새끼염소 갖옷
>
> 다섯 생실로 매었네
>
> 밥 자시러 물러가네
>
> 의젓도 하여라.

시의 표면적인 내용은, 새끼염소 갖옷을 입고 염색 안 한 명주
실(소사素絲)로 매듭지은 이 지역의 정직한 관리들이 밥 먹으러 퇴
근하는 모습이다. 염소갖옷이라고 무스탕이나 토스카나가 아니
라, 저때 사치스럽기로는 여우 겨드랑이털을 모아 짠 호백구狐白裘
가 최고였고 새끼염소 갖옷에 염색 안 한 생실 띠는 검소한 것이
었다.

시찬고양詩讚羔羊, 관리들부터 문왕(또는 소공)의 감화를 입어 고양
같이 온순하고 정직한 것을『시경』도 찬양하였느니라.

羊은 뿔 난 짐승을 정면에서 바라본 모습의 상형자. 기독교에서도 예수를 '세상 죄를 대신 지고 가는 하느님의 어린양(제물)'이라는 뜻으로 '고양'이라 부른다. 아담과 이브가 죄를 지어 낙원에서 쫓겨날 때 하느님이 애꿎은 양을 잡아 갖옷을 입혀 주었는데, 불어난 후손들의 죄를 단번에 속죄시키려고 고양 대신 하느님 자신이자 아들을 대신 희생 제물로 죽게 한 것이 기독교(예수교)의 시작이다.

'초학' 큰단락의 첫 번째 작은단락인 제37~50구 '수신'은 효부터 시작해 몇 가지 기본적인 사회윤리를 2구짜리 단장들로 가르친다. 「천자문」 처음부터 여기까지 50구가 각운 '-ang'으로 일관했고, 다음 작은단락부터 각운이 바뀔 예정이다.

「천자문」이 지어질 당시의 최초 독자들은 이미 공부해 벼슬하는 사람들이었으니 읽는 데 큰 어려움이 없었을 테지만, 여기까지만 봐도 「천자문」의 문장은 애초 초학 아동들을 위한 것이 아니다. 다만, 어려서 「천자문」을 익히며 글자를 강제로 습득하고, 사언 2행으로 대구를 짓는 걸 배우고, 바깥고리로 『주역』·『시경』·『논어』·『사기』 같은 책들과 역사 이야기를 두서없이 습득하다가, 후에 공부가 어느 정도 됐을 때 "아하! 그거였군!" 하며 비로소 문리文理를 깨치는 순기능은 있었을 것이다.

입신立身
제51~80구

「천자문」의 두 번째 거대서사 '선비의 일생'을 꿰뚫는 윤리관은 사람은 설령 망하게 되는 한이 있어도 도리를 지켜야 한다는 철저한 도덕주의가 아니다. 도리를 지키면 흥하고 안 지키면 망한다는, 다시 말해 "흥하려면 착하게 살아라" 수준의 공리주의적(uti-litarian, 공공의 이익 '公利'가 아니라 쓸모를 뜻하는 '功利'임에 주의) 윤리, 일명 '소박한 응보론'에 머무르고 있다. 현재 흥한 사람은 도리를 지켰다는 뜻이니 지금의 지위를 유지할 자격이 있고, 망한 사람은 다 그럴 만한 이유가 있었다고 진작부터 낙인을 찍는 셈이다. 그럼, 아직 흥하지 못한 나는? 착하게 살아서는 당대에 발복할 가망이 없어 보이는 나는 어떻게 해야 하나? 「천자문」은 그런 질문에 답하는 글이 아니다.

그럼, 『논어』 같은 데서 강조하는 그 거창한 덕은? 공자와 이후의 유가가 군자君子(지배계급)의 덕을 강조한 것은, "통치의 근본은 덕인데, 지배계급(군자)인 네가 덕이 없으면 저 피지배계급(소인) 무리와 무엇으로 차별화할 것인가?" 하고 묻는 것이다. 군자더러 소인과 진배없다고 하면 양반더러 상놈이라 하는 것과 마찬가지로 집안을 욕되게 하는 것이니, 결과적으로 '군자=덕'이 된 것이다.

20년쯤 전부터 '대인배大人輩'라는 말이 유행하기도 했는데,

소인배는 있어도 대인'배'는 없다. 대인배라는 말을 처음 쓴 저
자는 따로 있지만, 어느 연말 방송국의 연예대상 시상식에서
유재○이 강호○의 덕담에 감사하며 '군자'라 할 것을 엉겁결에
'대인배'라 해 버린 것이 이 말이 유행한 결정적인 계기가 됐다
고 나는 추정한다.

결론은 벼슬이다. 이때는 아직 과거科擧 제도가 도입되기 전이
라 관리는 대대손손 기성 지배계급에서 나왔다.
제51구부터 각운이 '-eng' 운으로 바뀐다.

제51~52구

051 **景行維賢**, 경행유현   행실을 떳떳이 하여 현자가 되고
052 **克念作聖**. 극념작성   생각을 지극히 하여 성인이 된다.

앞 작은단락에 이어 2구 단장들이 또 한동안 계속된다.
볕 경景은 햇볕 드는 양지다. 풍경風景처럼 경치, 구경거리란 뜻
으로도 쓴다. 다닐 행行은 다니다, 실천하다(행위)의 뜻. 경행景行은
한길(대도大道)인데, 여기서는 글자대로 읽어 볕 가운데로 다닌다고
새기는 게 좋겠다. 좋은 데만 골라 다니라는 게 아니라, 떳떳하게
처신하라고.

行자가 가로세로 줄을 의미할 때는 친족 항렬行列처럼 '항'으
로 읽는다. 사실은 군대의 행렬과 수학의 행렬(matrix)도 엄밀

히는 '항렬'이라 읽어야 했지만, 근대 들어 일본어 '교레쓰(行列)'
를 행렬로 잘못 읽었거나, 친족 항렬과 구분하기 위해 일부러
행렬로 읽었을 수도 있다.

맬 유維는 묶다, 매듭 짓는다는 원뜻보다, 독음이 같은 唯(오직
유)·猶(오히려 유, 제88구)·惟(생각할 유, 제39구)의 대용처럼 쓰일 때
가 많다. 여기서는 '되다, 이루다' 정도로 새긴다. 새롭게 하는 걸
유신維新이라 하여 일본의 메이지明治유신과 우리나라 10월유신에
쓰는데, 이 말은 『시경』의 "주周나라는 오래된 나라지만 그 천명
은 오히려 새롭다(周雖舊邦, 其命維新주수구방 기명유신)"(「대아·문왕」)라는
구절에서 가져온 것이다.

어질 현賢의 '어질다'는 옛말에서는 성품이 너그러운 것뿐 아니
라 슬기로운 것까지 포함했다. 현대어에서는 성품이 어진 건 어질
인仁(제93구)으로 주로 쓰고 賢은 슬기롭다, 즉 현명賢明하다는 뜻으
로 쓴다. 유현維賢은 '현자賢者가 되다'로 새긴다.

경행유현景行維賢, 떳떳하게 처신하면 현자가 된다.

이길 극克은 극복克服한다는 말인데, 여기서는 '지극하게 하다'의
뜻으로 썼다. '능할 극尅'자로 쓴 판본도 있다. 생각 념念은 생각이
니, 극념克念은 생각을 지극히 하는 것.

지을 작作은 만든다, 제작製作한다는 뜻이지만 여기서는 앞 구의
맬 유維처럼 '된다' 정도로 새긴다.

성인 성聖은 본래 유가의 성인聖人이고, 흔히 임금의 높임말로 쓰
여 지금 임금(금상今上)은 성상聖上, 돌아간 여러 임금은 열성列聖이라
일컫는다. 거룩하다는 뜻으로 기독교의 세인트Saint의 번역어로 확

장돼 성인 · 성자聖者, 성녀聖女 등에도 쓴다. 작성作聖은 '성인이 되다'.

극념작성克念作聖, 생각을 지극히 하면 성인이 된다는 말은 『상서』의, "성인도 생각이 없으면 필부가 되고, 필부도 생각이 지극하면 성인이 된다(惟聖罔念作狂, 惟狂克念作聖유성망념작광 유광극념작성)"(『주서周書 · 다방多方』)에서 가져온 것이다.

성인과 현인, 합해서 성현聖賢(또는 현성賢聖)은 유가의 이상적인 인간상이다. 도가의 이상적인 인간상은 신선 선仙, 불교에서는 부처 불佛이다. 이념적으로는 성현 · 신선 · 부처 모두 개인의 노력으로 도달할 수 있는 경지다. 다만, 누구나 깨끗한 성품을 타고나므로 묻은 때를 씻어 없애는(씻을 세洗) 것이 수양이냐, 타고나기를 추하고 아둔하므로 갈고 닦아야(불릴 련鍊, 단련) 하느냐 견해차가 있다(두 말을 합치면 세련洗鍊). 흔히는 모차르트처럼 타고난 경지(신동)는 선仙이라 하고, 베토벤처럼 노력해 일군 경지는 성聖이라 쓴다. 시에서는 흔히 이백李白(이태백)을 시선詩仙, 두보杜甫를 시성詩聖, 왕유王維를 시불詩佛이라 하여 당唐 3대 시인으로 일컫는다.

제53~54구

053 **德建名立**, 덕건명립 덕을 세워야 이름이 서고
054 **形端表正**. 형단표정 자세를 바로 해야 옷맵시가 바르다.

큰 덕德은 도덕道德의 그 덕이다. 중국어 독음이 '더de'여서 도이칠란트(독일)를 덕국德國이라 썼다. 우리나라도 20세기 초까지 그렇게 쓰다가 지금은 일본식 '도이쓰獨逸'를 따서 독일로 쓴다(제195

구 참조). 세울 건建은 건축建築·건립建立한다는 말. 덕건德建, 덕이
저절로 서지는 않을 테니 내가 수양해 세워야겠지?

이름 명名을 한갖 명칭·명호가 아니라 명예·명성·평판이란
뜻으로 썼다. 설 립立도 선다, 세운다는 뜻. 3차원 공간을 차지하
고 서 있는 물건은 입체立體(cube), 부피의 세제곱은 입방立方(cubic)
이다. 명립名立은 이름, 즉 평판이 바로 선다.

덕건명립德建名立, '안으로' 덕을 세워야 '겉으로' 명예나 평판이
선다는 당위의 뜻을 담았다.

모양 형形은 겉모양, 외형外形이다. 겉모습 안에 숨어 있는 본질
은 바탕 질質이다. 바를 단端은 단정端整하다, 여기서는 단정히 하
라는 뜻. 대표 음훈은 '끝 단'으로 끄트머리 말단末端, 실마리 단서
端緒, 연극·영화의 단역端役 등에 쓴다. 형단形端은 사람의 겉모습
이 바르다는 것이니, 자세를 단정하게 하라는 말.

겉 표表도 겉모습이다. 바를 정正은 바르다는 형용사인데, '바루
다(바르게 하다)'라는 타동사로도 쓰인다. 사람의 겉을 감싼 게 옷
(의복)이므로, 표정表正은 옷매무새가 바르다는 뜻으로 썼다.

형단표정形端表正, 몸자세를 단정히 해야 옷차림도 바르다. 본래
는 '형단표정, 덕건명립' 차례로 써서 "몸 자세를 올바로 해야 옷매
무새가 바르듯, 안으로 덕을 세워야 겉으로 명성이 선다"고 할 것
을 압운(-eng) 때문에 순서를 바꿨다.

「천자문」의 윤리학의 바탕에는 앞에서 본 응보론과 함께 '소박한
유출론'이라 하여, 사람의 속마음은 겉모습과 행동으로 드러나게
마련이라는 믿음이 깔려 있음에 주목하자. 주머니에 송곳을 넣어도
뾰족한 게 드러나듯(낭중지추囊中之錐) 마음속에 있는 것은 어떻게든

절로 겉으로 드러나게 마련이이어서, 속 편한 사람은 표정도 온화하고, 나를 좋아하는 사람은 나한테 잘해 주게 마련이라는 식이다.

제55~56구

055 **空谷傳聲**, 공곡전성 빈 골짜기에 소리가 퍼지고
056 **虛堂習聽**. 허당습청 빈 방에 메아리가 울린다.

빈 골짜기가 메아리로 소리를 전하고, 벽에도 귀나 입이 있으니, 듣는 사람 없다고 말을 함부로 하지 말라. 뒤에 비슷한 말로 '이유유외, 촉이원장易輶攸畏, 屬耳垣墻'(제199~200구)이 나온다.

빌 공空과 그다음 구의 빌 허虛는 둘 다 비었다, 없다(무無)는 뜻. 합해서 공허空虛는 같은 말의 중첩이고, 순서를 바꾼 허공虛空은 빈 공간이다. 똑같이 없는 걸 불교는 공이라 하고 도가는 허·무라 한다.

> 空에는 공간, 공기(대기)라는 뜻도 있다. 숫자 영(0, 零)을 공空이라고도 읽어서, 영화 주인공 007은 '공공칠'이다. 맞다/틀리다의 O/X를 영어식 알파벳으로 읽으면 '오엑스'이지만, 한국식으로는 '공空표, 가위표(가새표, 곱표)'다. 어릴 때는 둥근 공(구球) 모양이라 공표인 줄 알았다.

골 곡谷은 지형의 높은 곳인 '마루'와 마루 사이의 낮은 골, 골짜기다. 공곡空谷은 빈 골짜기인데, 골짜기는 원래 텅 비었으니까 사

실은 동어반복이다.

전할 전傳은 본래 사이에 낀 매개(medium)를 통해 전달하는 것이지만, 사전은 직접 주는 것을 전한다·전달한다고 말하는 것도 허용한다. 그러니까 감사의 말이나 선물을 직접 말하고 주는 것도 '전한다'고 해도 된다. 성현의 말씀인 경經을 후세 학자가 주석한 것도 전이다. 합하면 경전經傳.

소리 성聲은 좁은 뜻으로는 사람 목소리(인성人聲), 아주 넓은 뜻으로는 음향(sound) 일체다. 그 중간에 어느 정도 질서 지워진 소리도 성, 노래를 포함한 음악소리도 성이라고 한다(제173구 '영음찰리' 참조). 성 자체가 명성名聲도 돼서, 이름값을 성가聲價라 한다.

공곡전성空谷傳聲, 빈 골짜기로 소리가 퍼진다.

집 당堂은 건물(집)도 되고, 건물 안 구획(방)도 된다. 허당虛堂은 빈 집보다 빈 방이 더 어울린다.

> 옛 지배계급의 집은 마당에 그냥 짓는 것이 아니라 축대 같은 것으로 한 층 돋워 놓고 그 위에 건물을 올렸는데, 이 돋운 자리가 당堂이다. 궁궐 전각에 임금을 모시고 섰을 때, 정3품 이상 벼슬아치는 당 위에 서는 당상관堂上官이고, 낮은 벼슬아치는 당하堂下에 자리한다.

익힐 습習은 되풀이해서 내 것으로 만든다는 뜻이다. 여기서는 드물게 '따라 한다' 정도 뜻으로 쓰였다. 배워서 익히는 게 학습學習. 『논어』의 유명한 첫 문장이 "배우고 때로 익히면 또한 기쁘지 아니한가(學而時習之, 不亦說乎학이시습지 불역열호)"(「학이學而」, 제250구 참조)이다.

들을 청聽은 물리적인 '소리'를 듣는 것뿐 아니라 내용인 '말'을 듣는다, 즉 명령이나 충고를 잘 따른다(청종聽從)는 뜻도 있다. 소식을 듣는 건 따로 들을 문聞(제247구)으로 쓴다. 습청習聽은 '들을 줄 안다', 나아가 '들은 걸 따라 할 줄 안다'는 말이니, 허당습청虛堂習聽은 '벽에도 귀가 있다(들을 줄 안다)'에서 나아가 '벽에도 입이 있다(듣고 전할 줄 안다)'로까지 새길 수 있다.

가장 소박한 윤리 기준은 공리적功利的, 즉 이 일을 하는 것이 나에게 이익이 되는가 손해가 되는가이다. 빈 골짜기에 소리 퍼지고 벽에도 귀와 입이 있다, 그러니 사람 없다고 말 함부로 하지 말라는 말은, 들킬 염려만 없다면 말해도 된다는 얘기다. 이보다 더 고차적인 윤리는, 들킬 염려가 있건 없건 악담은 하지 않는 게 맞다고 한다. 「천자문」은 고차적인 윤리를 담은 글은 아니고, 대체로 소박하고 평이한 공리적 처세관으로 일관하고 있다.

제57~58구

057 **禍因惡積**, 화인악적   재앙은 악행으로 인하여 쌓이고
058 **福緣善慶**. 복연선경   복은 선행으로 인하여 커진다.

좋은 얘기보다 나쁜 얘길 먼저 쓴 건 역시 각운(-eng) 때문이다. 정말로 선을 행하면 복을 받고 악을 행하면 화를 입기만 할까? 나아가, 선을 행하고 악을 행하지 말아야 하는 이유가 복 받고 화 입지 않기 위해서일까?

재앙 화禍와 복 복福, 나쁠 악惡과 착할 선善은 반대말 관계고, 인할 인因과 인연 연緣은 같은 뜻 '~ 때문에'를 다른 말로 쓴 것, 쌓을 적積과 경사 경慶도 뜻이 통한다. 그중 세 쌍은 결합하여 화복禍福, 선악善惡, 인연因緣이라는 낱말을 만들어 낸다.

나쁠 악惡은 독음 '오'일 때 '나쁘다, 미워하다, 몹시, 어찌' 등의 뜻이 된다. 몹시 미워하는 증오憎惡, 마구 추운 오한惡寒 등. 나쁠 악과 착할 선善 모두 도덕적 선악도 되고 품질이 좋고 나쁨도 된다.

쌓을 적積은 수학 용어로 곱(product)이나 적분積分, 2차원 면적面積, 3차원 체적體積 등에 쓰인다. 벡터곱(Cartesian product)을 삼사십 년 전 수학 책에서는 '데카르트적積'이라 썼다.

경사 경慶은 여기 맥락에서는 '발한다' 정도로 옮기면 자연스럽다.

화인악적禍因惡積, 재앙은 악행으로 인해 쌓이고, 복연선경福緣善慶, 복은 선행으로 인해 커진다. "선을 쌓는 집안에 반드시 경사가 넘치고, 악을 쌓는 집안에 반드시 재앙이 넘친다(積善之家 必有餘慶, 積惡之家 必有餘殃적선지가 필유여경 적악지가 필유여앙)"는 격언과 상통한다. 특히 운문에서는 문리文理를 파악해 말뜻을 아는 것만이 아니라, 말하고 자 하는 바를 짐작해 거꾸로 이로부터 문리를 유추해야 하는 경우 가 많다.

제59~60구

059 **尺璧非寶**, 척벽비보   한 자 옥돌이 보배 아니요
060 **寸陰是競**. 촌음시경   한 치 시간을 다퉈야 한다.

자 척尺과 마디 촌寸은 길이의 단위다. 우리말로는 자, 치다.

잣대의 표준은 천자가 제정한다. 천자의 발 사이즈를 한 자, 또는 손가락 마디를 한 치로 하기도 하고, 어느 산 어느 대나무의 마디와 마디 사이를 한 자로 하기도 하고, 기장의 일종인 거서秬黍 낟알을 길이 방향으로 열 개 늘어놓아 한 치(종서척縱黍尺), 또는 가로폭 방향으로 열 개가 한 치(횡서척橫黍尺)…. 거기에 열 치가 한 자냐(십진법) 아홉 치가 한 자냐(구진법) 등등으로 어지럽게 변해 왔다. 조선 이후로는 용도에 따라 4개의 표준척이 있었다. 범용 자인 주척周尺, 토목·건축용 영조척營造尺, 옷감 마를 때 쓰는 포백척布帛尺, 음악과 관련된 황종척黃鍾尺이다.

자, 치(척촌尺寸)보다 아래 단위들은 차례로 푼(분分), 리釐, 호毫, 사絲, 홀忽…로 내려간다(제91구 참조). 푼부터 아래로는 길이 단위도 되고 백분의 1(=푼), 1리는 천분의 1(=리)…의 비율을 가리키기도 한다. 야구 타율을 할割(10분의 1)·푼·리로 쓴다.

구슬 벽璧은 화씨지벽(제12구) 같은 옥돌, 또는 둥글게 마감한 옥기玉器다. 옥돌이 흠 없이 온전한 게 완벽完璧이다. 척벽尺璧은 한 자짜리 옥인데, 한 자가 30센티미터 안팎이니까 옥치고도 크고 값도 많이 나가겠다.

아닐 비非는 체언을 부정해 '~가 아니다'로 쓰인다. 동사·형용사·부사를 부정할 때는 아니 불·부不(제69구). 보배 보寶는 보물이다.

척벽비보尺璧非寶, 한 자짜리 옥이 보배가 아니라니, 그럼 뭐가 보배일까?

그늘 음陰은 볕 양陽(제8구)의 반대. 규칙적으로 해가 뜨고 져서 볕이 났다 그늘이 생기다 하는 게 시간의 흐름이다. 그래서 볕 대신 빛 광光을 쓴 '광음光陰'이 곧 시간이다. 이육사 시 「광야」에, "끊임없는 광음을 / 부지런한 계절이 피어선 지고"라 읊었다. 광음을 그냥 음으로 줄여서도 쓴다. 시간은 눈에 보이는 것이 아니건만 촌음寸陰, 한 치짜리 시간이란 건 아주 짧은 자투리 시간을 이른다.

이 시是는 가까운 것을 지시하는 말로 이 차此(제37구)와 같은 말. 다른 뜻으로 '~이다, 옳다, 긍정하다'가 더 있는데, 여기서는 '~이다'의 뜻으로서 아닐 비非의 반대다. 시비是非는 옳고 그름. 다툴 경競은 가지려고 경쟁하는 것.

촌음시경寸陰是競, 한 토막 자투리 시간이야말로 아끼고 다퉈야 한다.

척벽비보, 촌음시경尺璧非寶, 寸陰是競은 『회남자淮南子』의, "성인은 한 자 옥돌을 귀하다 하지 않고, 한 토막 시간을 귀히 여긴다(聖人不貴尺之璧, 而重寸之陰성인불귀척지벽 이중촌지음)"(「원도훈原道訓」)를 축약했다.

「천자문」보다 600년쯤 뒤 사람인 주회(주자朱子)는 학문에 힘쓸 것을 촉구하는 「권학문勸學文」을 쓰고서 칠언절구(7자 4구의 정형시)로 이렇게 마무리했다.

少年易老學難成, 一寸光陰不可輕. 소년이로학난성 일촌광음불가경

未覺池塘春草夢, 階前梧葉已秋聲. 미각지당춘초몽 계전오엽이추성

젊음은 늙기 쉽고 배움은 이루기 어려우니

한 토막 시간도 가벼이 할 수 없어라

연못 봄풀은 아직도 봄 꿈인데

섬돌 앞 오동잎엔 어느덧 가을 소리.

히포크라테스도 "기술(의술)은 한이 없는데 인생은 짧아라(ars longa, vita brevis)"라고 한탄했다. 이 말은 "인생은 짧고 예술은 길다"로 뜻이 바뀌어 지금도 통용되고 있다.

'선비의 일생'의 두 번째 작은단락 '입신'의 시작은 그 앞 작은단락(수신, 제37~50구)처럼 2구(8자)씩 떨어지는 단장들을 압운과 대구를 맞춰 모은 것이다. 기다란 호흡의 서사가 없어 앞뒤 맥락이 긴요하지 않은 만큼, '착하게 살자' 유의 경구警句로 독립해 쓰이는 경우가 많다.

그다음부터는 4구나 6구씩으로 호흡이 좀 길어진다.

제61~66구

061 資父事君, 자부사군 아버지 모시듯 임금을 섬길지니
062 曰嚴與敬. 왈엄여경 엄숙과 공경이라.
063 孝當竭力, 효당갈력 효도에 마땅히 힘을 다하고
064 忠則盡命. 충즉진명 충성에는 목숨을 바치라.
065 臨深履薄, 임심이박 깊은 물 건너듯, 살얼음 딛듯 하고
066 夙興溫凊. 숙흥온정 밤과 새벽으로 이부자리를 살피라.

이어지는 여섯 구는 충과 효 이야기다. 유가 윤리는 가家가 확대되어 국가國家가 되던 주周나라 이데올로기에 머물러 있기에, 아버지 모시듯 임금을 섬기라고 한다.

바탕 자資는 밑천(자본資本)이라는 뜻인데, 여기서는 '바탕으로 삼

는다'는 타동사로 쓰였다.

아비 부父는 언니 형兄(제89구)처럼 반드시 가족뿐 아니라 이웃이나 아는 어른들에게도 쓴다. 부형父兄은 가족 어른만이 아니라 어른들을 일반으로 부르는 이름이되, 남성 위주 호칭이다. 부형보다 평균적으로 나이 지긋한 어른들은 부로父老. 父자가 접미사(○○님)로 쓰일 때는 '보'로 읽는다. 자부資父, 아버지 섬기기를 바탕으로 삼아.

섬길 사事의 대표 음훈은 '일 사'다. 작은 나라가 큰 나라를 섬기는 '이소사대以小事大', 줄여서 사대는 본래 『맹자』에 나온 말로서(「양혜왕 하梁惠王下」) 조선왕조의 외교 대원칙이 됐다.

임금 군君은 임금(군주)만이 아니라 봉호封號 명칭도 되고(광해군光海君), 두루 남자를 높여 이르는 의존명사(김 군金君), 그냥 2인칭 평칭 대명사(그대)로도 쓴다. 조선시대 임금의 적자嫡子(중전의 소생)는 대군大君, 서자는 군君이다. 그러니까 지금 영국 왕 찰스 3세의 맏아들인 'Prince of Wales' 윌리엄을 '웨일스 대군'으로 옮기면 더 운치 있을 텐데.

자부사군資父事君, 아버지 섬기는 그 마음으로 임금을 섬기라.

가로 왈曰은 날 일日(제9구)자와 가로세로비만 다르다. 현대국어에서는 '가로되, 가론, 가라사대'의 몇 가지 활용형으로만 쓰인다. 여기서는 '즉' 정도로 새긴다.

더불 여與는 전치사일 때 '~와 함께'이지만, 여기서는 '~와(과)'라는 접속사로 쓰였다. 동사로 '함께하다, 주다' 등의 뜻이 더 있다.

아비와 임금 섬기는 마음은 한가지이니, 왈엄여경曰嚴與敬, 곧 엄할 엄嚴과 공경 경敬, 엄숙과 공경이다.

이하는 '엄숙과 공경'의 부연이다.

임할 림臨은 어느 장소나 일에 다가가(임박臨迫) 머무르는(왕림枉臨) 것이다. 어떤 천주교 잡지에서 읽은 글인데, 학생들이 "하느님이 게임하재요" 하며 킥킥거리더라나. 성가집을 봤더니 정말로 가사가 "우리 게임 하소서(우리게 임하소서)"였다고.

깊을 심深은 깊은 물이다. '심심甚深한 유감'은 아주 깊은 유감이란 말인데 할 일 없이 심심하다는 말로 오해받는 해프닝이 더러 있다.

밟을 리履는 실천, 이행履行한다는 뜻. 발에 신는 신발이라는 뜻도 있다. 단화는 리(짚신은 초리草履), 목 있는 긴 신발은 화靴(부츠는 장화長靴).

엷을 박薄은 넓적한 물건의 두께가 얇은 것. 이 구절에서는 살얼음을 떠올리면 된다. 사람의 행동이 가볍고 촐싹거리면 가벼울 경輕과 합쳐 경박輕薄, 그 반대는 무거울 중重(제16구)에 두터울 후厚, 중후重厚다. 지식이나 지혜가 모자란 것은 얕을 천淺과 합쳐 천박淺薄이고, 그 반대는 심후深厚.

임심이박臨深履薄은 『시경』의, "조심 또 조심 / 깊은 못에 다가가듯 / 살얼음 밟듯(戰戰兢兢, 如臨深淵, 如履薄氷전전긍긍 여림심연 여리박빙)"(「소아·소민小旻」)에서 왔다. 여기서는 아비와 임금 섬기기를 깊은 물 건너듯, 살얼음 밟듯 삼가고 조심하라는 말.

효도 효孝는 자식(자子)이 노인(로耂, 늙을로엄)을 업은 형국의 상형자.

당할 당當은 마땅히(부사), '~해야 한다'. 그 밖에 해당하다, 당하다, 마땅하다 등으로도 쓰인다.

다할 갈竭은 동난다는 말. 특별히 샘이 끊기거나 강이 말라 동나는 것은 물수氵변의 목마를 갈渴을 쓴다.

힘 력力은 물리력과 마음의 노력에 다 쓴다.

효당갈력孝當竭力, 효도에는 힘을 다하라.

충성 충忠은 '속(중中) 마음(심心)'으로 된 글자 구조에서 보듯 충실함을 가리키고, 임금을 향해 충실한 마음이 충성이다.

곧 즉則은 여기서처럼 접속사일 때는 '즉'으로 읽으며, 곧 즉卽(제180구)과 통한다. '법 칙'으로 쓸 때도 있다.

다할 진盡도 동난다는 뜻. 목숨 명命은 여기서는 생명生命·수명壽命인데, 운명運命·명령命令이라는 뜻도 있다.

충즉진명忠則盡命, 충성에는 곧 목숨을 다하라.

다할 갈竭의 결과는 소진消盡, 다 없어진 상태다. 그런데 다할 진盡의 결과는 소진(결여)일 수도 있지만, 정반대로 여한이 없는 상태, 즉 최상이나 충만일 수도 있다. 『논어』에서 공자가 선왕先王들이 제정한 악무樂舞를 비평한 구절이 그 보기다.

"선생님께서 〈소韶〉를 일컬어 '더없이 아름답고, 더없이 선하구나!' 하셨다. 〈무武〉를 일컬어서는 '더없이 아름다우나, 더없이 선하지는 못하구나!' 하셨다(子謂〈韶〉: '盡美矣, 又盡善也.' 謂〈武〉: '盡美矣, 未盡善也'자위소 진미의 우진선야 위무 진미의 미진선야)"(「팔일八佾」).

번역에서 보는 그대로, 진미盡美와 진선盡善은 미나 선의 결여가 아니라 그것들의 극한이다. 〈소〉는 순舜임금의 악무이고, 〈무〉는 주 무왕의 악무다. 선왕들의 악무가 지극히 아름다운 것은 이념상 그리할 수밖에 없다. 그런데 제23~24구(퇴위양국, 유우도당)에서 순임금(유우)은 나라를 평화로이 선양받았으므로 그 악무는 도덕적인 면에서도 지극히 선함을 상기시키나, 제

25~26구(조민벌죄, 주발은탕)의 무왕(주발)은 은나라를 무력으로
토벌했으므로 지선至善하지 못하다고 했다는 것이 통설이다.

일찍 숙夙은 아침 일찍, 이른 새벽(이를 조早)이라는 뜻.

일 흥興은 어떤 물건이나 현상이 인다(일어난다), 또 사동으로 일
으킨다는 뜻. 마음속에서 느낌이 몽실몽실 일어나는 것을 흥이 난
다고 한다.

숙흥夙興은 『시경·위풍衛風』「맹氓」의, 시집살이 3년차 여인의
한탄인 "숙흥야매夙興夜寐(일찍 일어나고 늦게 잔다)"에서 앞 두 글자만
따왔다(뒤 두 글자 '야매'는 '석매夕寐'로 고쳐 뒤의 제211구에서 쓸 일이 있을
것이다).

따뜻할 온溫은 뜨겁지도 차갑지도 않은 정중앙에서 살짝 뜨거운
쪽으로 기운 것이다. 따뜻할 난暖과 비슷하다.

서늘할 정凊('청'으로도 읽는다)의 왼쪽 부수(변)는 물 수氵(삼수변)가
아니고 얼음 빙冫(이수변)임에 주의. 뜨거운 것과 차가운 것의 정중
앙에서 차가운 쪽으로 제법 치우친 것이다. 찰 랭冷과 비슷하다(제
224구 참조).

온정溫凊은 날씨에 따라 부모님 잠자리를 겨울엔 따뜻하도록, 여
름엔 시원하도록 봐 드리는 '동온하정冬溫夏凊'의 준말이다. '숙흥'만
말했어도 당연히 저녁에 이부자리 봐 드리고 새벽에는 밤사이 안
녕하셨는지 살피는 '혼정신성昏定晨省'까지 포함한다. 「천자문」처럼
형식적 제약을 많이 받는 글에서는 이런 함축까지 읽어 내는 것도
재미다.

아버지와 임금 대하는 자세를 스승까지로 확장한 말이 '군사부

일체君師父一體'다. 그런데 부모나 주군이 잘못된 길로 나아가려 할 때, 또 나더러도 그릇되이 행하라고 명령할 때, "아니 된다"고 간 언하는 것이 갈력일까, 아니면 그른 명령조차 순종하는 것이 진명 일까? 공자는 따르라는 쪽이다.

> 섭공이 공자께 아뢰기를, "우리 동네에 곧게 처신하는 이가 있어, 그 아비가 양¥을 훔치니 아들이 증언했습니다" 하였다. 공자께서 말씀하시기를, "우리 동네의 곧음은 그와 다릅니다. 아비는 아들을 숨겨 주고, 아들은 아비를 숨겨 줍니다. 곧음이 그 속에 있습니다" 하셨다(葉公語孔子曰: "吾黨有直躬者. 其父攘羊, 而子證 之." 孔子曰: "吾黨之直者異於是. 父爲子隱, 子爲父隱. 直在其中矣"섭공어공자왈 오당유 직궁자 기부양양 이자증지 공자왈 오당지직자이어시 부위자은 자위부은 직재기중의).
>
> (『논어·자로子路』)

┌─────────┐
│ 제67~70구 │
└─────────┘

067 **似蘭斯馨**, 사란사형 난초같이 향기로움이여

068 **如松之盛**. 여송지성 소나무같이 무성함이여

069 **川流不息**, 천류불식 냇물이 흘러 쉬지 않음이여

070 **淵澄取暎**. 연징취영 못물 맑아 그림자를 잡겠네.

춘추전국시대까지만 해도 계급 개념이던 군자가 한漢나라 이후 에는 '인품이 높은 선비'를 가리키는 말로 굳었다(상층계급에 국한되기 는 마찬가지). 다음 4구는 군자의 인품을 자연물인 난초·소나무·

냇물·못물에 차례로 비겼다.

난초 란蘭과 소나무 송松은 군자의 덕목을 대변하는 것으로 흔히 꼽는 식물이다.

蘭자는 네덜란드(홀란드, 화란和蘭)의 약자로도 쓰인다. 난초는 깊은 산에 홀로 피되(자기를 내세우지 않음) 향기(인품)가 멀리까지 가고, 많은 거름과 물을 필요로 하지 않으며(욕심 없음), 연약하되 쉬이 꺾이지 않는다(외유내강). 대한제국 말기의 정치가 민영익閔泳翊은 먹으로 손수 친 묵란墨蘭에 "난은 그윽한 골짜기에 나되, 사람이 없다고 하여 향기를 안 뿜지 않는다(蘭生幽谷, 不以無人不香난생유곡 불이무인불향)"고 제題했다. 물론 그런 서화를 남겼다 하여 그 사람이 꼭 그렇게 살았다는 말은 아니다.

여름의 난초는 봄의 매화(매梅), 가을의 국화(국菊), 겨울의 대나무(죽竹)와 함께 흔히 매란국죽 '사군자四君子'로 통칭된다. 화투花鬪(그림패 싸움) 좀 아는 사람이라면 2월 매조梅鳥, 5월 난초, 9월 국화가 얼른 떠오를 것이다. 대나무는? 12월(비) 배경 식물이 대나무였으면 딱일 텐데, 버드나무란다.

사철 푸른(지조가 변치 않음) 소나무를 대나무·매화와 함께 '세한삼우歲寒三友'로 묶기도 한다. 그런가 하면 윤선도尹善道는 「오우가五友歌」에서 물·돌·소나무·대나무·달(수석송죽월水石松竹月)을 다섯 벗으로 꼽았다.

내 벗이 몇이나 하니 수석水石과 송죽松竹이라
동산東山에 달 오르니 그 더욱 반갑고야. (제1수, 부분)

사군자 중 여름을 대표하는 난초의 특징으로는 향기 형馨을 꼽았다.

같을 사似와 다음 구의 같을 여如는 '~와 같이'를 뜻하는 같은 말이다. 늘 한가지로 변치 않는 것을 '여'일如一하다 하고, 맞는 것 같은데 사실은 틀린 것을 '사'이비似而非라 한다. 같은 말이 올 자리에 다른 글자를 쓰는 것은 「천자문」이 중복 없이 1천 자를 엮은 글이어서이기도 하지만, 특히 운문에서는 기본적인 테크닉에 든다.

이 사斯는 이 차此(제37구)처럼 가까운 것을 지시하는 말이지만 여기서는 별 뜻이 없다. '우리 것'을 높이는 데 쓰여, 공자의 가르침을 따르는 유학儒學을 사문斯文(이 학문) 또는 사도斯道(이 도)라 불렀다. 유학 안에서도 성리학과 다른 경향은 '우리 학문을 어지럽히는 역적'이라는 뜻의 사문난적斯文亂賊이라며 배척했다.

사란사형似蘭斯馨, 난초같이 향기로움이여.

소나무의 특징으로는 성할 성盛을 들었다. 한겨울에도 시들거나 잎을 떨구지 않고 무성한 한결같음을 군자의 풍모에 비긴 것이다 (제191~192구도 참고).

갈 지之에는 '가다'(동작), '~의'(소유), '그것'(목적격으로만)의 세 뜻이 있는데 여기서는 두 번째, 소유의 뜻. 여송지성如松之盛, 소나무같이 무성함이여.

내 천川은 물 수水(제11구)처럼 냇물이 흘러가는 모습을 상형한 글자. 흐르는 물로서 대체로 작은 것은 천, 큰 것은 강江이나 하河 (제17구)다.

흐를 류流는 액체가 진행하는 것. 사람의 행실 등이 도가 지나친 것에도 이 자를 쓴다. 예술 등의 유파流派도 이 류다(김죽파류

가야금 산조). 여성 작가를 굳이 '여류女流'로 구별해 부르던 시절도
있었다.

아니 불不은 동사 · 형용사 · 부사를 부정하는 말로, 체언을 부정
하는 아닐 비非(제59구)와 구별된다. 바로 다음에 'ㅈ' 초성이 나오
면 'ㄹ'을 탈락시켜 '부'로 읽는다(부정不正, 不貞).

「천자문」에 나오는 부정否定의 보조용언들을 총정리해 보자.

제44구 莫(말 막): 금지, 동작/형용/부사 부정

제45구 罔(말 망): 금지

제46구 靡(아닐 미): 금지, 동작/형용/부사 부정

제59구 非(아닐 비): 체언 부정

제69구 不(아닐 불/부): 동작/형용/부사 부정

제76구 無(없을 무): 부재, 때로 금지의 뜻

제94구 弗(아니 불): 不/莫과 통용

제96구 匪(아닐 비): 不과 통용

제141구 勿(말 물): 금지, 莫/罔과 통용

쉴 식息에는 쉰다(휴식休息)는 뜻 외에 숨쉰다(호흡, 기식氣息)는 뜻
도 있다.

천류불식川流不息은 공자가 냇물을 굽어보며 "가는 모습이 어찌
저럴까! 밤낮으로 쉬지 않네(逝者如斯夫, 不舍晝夜서자여사부 불사주야)"(『논
어 · 자한子罕』)라며 감탄한 뜻을 네 글자로 간추린 것. 『주역』의 건
乾(䷀)괘 설명에 군자는 자강불식自强不息, 스스로 업그레이드하기를
쉬지 않는다고도 했다.

못 연淵은 고인 물로서 호수(호湖)보다 작은 것이다.

맑을 징澄은 주로 액체가 투명한 상태.

가질 취取는 적극적으로 취해 가지는 동작.

그림자 영暎은 본래 '비칠 영'이다. 흔히 쓰지 않는 글자고, 대신에 음과 훈이 같은 '映'자를 두루 쓴다. 사전적으로는 暎을 아예 '映의 속자俗字'라고 한다. 여기서는 그림자 영影 대신 쓰였다. 은빛 커튼(은막銀幕, 스크린)에 필름 그림자를 확대해 영사映寫한 게 영화映畫인데, 지금은 그림자 대신 브라운관이나 LED로 자체발광하는 움직그림까지도 영상映像으로 굳었다.

연징취영淵澄取暎, 못물이 얼마나 맑은지 그림자가 진짜 같아서 손 뻗으면 잡힐 것 같다. 조금 다른 맥락에서 불교(선종)에서는 마음을 가린 잡생각들을 텅 비워 자신의 참모습을 들여다볼 수 있는 상태를 명경지수明鏡止水, '밝은 거울과 고인 물'이라 한다. 못물에 잔물결(잡생각)이 없더라도, 우선 맑고나 봐야 제 마음 그림자도 비칠 터.

군자는 안으로 천류불식, 끊임없이 수양하고, 밖으로 연징취영, 언행에 속임이나 가림이 없어야 한다. 저런 권면의 말이 끊임없이 나오는 것은 역설적으로 선비들이 실제로는 다 군자답게 처신하지만 않았음을 짐작케 한다.

제71~72구

071 **容止若思**, 용지약사　표정과 거동은 사려 깊게

072 言辭安定. 언사안정 말씨와 내용은 차분하게.

다시 2구 단장이다. 앞에서 난초와 소나무, 냇물과 못물에 비긴 군자의 실제 거동과 말씨는 어떠해야 하는가?

얼굴 용容은 용모容貌라는 뜻인데 용기容器에 담는다, 또 허용許容한다는 뜻으로도 쓴다.

그칠 지止는 행동을 중지中止하는 것인데, 여기서는 거지擧止(행동과 그침)의 준말로 본다. 한 글자에 반대 뜻인 들 거擧(제214구)까지 담아 썼다. 용지容止는 용모와 거지다.

같을 약若은 '~와 같다'라는 뜻의 전치사로, 앞에 나온 같을 사似, 같을 여如와 같다. 여如와 마찬가지로 '만약萬若'이라는 가정의 접속사로도 쓰인다.

생각할 사思에는 그리워한다, 사모思慕한다는 뜻도 있다.

용지약사容止若思, 겉모습과 행동거지는 경거망동하지 말고 심사숙고하는 것처럼 하라는 말.

말씀 언言은 말, 말씨. 말씀 사辭는 말인데, 따로 사퇴辭退·사절辭絶·사양辭讓한다는 뜻도 있다. 언사言辭는 말투와 말의 내용쯤 된다.

편안할 안安은 여자(계집 녀女, 제41구)가 집안(宀)에 있는 모습을 회의한 글자다. 여자 아니라 누군들 집에 있으면 편안하지 않을까. 宀는 '집 면'인데, 주로 글자 위에 갓처럼 씌우므로 속칭 '갓머리'라 한다. 정할 정定은 고정하는 일 또는 고정된 상태.

언사안정言辭安定은 말투(어조)가 격하지 않을뿐더러 구사하는 어휘와 말이 담은 뜻도 점잖도록 하라는 말.

사람의 성품에는 타고나서 비교적 항구적인 측면(性)이 있는
가 하면, 시시각각으로 변하는 측면(情)도 있다. 항구적인 성품
과 그때그때의 감정은 저절로 말과 행실로 드러난다는 믿음을 앞
에서 '소박한 유출론'이라 했다. 유출론대로라면 우리는 용모를 꾸
밀 필요가 없다. 용모를 꾸며야 한다는 것은, 속이 부글부글 끓어
도 겉은 냉정하고, 속은 미움으로 가득차도 겉은 자비로워야 된다
는 얘기니 소박한 유출론과 모순이다. "글씨는 마음의 거울"이라
는 말도 있는데, 이 말대로라면 우리는 마음을 다스리기만 하면
글씨가 잘 나올 테니 글씨 연습을 할 필요가 없지 않은가! 그러나
현실에서 이 말은, 글씨를 예쁘게 써서 마음이 예쁜 것처럼 가장
하라는 말로 쓰이고 있다.

표정과 몸짓은 사려 깊은 듯(용지약사), 말씨와 내용은 진지하고
차분하게(언사안정) — 좋은 말씀인데, 무엇을 위해서? 결과적으로
나 하나 잘되기 위해서라면(즉, 나 잘되는 데 보탬이 되지 않을 때는 그럴
필요 없다면) 그게 처세술이다. 그에 반해 윤리학은 과연 그런지,
사람이 추구하는 게 그것뿐인지 묻는다.

| 제73~76구 |

073 **篤初誠美**, 독초성미   시작이 참으로 보기 좋도록 유념하고
074 **愼終宜令**. 신종의령   끝도 마땅히 좋도록 삼가면
075 **榮業所基**, 영업소기   영화로운 업이 터잡은 기틀이
076 **籍甚無竟**. 자심무경   번창하고 가없으리라.

군자의 수양을 한참 얘기했지만, 이런 수양의 목표란 게 결국 입신立身·현달顯達과 대대손손 번영임이 제73~80구의 여덟 구에서 드러난다. 먼저 앞 네 구.

도타울 독篤은 독실篤實하다는 뜻인데, 여기서는 '단디(단단히)하라'는 정도로 썼다.

처음 초初는 일의 시작을 가리키며, '옛날에'라는 뜻도 있다.

진실로 성誠은 '참으로'라고 강조하는 부사로 쓰였다. 대표 음훈은 '정성 성'.

아름다울 미美는 외관, 특히 사람의 외모가 보기 좋은 것에서 나아가, 착할 선善(제58구)과 통하여 일과 품질이 좋은 것도 가리킨다.

독초성미篤初誠美, 일의 시작이 참으로 보기 좋도록 유념하라.

삼갈 신愼은 근신勤愼하다, 유념하다, 부사로 '삼가'의 뜻.

마칠 종終은 일의 끝이다.

마땅할 의宜는 부사어 '마땅히'. 펼 선宣(제151구)자와 한 획 차이이므로 주의.

좋을 령令의 대표 음훈은 '명령 령'이다. 여기서는 좋다, 아름답다는 뜻으로 쓰였다. 남의 가족을 높여 지칭할 때 영부인令夫人·영식令息(아들)·영애令愛(딸)처럼 쓴다.

시작이 아름답도록 유념한 것처럼 신종의령愼終宜令, 끝도 마땅히 좋게 되도록 유의하라.

「천자문」의 많은 구절이 그렇지만 제73~74구도 구조만 같은 게 아니라 글자도 일일이 맞대응한다(篤-愼, 初-終, 誠-宜, 美-令). 주로 운문에서 이렇게 글자나 성분 단위로 솜씨 좋게(공工) 대응시키는 것을 공대工對라 한다. 특히나 「천자문」은 글자를 중복 없이 써야 한다는 원천적인 제약이 있어 그렇기도 하지만, 똑같은 글자 대신 비슷한 글자로 대구를 만듦으로써 글의 단조로움을 피하고 공대를 구사해 글맛을 돋운 솜씨가 돋보인다. 단, 무엇이든 지나치면 아니 함만 못하다(과유불급過猶不及). 「천자문」의 대구들이 너무 공들인 나머지 자주 인위적이라는 느낌을 주는 것은 그 때문이다.

영화 영榮은 영화榮華롭다는 말.

업 업業은 밥 먹기 위해 하는 일(생업)뿐 아니라 학업처럼 밥 먹고 늘상 하는 일도 가리킨다. 한 일의 성과를 총결산한 것은 업적業績, 자기가 한 일의 선악에 따라 상이나 벌을 받는 것이 불교의 업보業報, 줄여서 업이다.

터 기基는 '터 잡다'라는 동사로 쓰였다. 바 소所는 '곳(장소)'이라는 뜻 외에, 동사 앞에 붙어서 사역(부림)의 객체(것/바. 제199구 '바 유攸'도 참고)가 되기도 한다.

영업소기榮業所基는 영화로운 업이 터 잡은 바, 곧 업의 기틀이다.

온화할 자籍의 본래 음훈은 '글 적, 호적 적'으로 문서(장부, 서적)나 호적戶籍을 가리킨다(현대 중국어 독음은 '지jí' 한 가지). 우리나라는 20세기 거의 내내 존재하던 호적부를 폐지하고 가족기록부로 대체했다. 기존 「천자문」 해설들은 籍자를 '적'으로 읽는 경우와 '자'로 읽는 경우가 반반쯤으로 나뉜다. 여기서는 '온화할 자'로 읽기로 한다.

심할 심甚은 일이나 상태의 정도가 대단함이다. 자심籍甚은 매우 번창하다는 뜻쯤 된다.

없을 무無도 가끔 '~하지 말라'는 금지의 뜻으로 쓰일 때가 있다. 제43구(지과필개知過必改)에서 '모르다'라는 동사가 독립 단어로 있는 언어가 아주 드물다고 했는데, 그 정도까지는 아니어도 '있지 않다' 말고 '없다, 무無, 니힐nihil'처럼 독립 단어로 있는 언어도 썩 많지 않은 것 같다. 유럽어만 해도 '있다(to be)'를 부정해야(not to be) 없다는 뜻이 되잖나.

다할 경竟은 여기서는 끝이라는 뜻.

자심무경籍甚無竟, 번창하기가 끝이 없다.

한 말漢末부터 「천자문」이 지어진 6세기 초까지 중국은 300년 동안(그리고 그 뒤로도 100년 더) 혼란기였다. 피붙이끼리의 효孝와 국가 이데올로기로서 충忠은 건재했지만 공자·맹자가 설파한 인의仁義는 밥 먹여 주기는커녕 목숨도 지켜 주지 못했다. 벼슬 한다는 것은 언제 정변이 일어나 죽을지 모른다는 것을 의미했기에 유가의 인의보다 도가의 무위無爲가 더 매력적이었고, 귀한 신분으로서 가산이 좀 있다면 출사出仕보다 은거를 택하는 편이 현명했다. 「천자문」의 지금 '수신'이나 바로 다음의 '공동체 윤리' 작은단락이 공리주의적 처세론 수준을 벗어나지 못하는 데는 이런 배경도 있다.

제77~80구

077 **學優登仕**, 학우등사　공부 잘해 벼슬에 오르고

078 **攝職從政**. 섭직종정　직책을 맡아 정사를 잘 도우면

079 **存以甘棠**, 존이감당　팥배나무를 남겨 두고

080 **去而益詠**. 거이익영　떠난 뒤에도 갈수록 칭송하느니.

내 일신 잘되고 대대손손 영화를 누릴 기틀은 뭐니 뭐니 해도 벼슬이다.

학업이나 문장·무술 등 능력으로 사람을 뽑는 과거제는 「천자문」보다 반세기 이상 뒤인 수隋나라 때 도입되고 당唐에서 확립됐다. 그전까지는 신분별로 벼슬을 대대로 물려받는 음서제蔭敍制가 기본이었다. 물론 그런 시절에도 '인물품조人物品藻'라 하여 기골氣骨·풍신風神·신운神韻 등 다양한 범주어로 사람을 품평해 썼고, 이것을 등급화한 게 구품중정九品中正이다. 먼저 상·중·하上中下로 나누고, 각각을 또 삼분해 상지상上之上, 상지중上之中, … 하지하下之下의 아홉 등급(때로 6등급)을 매겼다. 조선의 관리 품계를 9품(실제는 다시 정正·종從을 나누어 18품)으로 한 것, 조선 초에 한 해의 풍흉을 9등급으로(연분구등年分九等), 경작지의 지력地力을 6등급으로(전분육등田分六等) 각각 나눈 것도 구품중정의 유산이다.

배울 학學은 배우다, 학문 등의 뜻. 그 시절 공부란 글공부니까 글월 문(제21구) '학문學文'이라 했는데, 서양의 학문(science, philosophy) 개념을 일본을 통해 수입하면서 물을 문(제27구) '학문學問'으로 대체됐다.

넉넉할 우優는 우수하다는 뜻. 또 전통사회 엔터테이너인 '광대廣大'라는 뜻도 있어, 역시 재인才人을 뜻하는 배俳자와 묶어 배우俳優라는 말로 남아 있다. 목소리만 쓰는 배우는 소리 성 성우聲優. 학우學優, 학업이 우수하다.

오를 등登은 '운등치우'(제9구)의 등騰자와 비슷한 뜻인데, 騰이 치솟듯 올라가는 것인 데 비해 登에는 그처럼 거센 뜻은 없다.

벼슬 사仕는 임금(오늘날은 국민)을 섬기는 일이므로 섬긴다, 봉사奉仕한다는 뜻도 있다. 등사登仕는 벼슬길에 오르는 것. 출사出仕라고도 한다.

학우등사學優登仕, 공부 잘해 벼슬길에 오르다. 사실 이 구절의 원 출전은 『논어』의 자하子夏의 말, "벼슬하며 여력 있거든 공부하고, 공부하다 여력 있거든 출사한다(仕而優則學, 學而優則仕사이우즉학 학이우즉사)"(「자장」)라는 말에서 왔다(이때 넉넉할 우는 '여력이 있다'라는 뜻). 그럼에도 「천자문」의 지금 맥락에는 공부 '잘해' 벼슬한다는 게 더 어울린다.

> 제60구에서 "터득할 의술에 비해 인생이 짧다(ars longa, vita brevis)"는 히포크라테스의 한탄이 르네상스 유럽을 거치며 "인생은 짧고 예술은 길다"는 찬탄으로 바뀌어 쓰인 것을 스치듯 언급했다. 호라티우스는 『시학』에서 "그림과 마찬가지로 시도(ut pictura poesis)" 가까이서 들여다만 봐서는 모르고 조금 거리를 두고 봐야 잘 보인다고 했다. 이 말도 르네상스 유럽에서 "시는 그림과 같이", 즉 시에서 세밀한 묘사를 강조하는 말로 바뀌어 쓰였다. 마찬가지로 「천자문」의 기생적 구절들도 본래의 뜻과 별도로 말장난(pun)처럼 슬쩍 다른 뜻으로 옮아 타서 읽는 묘미가 있다.

잡을 섭攝은 잡다, 쥐다, 취하다의 뜻. 음식(영양)을 취하는 것은 섭취攝取, 사람을 내 편으로 만드는 것은 포섭包攝. 인문학 · 사회과학 · 생명과학 · 물리과학이 서로 별개인 것 같아도 사실은 전체를 관통하는 원리가 있다는 믿음을 가진 사람들이 있는데, 저렇게 공통 원리 위에 놓인 '상태'가 컨실리언스(consilience)다. 생명과학자 에드워드 윌슨의 *Consilience: The Unity of Knowledge* (1998)를 최재천·장대익 교수가 우리말로 번역하면서 『통섭: 지식의 대통합』(2005)이라고 제목을 잡았는데, 여기 통섭이 거느릴 통 통섭統攝이다. 그런데 원제의 consilience도 상태고 unity도 통일된 '상태'인데, 역자들은 이걸 '끌어모음, 통합'이라는 능동적 '행위'로 왜곡했다. 이제는 되돌릴 수도 없게 된 '가장 성공한 오역'이다.

벼슬 직職은 직책, 여기서는 공직이다. 섭직攝職은 보직을 받는 것.

좇을 종從은 따르다(추종追從, 순종順從), 딸리다(종속從屬)의 뜻. 정사 정政은 나라나 고을을 다스리는 일, 정치다. 종정從政은 다스리는 일에 종사하는 것인데, 다스림의 맨 꼭대기에는 임금이 있으므로 결국은 임금을 잘 보필하는 것과 통한다.

섭직종정攝職從政, 직책을 맡아 정사를 잘 도우면.

바로 앞의 '수신' 작은단락(제37~50구)을 고전들인 『묵자』와 『시경』 인용(묵비사염, 시찬고양)으로 마무리한 것처럼, 여기 '입신' 작은단락도 『시경』 구절로 마무리한다.

존이감당存以甘棠의 감당甘棠은 우리말로 팥배나무다. 제50구(시찬고양)에서 주周 소공이 다스린 지방의 관리들이 검소하고 백성이 온순하다 했는데, 바로 그 소공이 팥배나무 아래서 정무를 살피며 백성을 교화한 일을 노래한 게 「감당」 시다. 감甘은 '(맛이) 달 감'.

蔽芾甘棠, 勿翦勿伐, 召伯所茇. 폐패감당 물전물벌 소백소발

蔽芾甘棠, 勿翦勿敗, 召伯所憩. 폐패감당 물전물패 소백소게

蔽芾甘棠, 勿翦勿拜, 召伯所說. 폐패감당 물전물배 소백소세

무성한 팥배나무, 자르지도 베지도 마오. 소백(소공)님 계시던 자리라오.

무성한 팥배나무, 자르지도 베지도 마오. 소백님 쉬시던 자

리라오.

무성한 팥배나무, 자르지도 베지도 마오. 소백님 말씀하시던

자리라오. (『국풍·소남』「감당」)

있을 존存은 있을 재在(제33구)와 마찬가지로 특정 주체가 존재存

在하는 것. 있을 유有(제24구)는 있음(존재)뿐 아니라 가짐(소유)까지

나타내는 점에서 이 두 글자와 다르다.

써 이以는 방편(~로써)의 뜻의 전치사 또는 후치사인데, 여기서

는 '~를'이라는 목적격 전치사다. 존이감당存以甘棠, 팥배나무를 남

겨 놓는 것은 남쪽 지방 사람들이 소공을 그리워하고 기리는 것인

데, 그와 같이 나도 목민관으로 선정을 하면 백성들이 나를 기린

다는 말이다.

갈 거去는 자동사로 가다·떠나다, 타동사로 제거除去하다의 뜻.

여기서는 임지에서 떠나간다는 말.

말이을 이而는 순접(그리고)과 역접(그러나)이 다 되므로 유의. 그

럴 연然자와 붙여 '연이然而'로 쓰면 언제나 역접이다.

더할 익益은 보태다, 이롭게 하다, 이익利益이라는 말인데 여기서

는 '~할수록'이라는 익심益甚으로 새긴다. 부익부빈익빈富益富貧益貧

(부유할수록 부유해지고 가난할수록 가난해진다), 다다익선多多益善(많을수록

좋다)의 그 익심이다.

읊을 영詠은 독음이 같은 咏으로도 쓴다. 말 반 노래 반으로 읊

조리는 것이다. 여기서는 칭송한다는 뜻으로, 제50구(시찬고양)의

기릴 찬讚과도 통한다.

존이감당, 내가 떠나도 나를 기려 팥배나무를 남겨 두고, 거이
익영去而益詠, 두고두고 더 칭송한다.

　선비는 태평성대에는 출사해 임금을 보필해야 하지만, 난세이
거나 개인적으로 뜻이 꺾이면 벼슬길을 버리고 은일隱逸한다. 춘추
초楚나라의 굴원屈原이 세상 어지러움을 한탄하니, 우연히 마주친
어부가 "창랑 물이 맑으면 갓끈을 씻고, 창랑 물이 더러우면 발이
나 씻지(滄浪之水淸兮, 可以濯吾纓; 滄浪之水濁兮, 可以濯吾足창랑지수청혜 가이탁오영 창
랑지수탁혜 가이탁오족)"(『초사楚辭 · 어부漁父』)라며 비웃었다지. 공자는 "천
하에 도가 있으면 모습을 보이고, 도가 없으면 숨는다(天下有道則見,
無道則隱천하유도즉현 무도즉은)"(『논어 · 태백泰伯』. 여기 見자는 '나타날 현'으로 읽
는다)고 했고, 맹자도 "군자는 궁하면 홀로 일신을 착하게 다스리
고, 뜻을 얻으면 더불어 천하를 좋게 만든다(君子, 窮則獨善其身, 達則兼
善天下군자 궁즉독선기신 달즉겸선천하)"(『맹자 · 진심 상盡心上』)고 했다.
　주흥사 「천자문」이 나온 양梁나라는 서진 · 동진 · 송 · 제 · 양 ·
진 육조六朝(222~589) 370년 혼란기의 끝물에 해당하여, 죽림칠현竹
林七賢(제229~230구 참조)에서 보듯 많은 군자가 벼슬하기보다 물러
나 제 한 몸 보전하기를 택한 대표적인 난세였다. 그런데도 「천자
문」이 권하는 군자의 처신은 독선기신獨善其身의 '윤리'가 아니라 겸
선천하兼善天下의 '처세'다. 심지어 천자께 바쳐야 하는 글이니 시대
가 태평성대라고 추켜세울 수밖에 없지 않았을까?

공동체 윤리

제81~102구

'초학'의 셋째 작은단락은 가족, 친족, 향촌 같은 소규모 공동체에서 처신하는 길을 이야기한다. 각운이 '-i' 운으로 바뀌고, 역시 2~4구짜리 단장이 많다.

제81~82구

081 **樂殊貴賤**, 악수귀천　악은 귀천에 따라 다르고
082 **禮別尊卑**. 예별존비　예는 존비에 따라 다르다.

공동체 윤리의 출발로 예禮와 악樂을 선언한다.

풍류 악樂은 음악이다. 이 글자는 악(한어병음 웨yue) 외에 두 가지 훈과 음이 더 있다. '즐거울 락(러le)'과 '좋아할 요(야오yao)'가 그것이다. 그중 '좋아할 요'는 산과 물을 좋아한다는 '요산요수樂山樂水'에 한해서만 쓴다.

> 子曰: "知者樂水, 仁者樂山. 知者動, 仁者靜; 知者樂, 仁者壽."
>
> 자왈 지자요수 인자요산 지자동 인자정 지자락 인자수
>
> (밑줄 친 樂자가 처음 두 번은 '좋아할 요', 나중 한 번은 '즐길 락'으로 쓰였다.)

선생님께서 말씀하셨다. "지혜로운 이는 물을 좋아하고, 어진 이는 산을 좋아한다. 지혜로운 이는 움직이고, 어진 이는 고요하다. 지혜로운 이는 즐겁고, 어진 이는 오래간다." (『논어 · 옹야雍也』)

동아시아 전통에서 악은 단순히 기악 연주뿐 아니라 노래와 춤까지, 즉 악 · 가 · 무樂歌舞 일체의 종합연행예술(performing arts)을 아울러 이른다. 그런데 노래와 음악에도 등급이 있다. 그냥 소리(성악)만 하는 것은 노래 요謠, 악기 반주까지 갖추었을 때 노래 가歌, 여기에 춤까지 갖추어야 비로소 악이 된다.

또 정제되지 않은 자연의 뭇 소리는 소리 성聲(제55구)이고, 음계(십이율과 오음 · 칠성)를 갖춘 질서 잡힌 소리, 즉 악음樂音(musical sound)은 소리 음音(제173구)이고, 이런 소리에 악기와 춤까지 갖추었을 때 비로소 악이 된다.

악기와 춤까지 갖춘 음악을 더 높이 치는 것은 유럽 음악전통, 특히 기독교 음악에서 오랫동안 사람의 목소리로만 연주하는 무반주(아 카펠라a cappella, '예배당식') 성악을 악기의 음악인 기악보다 높이 친 것과 정반대여서 흥미롭다. 중국 이데올로기는 악기의 여덟 가지 재료(팔음八音)가 상징하는 천하의 모든 것을 천자의 앞마당에 늘어놓는 걸 중시했고, 그리스 · 기독교 문명은 '신이 만든 악기'인 인간의 목소리가 그 인간이 만든 '2차 피조물'인 악기보다 우월하다고 여겼기 때문이다.

다를 수殊는 남다른(특수特殊, 수상殊常) 것에 주로 쓰지만 여기서는 그냥 달리한다는 정도의 뜻이다.

악수귀천樂殊貴賤, 신분이 귀하냐(귀할 귀貴, 군자) 천하냐(천할 천

賤, 소인)에 따라 수반하는 음악이 다르다. 군자 안에서도 등급에 따라 거동할 때나 의례에 따르는 음악의 등급이 달라서 천자(황제), 제후(왕), 대부大夫, 사士별로 그 신분에 걸맞은 악무의 등급이 있다. 천자의 조정에 쓰는 악가樂歌와 팔일무八佾舞(8×8줄 대형으로 추는 춤)를 노魯나라 실력자인 세 대부가 집안 제사에 감히 쓰자 공자는 "이런 걸 참는다면 무엇인들 못 참겠는가(是可忍也, 孰不可忍也시가인야 숙불가인야)!"(『논어·팔일』)라며 개탄했다.

종묘 제례악(무대 버전) 중 문무文舞 장면. 조선의 종묘악은 오랫동안 제후급의 육일무六佾舞(6×8열 또는 6×6열)이다가, 대한제국 선포(1897) 후 황제급인 팔일무로 격상했다. 국립국악원 국악아카이브

　　예도 례禮는 예절이다. 예에는 마음가짐의 측면도 있지만, 주로 겉으로 드러나는 측면을 이른다. 예 역시 높을 존尊, 낮을 비卑에 따라 등급이 나누인다. 귀천이 타고난 신분에 따르는 것과 달리 존비는 직책이 높으냐 낮으냐로 결정되지만, 전통사회에서는 직책 역시 일차적으로 신분에 따라 결정됐으니 존비가 사실상 귀천

이다.

존귀와 비천에 따라 예악을 달리한다면, 신분 낮은 이가 높은 이를 흉내 내서는 안 된다. 예악은 이처럼 차별의 이데올로기를 응축한 말이다. 그래서 개인적으로 대한민국 국립국악원의 메인 홀 이름이 '예악당'인 것에 우려를 표한 적이 있다.

이처럼 시작부터 귀천·존비의 차별을 이야기하고 들어가는 것이 「천자문」 공동체 윤리의 요체다. 따지고 보면 윤리의 륜倫(제231구)자 자체가 차례를 가리키기도 한다.

```
제83~84구
```

083 **上和下睦**, 상화하목 어른은 너그럽고 아이는 순종하며
084 **夫唱婦隨**. 부창부수 지아비가 앞장서면 지어미가 따른다.

———

예악으로 대표되는 국가 윤리를 작은 공동체의 윤리로 가져온 것을 다음 두 구로 요약했다.

위 상上, 아래 하下는 본래 공간의 높낮이인데, 여기서는 사람의 존비에 썼다.

화할 화和는 어울림이고 화목할 목睦은 사이좋음이다. 상화하목上和下睦, 상하간에 화목하기. 윗사람은 아랫사람에게 온화하고 아랫사람은 윗사람에게 순종하는 것이 화목인데, 딱 여기 쓰면 좋았을 순할 순順자가 「천자문」에는 없다.

조화 화和는 같을 동同과 달라서, 서로 다른 것끼리 어울림이

다. 『논어 · 자로』편에, "군자는 어울리되 같아지지 않고, 소인
은 같기만 하고 어울리지 못한다(君子和而不同, 小人同而不和군자화이부
동 소인동이불화)"고 했다. 어울림이 지나쳐서 따라쟁이가 되는 게
부화뇌동附和雷同이다.

상하간의 화목을 『예기禮記』의 「악기樂記」편은 특별히 악과 결부
했다. 시각은 어둡거나 눈을 감거나 외면하면 작동하지 않고, 촉
각과 미각은 접촉해야만 작동하고, 후각은 비교적 가까운 거리에
서만 작동하는 것과 달리, 청각은 일부러 귀를 막지만 않으면 멀
어도 어두워도 고개를 돌려도 작동하기 때문에 상하가 다 함께
들을 수 있다는 데 착안했다.

樂在宗廟之中, 君臣上下同聽之, 則莫不和敬;
악재종묘지중 군신상하동청지 즉막불화경

在族長鄕里之中, 長幼同聽之, 則莫不和順;
재족장향리지중 장유동청지 즉막불화순

在閨門之內, 父子兄弟同聽之, 則莫不和親.
재규문지내 부자형제동청지 즉막불화친

악이 종묘에 있어 임금과 신하, 위와 아래가 함께 들으면,
화목하고 공경스럽지 않음이 없다. 동족 어른의 자리와 동네에
있어 어른 아이가 함께 들으면, 화목하고 순종하지 않음이 없
다. 집안에 있어 부모 자식, 언니 아우가 함께 들으면 화목하고
친밀하지 않음이 없다.

그런데 제81~82구에서 예악에는 존귀와 비천의 구분이 있다고
하지 않았나? 구분이 있는데 어떻게 조화로운가? 바로 화이부동和

而不同, 다름 가운데 조화로움이다. 하지만 그 화목의 전제가 되는 공경할 경敬, 순할 순順은 누구 기준의 덕목인가? 친할 친親을 보장하는 것은 윗사람의 인자함인가 아랫사람의 순종인가? 사람의 귀천과 존비를 전제로 한 화목(화경 · 화순 · 화친)은 철저히 아랫사람의 순종에 의하여만 담보됐다.

상하에 차별이 있는 윤리를 집대성한 것이 오륜五倫과 삼강三綱이다. 흔히 '삼강오륜'이라 하나, 오륜이 먼저 전국시대 『맹자』에 나왔고 삼강은 나중 전한前漢 때 정립됐다.

오륜의 앞 네 가지인 부자유친父子有親, 군신유의君臣有義, 부부유별夫婦有別, 장유유서長幼有序는 모두 대등하지 않은 사이에서 아랫사람의 순종에 의해 유지되는 덕목이고, 유일하게 대등한 사이를 규율하면서 벗 사이뿐 아니라 동네 이웃과 이웃 나라에까지 확장되는 덕목이 붕우유신朋友有信의 믿음(신信)이다(제91~92구 참조). 현대에 적용하기에 오륜 중 사륜, 80퍼센트는 틀렸고 나머지 20퍼센트인 붕우유신만이 유효하다는 얘기다. 그리고 그 유 · 무효의 기준은 지금, 여기다.

이 오륜의 다섯 가지 관계 중 앞의 셋(부자, 군신, 부부)만 따로 떼고 그 안에서 다시 국가 윤리인 군신을 부자보다 앞세운 게 삼강三綱(군위신강君爲臣綱 · 부위자강父爲子綱 · 부위부강夫爲婦綱)이다.

신분과 지위와 나이의 차별에 터잡은 상화하목을 양성(남녀)간 윤리로 확장한 게 남존여비男尊女卑다. 남녀를 더 좁혀 쓰면 부부다.

지아비 부夫는 남편이란 뜻도 되고 그냥 사내를 뜻하기도 한다 (장부丈夫, 필부匹夫).

아내 부婦는 아내(처妻)인데, 때로 아들의 아내인 며느리(자부子婦)

를 가리키기도 하므로 주의. 널리 여자 일반(부녀婦女)을 가리키기도 한다. '부인'에는 夫人과 婦人이 있는데, 앞의 부인은 '사내의 사람' 즉 아내고, 뒤의 부인은 그냥 여자다. 홀로된 아내를 '남편 따라 못 죽었다'는 뜻으로 미망인未亡人이라고도 하던 시절도 있었다.

부를 창唱은 노래 부르는 것인데 그냥 외쳐 부르는 것도 창이라 한다.

따를 수隨는 따라가는 것, 따라 하는 것. 부창부수, 남편이 노래 부르면 아내도 따라서 부르라, 또는 남편이 외쳐 부르거나 이끌면 아내는 냉큼 따라가야 한다는 말이다. 나쁜 뜻으로, 어떤 사람이 꼴사나운 짓을 하는데 그 배우자도 그에 못지않을 때도 부창부수라 한다.

┌─────────┐
│ 제85~86구 │
└─────────┘

085 **外受傅訓**, 외수부훈　나가서 스승의 가르침을 받고
086 **入奉母儀**. 입봉모의　들어와선 어머니의 본을 받든다.

──────────

바깥 외外는 외부, 여기서는 남자의 집 밖 생활이다. 친족관계에 '외-'를 붙이면 모계를 이른다(외가外家, 외삼촌外三寸).

받을 수受에 손을 뜻하는 수扌(제42구의 재주 재才자를 닮아서 '재방'이라 읽는다)를 붙이면 줄 수授가 된다. 주고받는(수수授受) 것 다 손으로 하는 것인데 거 참.

스승 부傅는 스승, 또는 부모를 대신하는 후견인이다. 전할 전傳(제55구)자와 모양이 비슷하므로 주의. 뜻이 같은 스승 사師자와 나

란히 사부師傅라고 하여, 전형적으로 태자(세자)의 교육을 책임지는 '태자(세자)사부'에 쓴다. 줄여서 태부太傅라 하는데, 왕조에 따라서는 태부가 임금의 고문격인 원로 관직의 이름이기도 했다. 사부師傅와 독음이 같은 師父는 스승을 아버지와 동일시한 호칭으로, 그냥 '스승님'.

가르칠 훈訓은 가르치다, 가르침의 뜻. 한자의 새김도 훈이라고 한다.

외수부훈外受傅訓, 나가서 스승의 가르침을 받는 것은 남자다.

들 입入은 집 안을 이른다. 받들 봉奉은 우러르며 높이 올리는 것.

어미 모母자는 계집 녀女(제41구)에 젖가슴 두 개가 있는 걸 그린 상형자. '~하지 말라'라는 말 무毋자와 닮았다. 거동 의儀는 예의禮儀·의례儀禮라는 말인데, 여기서는 본(지구의地球儀)·모범이라는 뜻으로 쓰였다.

입봉모의入奉母儀, 집 안에서 어머니의 모범을 따르는 것은 여자다. 무슨 모범? 이 한 몸 양초같이 불사르는 현모양처賢母良妻.

20세기 후반까지만 해도 여자는 결혼하면 직장이나 심지어 학업(대학)을 그만두는 게 당연히 요구됐고, 그런 경단녀의 결혼식 주례사에 흔히 하는 칭찬이 "부덕婦德을 쌓다가~"였다. 이렇듯 남녀의 미덕이 다른 것을 제41~42구(여모정렬, 남효재량)와 바로 앞 '부창부수'에서도 보았다.

제87~90구

087 **諸姑伯叔**, 제고백숙 부모의 무릇 형제자매들께도

088 **猶子比兒**. 유자비아 나는 친자식이나 마찬가지요

089 **孔懷兄弟**, 공회형제 한 굴 속 형제들은

090 **同氣連枝**. 동기연지 한 기 나눠 받아 이어졌어라.

부부(0촌)와 미성년 자녀(1촌)로 구성되는 핵核가족은 형제자매(2촌)과 부모의 형제자매(3촌), 즉 같은 조부모의 자손들을 아우르며 확대가족이 된다.

모두 제諸는 모두라는 뜻이지만, 여럿이라는 뜻으로도 쓴다(제군諸君). 諸자가 '목적격 대명사 + 전치사' 지어之於의 축약일 때는 '저'로 읽는다. "군자는 (허물을) 자기에게서 구하고, 소인은 남 탓한다(君子求諸己, 小人求諸人군자구저기 소인구저인)"(『논어·위령공衛靈公』).

고모 고姑의 대표 음훈은 '시어미 고'(고부간姑婦間)다. 여기서는 아버지의 누이인 고모姑母인데, 나아가 두루 부모의 여자형제들로 넓게 새긴다.

성별이 같은 동기간은 맏이부터 나이순으로 맏 백伯, 버금 중仲, 아재비 숙叔, 막내 계季로 구분한다. 두 세력이 막상막하해서 우열을 가릴 수 없을 때 백중지세伯仲之勢라 한다. 맏이는 伯 대신 맏 맹孟으로도 써서, 한 계절 석 달을 맹춘孟春(음 1월)·중춘仲春(2월)·계춘季春(3월)…으로 부른다. 음력 8월은 중추中秋라서 한가위가 중추절이다. 백숙伯叔은 백이·숙제(제26구 참조)처럼 본래 형제인데, 여기서는 백부·숙부, 나아가 부모의 남자형제들을 두루 이른다. 제고백숙諸姑伯叔은 모든 남녀 삼촌들(그리고 그 배우자들).

같을 유猶(대표 훈 '오히려 유')와 견줄 비比는 '마찬가지, ~와 같다'
라는 뜻으로 썼다. 아들 자子는 딸까지 자녀子女를 다 이를 때가
많다. 아이 아兒는 어린이인데 여기서는 자식이다.

유자비아猶子比兒는 여러 남녀 삼촌들이 조카인 나를 자식같이
여긴다는 말이다. 친자식처럼 사랑한다는 뜻이지만, 내 입장에서
는 삼촌들께도 부모나 다름없이 도리를 다하라는 뜻이 된다.

구멍 공孔은 공자의 성씨이기도 하다. 구멍을 뚫는 것은 천공穿孔.
품을 회懷는 동사로 품는다, 체언으로 품. 회중懷中시계는 품속
에 넣어 갖고 다니는 시계. 소회所懷는 '품고 있는 바'이니, 느낌과
생각이다. 말 못 하고 켜켜이 품고 있는 마음은 흉회胸懷 또는 회
포懷抱이니, 그리던 님을 어서 만나야 이걸 풀어낼 텐데.

지금은 형은 남자 형제들끼리, 언니는 여자 형제들끼리만 쓰지
만, 본래 언니 형兄, 아우 제弟는 성별이 같은 형제(그리고 그 배우자
들) 간에 쓰는 말이었다. 남자의 형을 친근하게 부르는 게 언니고,
여자의 언니를 격식 차려 부르는 게 형님이다. 지금도 처형·처제
(아내의 언니동생), 형수兄嫂·제수弟嫂(남자의 형동생의 아내), 형부兄夫·
제부弟夫(여자의 언니동생의 남편)라는 말들에 남아 있다. 동기간이 아
니라도 동년배나 조금 손위나 손아래 상대를 어중간하게 높여 부
를 때 형, 인형仁兄, 아형雅兄 등으로 쓴다. 한 스승(사부師父)께 배우
는 제자들끼리는 사형師兄·사제師弟.

공회형제孔懷兄弟는 본래 '형제를 몹시 그리워하다'라는 말이었다.
그러나 「천자문」의 이 맥락에서는 과감하게 '구멍(굴)이 형제를 품
다'로 직역해도 나쁘지 않다. 형제자매가 마치 곰이나 여우 새끼들
처럼 한 굴속에서 오순도순 서로 의지하고 있는 모습 말이다.

한가지 동同은 '같이한다'라는 타동사로 쓰였다.

기운 기氣는 형이상학적으로 만물의 변화의 바탕이 되는 음기陰氣와 양기陽氣다(제8구 참조). 물리적으로는 숨이나 기체, 대기를 이르는데, 아마 눈에 보이지 않는 기체 개념이 없던 옛날에 숨을 쉬거나 바람이 불어 물건을 흔드는 에너지가 바로 기라고 생각해서일 것이다.

동기同氣, 부모의 기운을 공유한다. 그래서 형제자매를 동기간이라 한다.

이을 련連은 연속의 뜻. 여기서는 '~를 잇대다'라는 동사로 쓰였다.

가지 지枝는 나무의 줄기에서 뻗어나온 잔줄기다. 일의 핵심은 근본根本(뿌리, 제163구 참조)이고 말단은 지엽枝葉(가지와 잎)이다.

연지連枝는 가지를 잇댐이니, 동기간(형제자매)이 뿌리(부모)를 같이함을 비유한 것이다. 거꾸로 두 뿌리에서 나온 줄기가 한데 붙은 것도 있는데, 이걸 연리지連理枝라 하여 부부의 상징으로 여긴다.

동기연지同氣連枝, 형제는 기를 같이하고 가지를 잇댄 사이다. 나무(부모) 입장에서는 가지 많아 바람 잘 날 없겠네.

제91~92구

091 **交友投分**, 교우투분 벗을 사귐에 분수를 가리고
092 **切磨箴規**. 절마잠규 서로 갈고 닦고 충고하고 경계한다.

오륜의 마지막, 붕우朋友(벗)다.

사귈 교交는 교류(교제)하다, 교차하다 등의 뜻.

벗 우友는 친구이지만, 형제간의 의좋음을 이르는 '우애友愛'에도
이 글자를 쓴다.

나눌 분分은 여기서는 개인의 신분이나 역량에 따른 '몫'인 분수
分數다. 分자가 길이나 비율의 단위로 쓰일 때는 '푼'으로 읽는다(제
59구 참조).

던질 투投는 맞히려고 물건을 멀리 보내는 행위이니, 투분投分은
분수를 가리라, 분수에 맞추라는 말.

교우투분交友投分, 벗을 사귐에 분수를 지키라. 꼭 분에 넘거나(과
분過分) 모자란 친구를 사귀지 말라기보다, 벗을 가려 사귀라는 말
정도로 선해하면 된다.

끊을 절切은 자를 절絶, 끊을 절截과 통한다. '통째로'라는 뜻일
때는 '체'로 읽는다(일체一切). 一切를 '일절'이라고 읽으면 '절대로'라
는 뜻이 된다.

끊을 절, 갈 마磨는 제12구(옥출곤강)에서 옥돌 원석을 다듬는 방
법으로 소개한 적 있다. 절마切磨는 절차탁마, 즉 옥돌을 다듬는
여러 가지 방법을 두 글자로 제유한 것인데, 이로부터 사람의 성
품이나 능력을 갈고 닦는다는 은유가 됐다. 여기서는 벗 사이에
서로 권면한다는 말.

바늘 잠箴은 찌르는 물건이란 데서 훈계·충고라는 뜻으로 쓰인
다. 훈계는 직설적으로 할 수도 있지만, 에둘러 하면 상대의 반감
을 덜 사면서 충고의 효과를 높일 수 있다. 이런 에두른 충고의
말을 격언格言 또는 잠언箴言(proverb)이라 한다.

법 규規는 규범, 또는 규율한다. 규범을 대표하는 물건이 자(자
尺)인데, 사전적으로는 컴퍼스('곡선자'로 순화. 제19, 243구도 참고)를

특히 規라 한다. 정규正規는 정식 또는 규칙적·정상적인 상태.

잠규箴規는 친구 간에 좋은 말로뿐 아니라 따끔히 충고도 해서 잘못을 바로잡아 주라는 말.

이상 제81~92구는 상하, 부부, 사제·모녀, 대가족·형제에 이어 벗들까지, 사람 간에 지켜야 할 윤리를 서술했다.

유교 사회에서 사람 간 윤리를 요약한 오상, 오륜, 삼강에다 신라 화랑의 세속오계世俗五戒까지 한눈에 정리해 본다.

오상: 인, 의, 예, 지, 신

　사람의 타고난 선한 본성인 맹자의 사단四端(인의예지)에

　'신'을 추가한 것이다.

오륜(맹자): 부자유친, 군신유의, 부부유별, 장유유서, 붕우유신

삼강: 군위신강, 부위자강, 부위부강

세속오계(신라 원광):

　사군이충事君以忠(충성으로써 임금을 섬기라)

　사친이효事親以孝(효도로써 어버이를 섬기라)

　교우이신交友以信(믿음으로써 벗을 사귀라)

　임전무퇴臨戰無退(싸움에 임하여 물러남이 없을 것)

　살생유택殺生有擇(산 것을 죽임에 가림이 있을 것)

　세속오계 중 충·효·신은 유가의 가르침, 살생유택은 불

　가佛家의 가르침이다.

제93~96구

093 **仁慈隱惻**, 인자은측　어짊과 자애, 측은히 여기는 마음은

094 **造次弗離**. 조차불리　아주 잠깐이라도 내려놓지 말라.

095 **節義廉退**, 절의염퇴　절개와 의리, 삼가는 마음은

096 **顚沛匪虧**. 전패비휴　넘어지고 자빠져도 어그러뜨리지 말라.

　제92구까지 핵가족, 대가족, 스승과 벗 등 일차 공동체 내 윤리를 제시한 데 이어, 이제부터는 가까운 이웃에서 시작하여 더 큰 사회생활에서 지켜야 할 마음가짐과 태도를 4구 단위로 이야기한다.

　어질 인仁은 유가적 인간의 최고 덕목이다. 제51구(경행유현)의 어질 현賢은 지혜롭다는 뜻이었던 데 비해, 여기 어짊은 성품이 너그럽고 아랫사람을 아끼는 인자仁慈함이다. 인仁자에는 식물의 씨앗이라는 뜻도 있다. 한의원을 가면 재래식 한약장 서랍들에 도인桃仁(복숭아 씨), 행인杏行(살구 씨) 등으로 써 놓은 걸 볼 수 있다.

　사랑 자慈는 특히 불가에서 부처와 보살 등의 인간을 향한 사랑, 자비慈悲를 가리키기도 한다. 인과 자 모두 내리사랑이라는 공통점이 있다.

　숨을 은隱은 여기서는 슬퍼할 측惻과 붙여 은측隱惻, 즉 남의 불행에 공감하여 측은히 여기는 마음이라는 뜻으로 썼다. 맹자는 인의예지 사단 중 첫째인 인의 단서를 측은지심惻隱之心이라고 하면서, "어린아이가 우물로 기어 들어가려 하면 누구든 달려가 구해주고자 하는 마음"이라 설명했다(『맹자 · 공손추 상公孫丑上』).

　인자은측仁慈隱惻을 인 · 자 · 은 · 측 네 가지로 못 새길 건 아니지만, 다음 두 구의 연결을 고려하면 '인자와 은측'으로 두 자씩

모둠짓는 게 자연스럽다.

조차造次, 또는 조차간造次間은 관용어로 아주 짧은 시간이라는
뜻. 낱자의 대표 새김은 지을 조(제작), 다음 차.

아니 불弗은 아니 불不(제69구)보다 조금 강한 부정의 뜻으로도,
여기서처럼 금지(말 물勿, 제141구)의 뜻으로도 쓴다. 음차로 치아 건
강에 좋다는 원소 플루오린(불소, F)에 쓰고, 모양이 $와 비슷해 달
러의 대용으로도 쓰인다. 떠날 리離는 이별, 분리이니 조차불리造次
弗離는 인자하고 측은해 하는 마음을 한시도 내려놓지 말라는 말.

마디 절節은 손가락이나 대나무의 그 마디인데 여기서는 절개,
즉 옳은 뜻을 저버리지 않는 마음을 가리킨다. 또 절약節約이나 조
절調節한다는 뜻, 계절季節이나 명절名節, 글이나 노랫말의 큰단락(1
절節, 2절…)이라는 뜻으로도 쓰인다. 옳을 의義는 의로움, 정의正義
다. '뜻 의'로도 읽는다(정의定義, 의의意義). 절의節義는 절개.

살필 렴廉은 사사로운 이익을 추구하지 않는 태도인 청렴淸廉,
염치廉恥 등에 쓴다. 값이 싼 것은 저렴低廉 · 염가廉價. 물러날 퇴退
는 부끄러운 자리나 행실로부터 거리를 두는 태도다. 절의염퇴節
義廉退 역시 '절의와 염퇴'로 두 글자씩 읽는 게 자연스럽다.

한자 낱글자를 장식문자로 그리듯 쓰는 문자도文字圖의 흔한
주제가 대가족 윤리와 사회윤리를 아우르는 '효제충신孝悌忠信,
예의염치'인데, '예의 · 염치'는 '절의 · 염퇴'와 통한다.

문자도 병풍, "孝悌忠信, 禮義廉恥"(오른쪽부터) 국립민속박물관 소장

엎드러질 전顚, 자빠질 패沛는 말 그대로 넘어지고 뒤집히는 모양
이다.

아닐 비匪는 앞의 불弗자와 같은 부정이나 금지의 부사.

제3구(일월영측)에서 해가 남중하고 기울고(중측中昃) 달이 차고 이
지러지는(영식盈食) 것을 '영측盈昃' 두 글자로 압축했다고 했는데, 달
이 이지러지는 것에 보통은 이지러질 휴虧자를 쓴다. 전패비휴顚沛
匪虧, 넘어지고 자빠지는 다급한 상황에서도 절의와 염퇴를 잊거나
잃지 말라.

'조차'와 '전패' 모두 『논어』에서 인을 강조하면서 쓴 말이다.

군자는 밥 먹는 동안에도 인에 어긋나서는 안 되나니, 아주
짧은 순간이라도 반드시 이(인)에 근거하고, 뒤집어지고 자빠져
도 반드시 이에 근거해야 하느니라(君子無終食之間違仁, 造次必於是, 顚
沛必於是군자무종식지간위인 조차필어시 전패필어시). (「이인里人」)

제93~96구의 네 구는 「이인」편의 저 구절을 당연히 알고 있을

독자를 겨냥하여 요령 있게 다듬어 제시한 것이다.

제97~100구

097 **性靜情逸**, 성정정일　성품이 고요하면 마음이 편안하고
098 **心動神疲**. 심동신피　마음이 흔들리면 정신이 피곤하다.
099 **守眞志滿**, 수진지만　참됨을 지키면 뜻이 충만하고
100 **逐物意移**. 축물의이　물욕을 좇으면 뜻이 떠나간다.

　　인자와 은측, 절의와 염퇴를 지키려면 그런 뜻(의지意志)을 세우고 지켜야 하고, 뜻을 세우고 지키려면 뜻을 품을 그릇인 마음(성정性情, 심신心神)을 잘 수양해야 한다.

　성품 성性, 뜻 정情, 마음 심心, 정신 신神은 모두 사람의 내면, 마음을 이르는 낱말들이다. 그중 세 글자(性, 情, 心)에 공통으로 마음 심心(忄심방) 성분이 들어갔다. 어느 것이 타고난 마음바탕이고 어느 것이 그때그때 변하는 마음이냐, 타고났다면 항구적이고 불변이냐 경험과 수양을 통해 개선도 되고 개악도 되는 것이냐, 등등의 논쟁은 훨씬 후대, 송宋~명明의 성리학性理學이니 도학道學이니 이학理學이니 심학心學이니 신유학新儒學의 일이고, 「천자문」이 지어진 6세기에는 아직 그런 사고가 대략적으로밖에 성립해 있지 않았다. 심지어 '일천 자 짜맞추기'에 급급한 글이기도 하니, 말의 엄밀한 의미나 통상적인 뜻에 크게 구애받지 말고 맥락을 음미하며 새겨야 엉뚱한 길로 빠지지 않는다.

성품 성性은 타고난 마음바탕이다. 모든 사람이 똑같은 성을 갖고 태어났는데 살아가면서 달라지는 것이냐, 사람에 따라(이를테면 성인이냐 범부凡夫냐 악한이냐) 처음부터 달리 갖고 태어나느냐의 다툼이 있다. 일반으로 성은 인자하고 포악함, 부지런하고 게으름, 용감하고 겁많음 등 비교적 항구적인 마음바탕을 가리킨다. 사단칠정四端七情 중 사단(인의예지)이 바로 성에 해당한다. 성품, 성격 외에 생물학적 성별과 재생산 행위, 즉 섹스에도 이 글자를 쓴다.

고요 정靜은 소리나 움직임이 없거나 적은 상태다. 성정性靜은 마음이 차분한 상태.

뜻 정情은 희로애락처럼 그때그때 달라지는 감정 상태를 가리킬 때 주로 쓴다. 사단칠정의 칠정은 문헌마다 나고듦이 있는데, 희로애락애오욕喜怒哀樂愛惡欲 같은 것들이다. 성과 정을 합쳐 사람의 마음을 성정性情이라고 한다. 다른 사람에 대해 각별히 우호적인 마음도 정이고(옛 정, 우정), 특별히 잠재적 성적 대상에 대해 품는 연정을 이르기도 한다(정 준 사람). 육체적인 성행위를 나누는 것을 에둘러 '정을 통한다(통정通情)'고 하고, 주로 나쁜 의도로 둘 이상의 사람이 내통하고 짜맞추는 것도 통정이라고 한다. '상황'이라는 뜻도 있어서, 일이 되어 가는 상황은 사정事情·정황情況·정세情勢, 그 상황을 파악한 내용이 정보情報다.

편안할 일逸은 고요하다, 차분하다는 뜻. 무사안일無事安逸에도 쓰이고, 숨는다는 뜻으로 세속을 벗어나 숨어 사는 것은 은일隱逸, 그렇게 숨은 선비가 일사逸士(빼어난 선비라는 뜻도 있다)다. 상규에서 벗어나는 것은 일탈逸脫, 넘사벽같이 탁월하게 벗어난 것은 일품逸品이다. 중국 전통 시서화 비평에서 등급외라는 뜻으로 '일품'을 썼다. 정일情逸, 마음이 차분하다.

성정정일性靜情逸은 두 가지로 새길 수 있다. 첫째, 타고난 마음 바탕(성)이 차분하면 그때그때 마음(정)도 차분하다. 이렇게 앞의 성을 불변의 마음바탕이라고 새기면, 수양이 들어설 자리가 없다. 그래서 둘째, 지금 마음을 차분하게 가져야 희로애락에 휘둘리지 않는다는 새김이 더 어울린다. '성격 안 변한다'가 아니라 '성품은 다스리기 나름'이라는 취지로 수양을 강조하는 말이다.

마음 심心은 사람의 염통(심장)을 상형한 글자다. 물질적으로는 심장, 비물질적으로는 마음이나 정신을 가리킨다. 명나라에서 일어난 양명학陽明學은 심학이라고도 하여, 성리학의 성 대신 심을 인간 모두 똑같이 타고난 마음바탕이라고 본다. 심장은 어느 동물에나 몸의 속, 한가운데 근처에 있기에 속·가운데, 즉 중심中心이라는 뜻으로도 쓰인다.

움직일 동動은 위의 고요 정의 반대. 동자 하나만으로 감동感動의 뜻도 된다. 심동心動은 마음이 안정되지 못하고 흔들리는 것.

정신 신神도 사람의 마음, 정신精神이다. 신령神靈이나 귀신鬼神, 현대어로는 그중 최상급인 신격(god, deity)을 이르기도 하지만 고전어에서는 사람의 정신이나 초자연적 신령·귀신만을 가리켰지 신격에는 이 낱말을 쓰지 않았다. God에 해당하는 말은 관념화하여 도道나 조화造化, 공간화하여 천天, 인격화하여 조물造物·조화옹造化翁(창조자), 상제上帝(하느님) 등이었다. 지칠 피疲는 피로, 피곤한 것.

심동신피心動神疲는 바로 앞의 '성정정일'과 반대 대구로, 심과 신이 철학적으로 무엇인지 따지지 말고 '마음이 오락가락하면 정신이 피곤하다' 정도로 새기는 게 무난하다.

이렇게 잘 다스린 마음속에 참됨을 채워야지, 물욕이나 따르면 군자가 되겠다는 뜻이 흔들린다.

지킬 수守는 우리말 '지키다'처럼 수호守護한다는 뜻과 약속이나 규범을 준수遵守한다는 뜻이 다 있다.

참 진眞은 나의 참된 마음도 되고, 내 밖의 참된 이치(진리眞理)나 참된 사실(진실眞實)도 된다. 제도종교화된 도교에서 수양을 닦고 도를 깨달아 불로불사의 경지에 이른 사람을 진인眞人이라고 한다. 수진守眞은 안으로 나의 참됨을 지키고(간수看守) 밖으로 이치의 참됨을 지키는(수호) 것, 평이하게는 참된 것을 추구하는 마음을 견지한다는 정도로 새기자.

뜻 지志는 다음 구의 뜻 의意와 마찬가지로 대개 의지意志를 가리킨다. 뜻을 품은 선비가 지사志士다. 그러나 『상서』의 "시는 뜻을 말한다(詩言志시언지)"(『우서 · 요전』)나 『시경』 서문인 「모시서毛詩序」의 "시는 뜻이 가는 곳이다(詩者, 志之所之也시자 지지소지야)"처럼 뜻 지자를 희로애락의 정情과 같은 뜻으로 쓰기도 한다.

뜻, 마음, 생각에 해당하는 글자들을 「천자문」에서 다 골라 정리해 보면,

제39구 생각할 유惟
제52구 생각 념念
제71구 생각 사思
제97구 뜻 정情
제98구 마음 심心, 정신 신神
제99구 뜻 지志
제100구 뜻 의意

제186구 생각 려慮

제223구 생각 상想

이 글자 저 글자 조합해서 낱말을 만들어 보자. 사유思惟, 사념思念, 사상思想, 정념情念, 상념想念, 의사意思, 심정心情, 심신心神, 의지意志, 염려念慮, 사려思慮, 심려心慮, 심상心想….

찰 만滿은 가득 찬 상태나 채우는 행동, 그 결과 객관적으로 풍만豊滿하고 주관적으로 만족滿足하는 것 등이다.

수진지만守眞志滿, 참됨을 고수해야 의지가 충만하다.

쫓을 축逐도 우리말 '쫓다'처럼 '좇다(추종), 뒤쫓다(추적), 쫓아내다(축출)'의 세 가지 뜻이 있는데, 여기서는 맨 앞의 뜻. 글자를 곧이곧대로, 문자 그대로(literally) 따라가며 새기는 것이 축자逐字해석이다. 만물 물物은 물질, 재화. 축물逐物은 물질적 이익을 추구하는 것.

옮길 이移는 이동移動의 뜻인데, 여기서는 움직일 동動이나 떠날 리離처럼 새겨도 자연스럽겠다. 축물의이逐物意移, 외물外物의 재미나 이익이나 좇아서는 의지가 떠나간다.

참됨을 지키면 뜻이 충만하지만 외물에 흔들리면 뜻이 떠나간다 — 이런 경계의 말이 있다는 것은, 현실에서는 수진守眞보다 축물逐物에 빠지기 쉬운 게 사람살이기 때문일 테다.

제101~102구

101 **堅持雅操**, 견지아조   아름다운 지조를 굳게 지키면
102 **好爵自縻**. 호작자미   좋은 벼슬이 절로 얽혀 든다.

어김없이 결론은 벼슬이다.

굳을 견堅은 '굳게, 단단히'라는 부사어로 쓰였다. 가질 지持는 지속적으로 지니는 것.

바를 아雅는 바르다, 맑다, 아름답다, 고아高雅(古雅)하다 등의 뜻. 반대말은 속되다, 저속하다는 뜻의 속俗(제233구)이다.

잡을 조操도 몸에 지니거나, 물건을 부리고 다룬다(조작操作)는 뜻. 여기서는 사람이 간직해야 하는 바른 뜻, 지조志操다.

견지아조堅持雅操, 바른 뜻을 굳게 지니다.

좋을 호好는 계집 녀女와 아들 자子를 합해 만든 회의문자다. 여자가 아들을 안고 있으니 아니 좋겠느냐는 것인데, 농 삼아 남녀가 함께 있으니 좋다고들도 새긴다.

벼슬 작爵은 본래 술잔 작으로, 작酌과 통용된다. 임금이 벼슬을 내릴 때 축하와 격려의 뜻으로 위계와 공훈에 어울리는 등급의 잔에 술잔을 내린 데서 벼슬을 관작官爵, 줄여서 작이라 한다.

주나라 때 왕실 자손들에게 내려준 제후의 작위 서열이 공·후·백·자·남公侯伯子男이었다. 일본이 메이지유신 후 입헌군주국이 되면서 봉건시대 화족華族(귀족) 품계를 이 서열 그대로 공작公爵, 후작… 등으로 재정비했고, 이것이 나중에 유럽 귀족

품계의 번역어로 전용됐다.

Duke — 공公

Marquis — 후侯

Earl, Count — 백伯

Viscount — 자子

Baron — 남男

우리나라는 고려 때 귀족을 후侯에 봉했고, 조선 때는 군君에 봉했다. 1910년 한일합방(경술국치)으로 조선인들도 일본 작위를 받기 시작했는데, 당시 조선인으로 공작은 없고 후작에 박영효 등 여섯 명, 백작에 을사오적 이지용과 이완용 등 세 명, 자작 22명, 남작 37명으로 총 68명이 수작受爵했다(76명이었으나 그중 여덟 명이 거절 또는 반납).

스스로 자自는 저절로, 스스로. 전치사로 '~부터'라는 뜻도 있다. 고삐 미縻는 마소의 코에 꿰는 코뚜레, 또는 코뚜레에 연결해 마소를 제어하는 끈이다. 이로부터 얽어맨다는 뜻이 나와, 임금이 억지로 벼슬을 주어 인재를 붙잡는 것을 미작縻爵이라 한다. 좋은 벼슬자리가 절로 얽혀든다는 호작자미好爵自縻에서 나중에 미작이라는 말이 나왔을까, 거꾸로 미작이란 말이 원래 있어 거기서 호작자미가 나왔을까?

지조를 지키다 보면 손해 보고 고난을 당하고, 때로는 스스로 목숨까지 바쳐야 할 일도 있을 것이다. 그럼에도 지조를 지키고 인자은측·절의염퇴를 간직하고, 성정과 심신이 고요하고 심중에

고매한 뜻이 충만한 결과가 성인이나 부처나 신선의 경지쯤 된다면 얼마나 좋을까마는, 이 소단락의 결론은 벼슬이다.

이렇게 「천자문」 두 번째 서사(선비의 일생)의 첫 번째 큰단락인 '초학'이 마무리된다. 구구절절이 수신을 강조하지만 작은단락마다 마무리는 출세와 벼슬이었다.

「천자문」이 바탕에 깔고 있는 가치관은 "선을 행하면 복을 받고, 악을 행하면 화를 입는다"는 범상한 권선징악, 소박한 응보론의 수준을 넘지 않는다. 얼핏 유가적 덕목을 주워섬기는 것처럼 보여도 자기희생 같은 고도의 덕목은 이야기하지 않는다. 「천자문」이 완성된 남조시대가 170년 동안 왕조가 네 번 바뀔 정도로 정치적으로 불안정한 시대이다 보니 지식인들이 유가의 살신성인 대신 내 한 몸 무사안일을 추구하는 도가·도교에 심취해 있었기 때문이기도 할 테고, 「천자문」 자체가 사상서라기보다 문학작품으로서 글재주를 뽐내는 당대의 부미浮靡한 문풍文風의 소산이기도 해서다.

역사는 흐른다

다시 첫 번째 서사인 중국의 역사, 두 번째 큰단락이다. 첫 큰단락이 신화시대부터 역사의 초기까지 '선왕先王'의 역사였다면, 이제부터는 실제 역사의 사실과 인물이 나오는 '후왕後王'의 시대에 해당한다. 「천자문」은 6세기 남조 때 완성됐으므로 그 이전까지, 그러니까 춘추전국시대부터 진·한까지의 사적이 주를 이룬다.

제국의 위용
제103~132구

제103~106구

103 **都邑華夏**, 도읍화하   화하에 도읍하고

104 **東西二京**, 동서이경   동서 두 서울을 두니

105 **背邙面洛**, 배망면락   (낙양은) 망산을 등지고 낙수를 바라보고

106 **浮渭據涇**, 부위거경   (장안은) 위수에 뜬 듯 경수를 거느렸다.

「천자문」까지 중국사의 초간단 족보, '하은주 / 춘추전국 / 진한위진 / 남북조'를 기억해 두자. '하은주'까지가 첫 번째 서사(중국의 역사)의 첫째 큰단락(선왕의 시대)이었고, '춘추전국' 이하가 지금 둘째 큰단락이다. 시간 순서가 반드시 가지런하지만은 않다.

삼황오제(신화시대)

하 ― 은 ― 주(삼대三代)

주 말기 춘추시대 ― 전국시대

진秦(시황제)의 짧은 통일기

한나라 400년(전한 ― 신新 ― 후한)

위(삼국) ― 진晉(서진 ― 동진) ― 남북조

도읍 도都는 으뜸·우두머리라는 뜻으로부터 으뜸 고을, 즉 수
도首都(capital)를 가리키게 됐다. 인구가 많이 모여 사는 단위지역
인 도시都市라는 뜻으로도 두루 쓴다.

고을 읍邑은 단위지역 중 인구가 많은 곳이다. 도都자처럼 지리
나 지명에 관계되는 글자에는 오른쪽(방)에 邑자의 변형인 阝(우부
방)가 뜻 성분으로 들어가는 게 많다. 똑같은 阝자가 왼쪽(변)에 붙
는 것은 阜(언덕 부, 제135구)자의 변형인 '좌부변'.

도읍都邑은 수도다. 여기서는 '~에 도읍하다'라는 타동사로로 쓰
였다.

빛날 화華는 화려華麗하다는 뜻. 꽃 화花자의 대용으로도 쓴다.

하나라 하夏는 본래 사계절 중 '여름 하'인데, 중국의 첫 역사왕
조인 하나라의 이름이다. 앞의 화華자와 합친 화하華夏는 중국의
자칭自稱이다. 중국은 스스로를 화하, 중화中華, 줄여서 그냥 '화華'
로 표시하고, 주변 기타 민족은 다 오랑캐 이夷나 이적夷狄, '사방
오랑캐' 사이四夷로 얕잡아 불렀다. 옛 로마 제국이 북쪽 이민족을
바르바르(Barbar, 야만인)라 부른 것과 같다. 이것이 화이華夷사상인
데, 중국 한족이 이민족을 얕보는 것만 화이사상이 아니고, 조선
같은 주변 민족이 스스로를 (교화된) 오랑캐로 낮추는 태도도 말
하자면 '내면화된' 화이사상이다. 에드워드 사이드(Edward Said)의
오리엔탈리즘(Orientalism)은 서구·근대판 화이사상이고, 오리엔
탈리즘이 비서구 사람들에게 내면화되면 현대판 화이사상, 일명
탈식민(postcolonialism)이 된다.

동녘 동東은 방위(cardinal direction) 중 동쪽이다. 딱 보아도 나무
(목木, 제35구)에 아침 해(일日, 제3구)가 걸린 모습(사실은 저녁 해도 나무

에 걸리는데)이니 상형자도 되고 회의자도 된다. 서녘 서西는 저녁
이 되어 새(兀, 우뚝할 올)가 둥지(凵, 입벌릴 감, 위튼입구몸)에 들어간
상형자.

두 이二 같은 글자를 지사指事문자라 한다. 한 일一, 두 이, 석
삼三까지는 작대기 수가 그대로 글자가 됐고, 넷부터 작대기 수가
많아지면 헷갈리니까 따로 사四, 오五… 글자를 만들었다. 참고로
숫자를 '일 이 삼…'과 '하나 둘 셋…' 두 가지로 읽는 문화는 우리
가 잘 아는 문화 중에서는 한국과 일본(이치 니 산…; 히토쓰 후타쓰
미쓰…)밖에 없지? 한국어 처음 배우는 사람의 자잘한 애로 중 하
나가, 왜 시(hour)는 고유어로 읽고 분(minute)은 한자로 읽느냐는
것이다(일 시 오 분, 한 시 다섯 분이 아니고 '한 시 오 분').

서울 경京은 도읍, 수도.

하나라와 상(은)나라를 이은 주나라는 국세가 기울며 호경鎬京(지
금 시안西安시안 근처)에서 낙읍洛邑(지금 뤄양洛陽낙양)으로 도읍을 옮겼
다. 이것을 '주의 동천東遷'이라 하며, 동천 전을 서주西周, 동천 후
를 동주東周라 한다. 동주시대가 곧 춘추전국春秋戰國시대다.

나중 유劉씨의 한漢나라도 장안長安(시안)을 도읍으로 개국했고,
신하인 왕망王莽에게 나라를 빼앗겼다가 유수劉秀(광무제光武帝)가 나
라를 재건하며 낙양에 도읍을 뒀다. 우리나라에서는 전한前漢·후
한後漢으로 주로 부르고, 중국 사람들은 서한西漢·동한東漢이라 부
른다. 합해서 양한兩漢.

동서이경東西二京은 이 한나라에 서경西京 장안과 동도東都 낙양,
두 도읍이 있었다는 말. 더 후대에는 남경南京(난징)과 북경北京(베이
징) 체제도 생기는데, 서경·동도와 달리 난징·베이징은 도시 고
유 이름이 됐다. 이제부터 한동안 각운이 '-eng'이다.

우리나라에서도 서울(개경 또는 한양) 외 주요 도시를 흔히 동
경·서경으로 불렀다. 고려는 고구려 옛 도읍인 평양을 서경,
신라 옛 도읍인 경주를 동경으로 삼았다. 남북 대신 동서라 부
르는 것은 한편으로 경주가 있는 남동쪽이 해 뜨는 방위라서이
기도 하지만, 근본적으로는 중국의 '동서' 양경을 본받아서다.
고려는 수도인 개경과 동경·서경 외에 남경도 두었는데 남경
이 지금의 서울이다.

그 두 도읍, 장안과 낙양의 입지와 지세다. 먼저 동도 낙양.
등 배背는 사람의 등, 그래서 뒤쪽, 여기서는 등진다는 뜻. 부수
는 아래 있는 月(육)인데, 달 월月이 아니고 고기 육肉의 변형이다.
달 월자처럼 생겨서 '육달월'이라고 한다.

산이름 망邙은 지명 글자라서 우부방(ß =邑)이다. 낙양 북쪽의
망산邙山인데, 공동묘지로 썼다. 사람이 죽으면 북망산北邙山 간다
고 하는 말이 여기서 나왔다.

낮 면面은 사람의 얼굴, 그러니까 앞쪽이고, 여기서는 바라본다
는 뜻. 국수 면麵자의 간체자로도 쓰인다. 춘장을 볶아(작灼) 비빈
국수가 작장면炸醬麵(炸酱面, 자장몐), 곧 짜장면이다.

물이름 락洛은 낙양 남쪽에 있는 낙수洛水다. 도시는 식수, 용수,
수운 등 이유로 하천을 끼고 있어야 한다. 산을 기준으로 하면
산의 남쪽이 양陽, 북쪽이 음陰이고, 강을 기준으로는 북쪽이 양,
남쪽이 음이다. 낙양은 그러니까 낙수의 북쪽이다. 낙양 입장에서
보면 남쪽이 낙수, 북쪽이 망산인데, 이를 배망면락背邙面洛, 망산을
등지고 낙수를 바라본다고 했다. 북반구니까 태양 있는 남쪽이 바
라보는 방향이다. 남반구라면 거꾸로였을 것이다.

그럼 회양淮陽이라는 곳은 어딘지는 몰라도 아마 회수淮水 북쪽이겠지? 우리나라는 한가운데 한강漢江(한수漢水)이 동서로 흐르고 그 북쪽이 한양漢陽이다.

다음은 서경 장안의 지세다. 시간적으로 서경이 동도보다 먼저지만 각운(-eng) 때문에 뒤로 했다.

뜰 부浮는 물 같은 것 위에, 또는 허공에 뜨는 것. 뜬구름(부운浮雲)처럼 부질없다, 글이나 성품이 가볍고 겉멋 들었다(부미浮靡)는 뜻도 있다. 물이름 위渭는 위수渭水다.

의거할 거據는 의지하다, 근거하다. 물이름 경涇은 경수涇水다.

부위거경浮渭據涇, 위수 위에 둥둥 뜨고 경수에 매달려 있다니, 장안이 위수 · 경수 가에 있다는 말.

나중에 사마司馬씨의 진晉나라도 낙양에 건국했다가 후에 더 동쪽 건강建康(지금 난징)으로 천도해, 낙양 시대가 서진西晉, 건강 시대가 동진東晉이다. 외우기 좋게도 주 · 한 · 진 모두 서쪽이 먼저고 동쪽이 나중이다.

한편, 장안과 낙양을 도읍으로 한 왕조가 워낙 많다 보니, 이후 장안 · 낙양 하면 그냥 서울이라는 뜻이 됐다(장안에 소문이 파다하다, 낙양의 지가紙價를 올리다 등).

조선시대 1700년 전후의 성리학 논쟁 중, '사람과 만물의 성性이 같으냐 다르냐' 하는 인 · 물성 동이人物性同異 논쟁이 있다. 사람이나 금수(짐승)나 성은 한가지라고 보는 사람들은 주로 서울에서 활동했기에 그들의 주장을 낙양의 낙洛을 써서 낙론洛論,

사람와 금수는 성이 다르다고 하는 사람들은 충청도를 근거지로 활동했기에 호渊를 써서 호론湖論, 그리하여 인·물성 동이 논쟁을 다른 말로 '호락湖洛 논쟁'이라고도 한다.

'낙양의 지가' 부연하면, 한—삼국 지나고 서진 때 좌사左思라는 사람이 삼국 위·오·촉 도읍의 경물을 당시 유행하던 부賦라는 문체로 노래한 「삼도부三都賦」를 썼다. 이 글이 워낙 인기 있어 너도 나도 필사하느라고 도읍 낙양의 종잇값이 급등했다. 이후, 책이 베스트셀러가 되는 것을 '낙양의 지가를 올린다'고 하게 됐다.

이렇게 본격 역사시대인 주나라 이후를 노래하기 시작한다. 화하에 도읍하고, 동서 두 서울이 있다고 열어 놓고, 낙양과 장안의 지세를 설명했다. 첫 작은단락에서는 장안 시대(서한＝전한)냐 낙양 시대(동한＝후한)냐 관계없이 주로 한나라 이야기를 늘어놓을 것이다. 「천자문」이 나온 남조시대 이전 중국의 유일한 모범 강성 제국이 한나라여서다.

⌐제107~112구⌐

107 **宮殿盤鬱**, 궁전반울　궁궐 전각은 으리으리 빽빽

108 **樓觀飛驚**. 누관비경　치솟은 위용에 나는 새도 놀라라.

109 **圖寫禽獸**, 도사금수　새 짐승 그려 넣고

110 **畫采仙靈**. 화채선령　신인 영물 알록달록.

111 **丙舍傍啓**, 병사방계　신하의 처소가 곁으로 통하고

112 **甲帳對楹**. 갑장대영　임금의 휘장은 두 기둥 사이에 있다.

한나라 도읍, 그중 전한시대 장안의 궁전 경물이다.

집 궁宮은 집 궐闕(제13구)처럼 주로 궁궐에 쓰지만, 더러는 그냥 집이라는 뜻으로도 쓴다. 왕족의 집을 궁으로 높여 부르기도 하고 (흥선대원군의 운현궁), 권력자의 으리으리한 집을 비꼬아 궁이라고 도 한다. 세자世子는 거처가 동쪽이라서 동궁東宮, 왕비(중전)가 아 니었으나 살아서 임금의 어머니가 된 이는 자궁慈宮이다(정조 어머 니 혜경궁). 아기집은 자궁子宮.

큰집 전殿은 크고 으리으리한 건물로, 궁전宮殿 또는 궁궐이라는 집합건물을 이루는 단위건물이다. 이를테면 경복궁景福宮은 궁궐이 고, 그 안에 정전正殿인 근정전勤政殿, 편전便殿인 사정전思政殿, 침전寢 殿인 교태전交泰殿 등 전각殿閣들이 있다.

> 궁궐 전각은 바닥면이 땅보다 높으므로, 전 안의 왕을 전하殿
> 下라고 부른다. 사실은 왕을 부르는 내가 '전하(전 아래)'에 있는
> 것이다. 왕보다 아래 세자世子에게는 집 저邸를 써서 저하, 왕족
> 아닌 고귀한 신분의 사람에게는 각하閣下 · 합하閤下라 한다. 왕
> 보다 위 황제급은 전 아래 '섬돌(계단) 아래' 폐하陛下.

소반 반盤의 원뜻은 소반, 또는 쟁반처럼 넓적한 그릇이다. 그 래서 쟁반처럼 넓고 큰 모양도 되고, 쟁반이 둥글다는 데서 빙빙 돈다는 뜻도 된다. 키가 작은 데 비해 가지가 주위로 넓게 퍼진 소나무를 따로 반송盤松이라 한다.

막힐 울鬱은 수풀 따위가 빽빽해서 시선이 막힌 것, 즉 울창鬱蒼 한 것이다. 근심(우鬱)으로 마음이 꽉 막힌 것이 우울憂鬱.

궁전반울宮殿盤鬱은 장안 너른 궁궐에 전각들이 빽빽하게 들어찬

모습이다.

중국 역대 유명한 궁궐 이름을 보면,

하나라 걸왕의 장야궁長夜宮.

은나라 주紂왕은 궁궐보다 주지육림酒池肉林이 유명하다. 술로
연못을 채우고, 연못 섬의 나무에는 고기안주를 주렁주렁 매달
았다고 한다. 육肉은 성性적인 인체도 되기에 '육림'은 벌거벗은
여자들이 주욱 늘어선 모습을 떠올리게도 한다.

진나라 시황제의 아방궁阿房宮. 지금도 으리으리한 저택을 흔
히 아방궁이라고 한다.

전한 장안의 궁궐은 장락궁長樂宮과 미앙궁未央宮. 그러니까 지
금 궁전 얘기는 장락·미앙궁 얘기렸다.

다락 루樓는 여느 건물보다 높이 띄워 지은 다락집, 곧 누각樓閣·
누대樓臺다.

볼 관觀은 보는 행위나 보이는 모습이다. 볼만한 게 가관可觀인
데, 우리말처럼 한자어로도 칭찬도 되고 비꼬는 말도 된다. 누관樓
觀은 누각의 모습, 또는 누각 자체도 누관이라 한다.

날 비飛는 여기서 날짐승, 즉 새의 대용으로 쓰였다. 놀랄 경驚
은 깜짝 놀라는 것인데 여기서는 놀래킨다는 타동사다. 비경飛驚은
본래 경비驚飛, '새들을 놀래킨다'라고 쓸 것을 각운 때문에 뒤집은
인상이다.

누관비경樓觀飛驚, 궁궐 안 전각들이 높이 치솟은 모습에 나는 새
도 놀란다.

다음은 장안 궁궐의 전각 내부를 단청丹靑(그림, 제152구)으로 장식한 모습이다.

그림 도圖, 베낄 사寫, 그림 화畵, 무늬 채采는 모두 그림, 또는 그리는 행위를 가리키는 글자다. 도사圖寫 역시 그린다는 뜻.

2011년 광주 디자인 비엔날레 주제가 '도가도, 비상도圖可圖(非常圖, 그릴 수 있는 디자인은 진짜 디자인이 아니다)'였다. 노자老子 『도덕경道德經』의 첫 문장 "도가도, 비상도道可道, 非常道(말할 수 있는 도는 참된 도가 아니다)"를 센스 있게 패러디했다.

> 추상화는 그냥 이미지를 만들어 내도 좋으나, 전통적인 그림
> 은 어떤 대상을 베낀 거였다. 허구가 아니라 진짜 있는 것을
> 그리자는 주의가 사실寫實주의다(독음이 같은 사실事實주의와 혼동
> 주의). 직접 보고 그리는 것은 사생寫生 · 실사實寫, 사람의 초상
> (진眞)을 그리는 것은 사진寫眞인데, 카메라가 들어온 뒤로 사진
> 은 포토그래프를 가리키는 말로 전용됐다.

새 금禽은 날짐승이다. 집에서 키우는 새가 가금家禽, 매 · 독수리같이 사나운 새들은 맹금猛禽이다.

짐승 수獸는 길짐승이다. 길들지 않은 짐승이 야수野獸, 사나운 짐승은 맹수猛獸, 정체 모를 짐승은 괴수怪獸. 금수禽獸는 그러니까 온갖 새짐승이다.

도사금수圖寫禽獸, 궁궐 전각의 방이나 회랑의 벽에다 온갖 새짐승의 그림을 그려 장식했다. 용봉龍鳳처럼 길상吉祥의 소원을 담은 새짐승이 있는가 하면, 경계의 의미로 탐욕의 상징인 도철饕餮 같은 악수惡獸도 그렸겠다.

전통적으로 그림은 도화圖畵라 했다. 조선 궁중의 그림 전담 기
관은 도화서圖畵署·도화원圖畵院, 줄여서 화원畵院이고, 여기 속한
관원은 화원畵員이다. 19세기에 서양의 예술 개념이 동아시아에
소개되면서, 그중 미술을 주로 그림 그리는 활동으로 여겨 도화圖
畵 또는 단청丹靑(제152구)라 했다. 그림 화畵자가 그리기의 성분 중
하나인 긋기일 때는 '그을 획'으로 읽으며 그을 획劃과 같다.

무늬 채采는 본래 사람이나 물건에 어린 풍채風采를 뜻하는 말이
었다. 글맛은 문채文采다. 그런데 이 글자는 본래 뜻보다 다른 '채'
자의 대용자로 오히려 더 많이 쓰인다. 무늬 채彩, 캘 채採, 나물
채菜…. 여기서는 '무늬 채', 즉 채색한다는 뜻으로 쓰였다. 화채畵采
는 앞의 도화처럼 그린다는 뜻, 더 구체적으로는 색색깔로 그린다
는 뜻이다.

채색 그림에는 그림 회繪자도 쓴다. 그림·그리기를 뜻하는
도·사·화·채·회 다섯 글자를 구분해 쓸 때도 있다. 페인팅
은 회, 드로잉은 화(합해서 회화繪畵), 보이는 것만 그리면 화, 대
상의 본질까지 그려 내면 사…. 그러나 모든 경우에 이렇게 엄
별하는 것은 아니니 맥락에 따라 융통성 있게 새겨야 한다.

신선 선仙은 좁게는 도교의 선인仙人(신선神仙)이고, 널리는 신령한
인격을 두루 칭한다. 신령할 령靈은 신령하다, 또는 영혼. 선령仙靈
은 두루 신인神人과 영물靈物(십장생 따위)을 일컫는다.

궁궐 방과 벽엔 금수와 선령뿐 아니라, 보기를 그리 들었다뿐이
지 식물과 사람도 그렸을 것이다. 단순 장식으로뿐만 아니라 본받
거나(성인, 명군, 충신, 명장) 경계하고자(폭군, 반역) 하는 대상, 욕망이

나 길상(십장생, 일월오악日月五岳) 등등.

이제 궁궐 안을 슬쩍 들여다본다.

남녘 병丙은 열 개 천간天干(십간+干) 중 세 번째이고 방위로는 남쪽이다.

집 사舍는 건물이다. 병사丙舍를 「천자문」 해설들은 '시신侍臣들이 기거하는 건물'이라고 해 놨다. 아마 바로 다음 구의 '갑장'과 대를 이루려는 포석일 것이다. 국어사전에는 병사가 '묘막墓幕의 다른 말'이라고 나오는데, 묘막은 다시 '무덤 가까이에 지은 묘지기가 사는 집'이라고 한다. 모시는 사람이 있다는 뜻 정도로 서로 통한다.

곁 방傍은 곁, 옆이다. 직접증거보다 약한 곁다리 증거를 방증傍證이라 하는데, '반증'으로 잘못 쓰는 사례가 많다. 반증反證은 반대 증거니까 반대 뜻인데, 혹시 사전에 없는 '데릴 반' 반증伴證쯤으로 오해하는 걸지도.

열 계啓는 열린다, 열려 있다는 뜻으로 열 개開와 통한다. 많은 경우 계몽啓蒙처럼 상징적으로 열려 있는 것을 가리킬 때 쓰지만, 여기서는 開처럼 물리적으로 열린 상태를 가리켰다. 정신을 깨우쳐 개발開發하는 것이 계발啓發 · 계몽이다.

병사방계丙舍傍啓는 임금을 가까이서 모시는 신하들의 처소가 궁궐의 정전 옆으로 통한다는 말쯤 된다. 각운 때문에 정전 얘기가 그다음에 나온다.

첫째천간 갑甲은 십간 중 첫 번째다. '갑옷 갑'으로 더 많이 쓰인다. 순서를 헤아릴 때 갑, 을乙, 병… 하다 보니 계약서 같은 데서 당사자를 갑·을로 약칭하곤 하는데, 여기서 '갑질'이란 말이 나왔다.

천간 말고 열두지지地支(십이지十二支)도 있는데, 그 첫 번째가 자子다(제4구 '진수열장' 참조). 그래서 갑자甲子 하면 간지干支의 결합이 한 바퀴 도는 60년(120년이 아님), 즉 육십갑자(육갑)를 가리킨다. 옛날에 간지를 세기 위해 주먹 쥔 손의 골과 마루를 타며 갑자을축… 하고 헤아리는 법이 있었나 본데, 어린아이나 지능이 낮은 사람이 할 줄도 모르면서 육갑을 따지는 손짓 흉내를 낸다는 데서 '육갑하다'라는 말이 나왔을 것이다.

연도, 달, 날짜 등을 헤아리는 간지를 마저 정리하면,

십간

甲 乙 丙 丁 戊 己 庚 辛 壬 癸 갑을병정무기경신임계

십이지

子 丑 寅 卯 辰 巳 午 未 申 酉 戌 亥 자축인묘진사오미신유술해

간지 결합의 첫 번째는 갑자, 그다음은 천간도 지지도 한 칸씩 나아가 을축, 병인, 정묘…(송창식, 〈가나다라〉 가사에도 있다), 열 번째 계유까지 가면 천간은 앞으로 돌아가 갑, 지지는 계속 나가 술이다. 갑술 다음 을해, 이로써 지지가 다했으니 열세 번째 병자, … 맨 마지막 계해로 간지가 다하고 갑자부터 새로 시작한다(환갑還甲, 환력還曆).

휘장 장帳은 커튼이나 장막이다. 수첩이나 장부라는 뜻도 있다
(장부帳簿, 일기장日記帳).

갑장甲帳은 따로 사전에 오른 말은 아니다. 「천자문」해설들에서는 한 무제 때 문신인 동방삭東方朔('동방' 두 글자가 성)이 임금이 잠시 머물 공간에 치도록 만들어 바친 갑을장甲乙帳을 가리킨다고 한다. 그러니까 앞의 '병사'는 신하들의 공간, 여기 '갑장'은 임금의 공간이다.

　　동방삭은 하늘에 사는 서왕모西王母의, 3천 년에 한 번 열린다는 천도天桃를 몰래 따먹고 삼천갑자, 즉 1만 8천 년을 살았다는 전설의 주인공이기도 하다. 그런데 그는 기원전 1~2세기 사람이라 이제 겨우(!) 2천 년 좀 지났으니 1만 8천년을 '살았다'고는 아직 검증할 수 없다. 역사에는 기원전 93년에 죽은 걸로 나온다.

대할 대對는 마주보거나 상대하는 것. '~에 대한(대하여)'처럼도 쓴다. 기둥 영楹은 건물의 기둥이다. 평양 아래 남포에 있는 고구려 무덤 쌍영총雙楹塚은 이름처럼 전실前室에 두 기둥이 떡 버티고 있다.

대영對楹은 직역하면 '기둥을 마주보는' 것이지만, 갑장대영甲帳對楹에서는 임금의 휘장(갑장)이 쌍영총처럼 '마주보는 두 기둥(대영)' 중간에 자리한다고 새기는 게 자연스럽다.

갑장을 말하려고 병사를 대구로 앞세웠는지, 병사를 쓰다 보니 갑장으로 대구를 맞출 필요가 있었는지, 아무튼 천 글자를 겹침 없이 쓴 글이라 어쩔 수 없는 무리수가 곳곳에 나타난다.

제113~116구

¹¹³ **肆筵設席**, 사연설석 자리 베풀어 잔치 벌이니

¹¹⁴ **鼓瑟吹笙**. 고슬취생 가야금 슬키징 피리는 삘리리.

¹¹⁵ **陞階納陛**, 승계납폐 섬돌 위 올라 하사품 받으니

¹¹⁶ **弁轉疑星**. 변전의성 흔들리는 갓끈 구슬 별같이 빛나라.

임금 계신 데 풍악이 없을 수 없다.

늘어놓을 사肆는 본래 방자하다, 허황되다는 말이다. 가게라는
뜻도 있다.

대자리 연筵은 대쪽 같은 것으로 짠 돗자리다. 독음이 같은 잔
치 연宴(讌, 제213구), 제비 연燕과 함께 두루 '잔치'라는 뜻으로 쓰인
다. 사연肆筵은 돗자리를 깔았다, (점쟁이로 길가에 나섰다는 말이
아니고) 잔치를 벌여 놓았다는 말.

베풀 설設은 설치하는 일, 자리 석席은 본래 바닥에 까는 깔개,
즉 방석이지만 흔히 좌석座席이나 의자에도 쓴다. 설석設席은 자리
를 베풀다, 즉 앞의 사연과 사실상 같은 뜻이다.

두드릴 고鼓는 본래 '북 고'다. 여기서처럼 친다, 두드린다는 뜻
일 때는 두드릴 구扣와 통용한다.

가야금 슬瑟은 딱 가야금은 아니고 그와 비슷한, 보통 스물다섯
줄짜리 중국 악기다. 우리나라 한자사전에서 오랫동안 '비파 슬'로
새겨 온 바람에 고전 번역 중엔 슬을 비파라고 옮긴 것들이 많지
만, 두 악기는 확연히 다르다. 슬과 짝을 이루는 거문고 금琴도
중국의 금일 수도, 한국의 거문고일 수도, 그냥 현악기의 통칭일

수도 있다. 한문 문헌에 '금슬琴瑟'이 나오면 중국의 금과 슬인지,
한국의 거문고와 가야금인지, 그냥 현악기의 통칭인지 앞뒤 맥락
에 따라 새겨야 한다.

슬과 비파는 다 현악기, 그중에서도 줄뜯음(flucked) 악기이
지만 계통과 구조가 딴판이다. 슬은 가야금처럼 길고 넓적한
판에 길이 방향으로 줄들을 평행하게 걸어 놓고 손가락으로 뜯
어 소리 내는 악기이고, 비파는 바이올린이나 기타처럼 목과
몸통이 구분되는 악기 중 단면이 서양배 또는 통마늘 모양(즉,
목과 몸통의 경계선이 두루뭉술한)이고 등판이 볼록한 악기다. 악
기학에서는 금 · 슬 · 거문고 · 가야금 같은 악기들을 치터(zither),
비파 같은 악기들은 류트(lute)족族으로 분류한다.

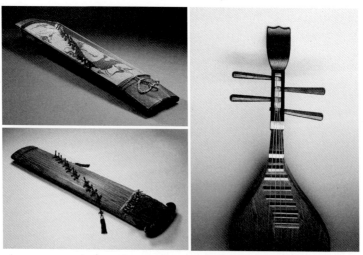

왼쪽 위부터 슬, 가야금(법금). 오른쪽 비파(당비파)는 전혀 형태가 다르다.　국립국악원 국악아카이브

琴瑟을 '금실'로 읽으면 부부간의 정다움을 이른다. 『시경』
맨 첫 번째 시 「관저關雎」의 "아리땁고 어진 아가씨, 금과 슬처
럼 정다이 하고 싶고녀(窈窕淑女, 琴瑟友之요조숙녀 금슬우지)"로부터 이
쓰임이 나왔다.

고슬鼓瑟은 슬, 나아가 현악기들을 연주한다는 말. 가야금이나
슬은 뜯거나 타는 것이라서 튕길 탄彈을 써야 하지만, 반드시 때려
서 소리 내는 타악기뿐 아니라 '기타(guitar) 친다'처럼 악기를 연주
하는 것에 두루 鼓·扣(두드릴 구)를 쓴다.

불 취吹는 바람이 불다, 바람을 불어넣다 등의 뜻. 앞의 북 고자
와 합해 고취鼓吹라 하면 치고 부는 악기들로 이루어진 악대(band)
를 가리키기도 하고, 사람을 북돋운다는 말도 된다.

생황 생笙은 박통(지금은 금속통)에 여러 개의 관을 꽂은 악기다.
통에 달린 부리를 입으로 불고 들이마셔 소리 낸다. 마치 파이프
오르간의 축소판 같아서 영어로는 mouth organ이라고 쓴다. 다
만, 오르간에는 파이프오르간
말고 풍금, 즉 리드오르간(하모니
엄)도 있는데, 리드오르간을 축
소한 하모니카도 mouth organ
이라고 한다.

신윤복, <연당의 여인>(부분) 속 생황
국립민속박물관 소장

그런데 생은 생황이라는 악기뿐 아니라, 리드reed(서)를 꽂은 오보에 계통의 관악기를 널리 통칭하기도 한다. 리드 악기로는 피리와 태평소, 서양 악기 중에서는 오보에와 클라리넷이 대표적이다. 취생吹笙은 그러니까 널리 피리를 분다, 아주 널리 관악기를 분다는 말이다.

고슬취생鼓瑟吹笙은 『시경』 중 「녹명鹿鳴」에 나오는 구절이다. 여기서는 딱히 슬과 생뿐 아니라 널리 관현管絃의 악기를 연주한다는 말. 잔치 자리를 마련했으니 주식酒食(술과 음식)은 응당 마련했을 것이고, 굳이 말하지 않아도 춤, 웬만하면 노래까지 악가무樂歌舞를 다 갖추었을 테다(아래 제213~216구도 참고).

잔치라 해도 좋고, 엄숙한 의식이라도 좋다. 품계별로 자리를 마련하고 주식과 주악奏樂도 벌여 놨으니 신하나 객들이 들어온다.

오를 승陞은 昇과 독음과 새김이 같다.

섬돌 계階의 섬돌이란, 마당보다 높이 당堂을 쌓고 그 위에 올린 건물에서, 마당에서 당에 오르기 좋도록 놓는 중간돌이다. 섬돌이 여러 개면 층계層階이고, 그 하나하나가 계단階段 또는 단계段階다. 승계陞階는 곧장 새기면 임금이 잔치를 베푼 전각 아래 섬돌을 오르는 것이지만, 전하여 벼슬 품계가 오른다는 뜻도 된다.

드릴 납納은 내'드리'는, 즉 바치는(납입納入) 것도 되고 받아'들이'는(용납容納, 수납受納, 修納) 것도 된다.

섬돌 폐陛, 다시 섬돌인데 이 글자는 황제급에만 쓴다. 황제를 알현할 때는 전의 맨 아래 섬돌에서 조아리므로 황제를 폐하陛下(Your Majesty)라 부른다. 그 아래 전하殿下(Your Highness), 각하閣下(Your Excellency) 등이 있음을 제107구(궁전반울)에서 언뜻 보았다.

납폐納陛는 해설이 구구한데, 임금이 하사하는 선물을 신하가 '받는' 것으로 보는 게 자연스럽다. 그런데 독음이 같은 納幣는 거꾸로 신하가 임금께 예물(폐백幣帛)을 '바치는' 일이어서, 여기 승계 납폐陞階納陛는 중의적으로 읽힌다. 실제로 많은 해설서들이 '納陛'를 納'幣'로 새겼다. 이런 중의성 또는 모호성이 문학작품에서는 오히려 묘미일 수 있다.

고깔 변弁은 세모꼴로 접은 고깔모자이지만 여기서는 벼슬하는 사람들이 머리에 쓴 관冠을 통칭한다.

　여승인 비구니가 외출할 때 고깔을 쓴다. 이 고깔 하면 조지
　훈 시 「승무」가 떠오른다.

　　얇은 사紗 하이얀 고깔은
　　고이 접어서 나빌레라

　　파르라니 깎은 머리
　　박사薄紗 고깔에 감추오고

　　두 볼에 흐르는 빛이
　　정작으로 고와서 서러워라 (…)

　불교 의식춤을 '작법作法'이라 하는데, 주로 남자 승려(비구)가 고깔을 쓰고 춘다. 조지훈 시는 여승(비구니)이 추는 것처럼 그렸다. 그런데 비구·비구니 막론하고 승려는 누에나방 죽여 만

든 얇은 사, 박사薄紗 고깔을 쓸 수 없다!

사실인즉 승무는 승려의 춤이 아니라, 승려 복장을 하고 추는 민간 기방妓房의 춤이다. 그러니 박사 고깔을 쓸 수는 있지만 (살풀이춤 때 들고 추는 수건도 비단으로 만들듯이), 비구니 아닌 춤꾼이 파르라니 머리를 깎았을 리 없다.

구를 전轉은 굴러가거나 넘어지거나 흔들리는 것. 상황이 바뀌는 것은 전환轉換, 아주 반대로 바뀌면 반전反轉, 저절로 굴러가는 수레는 자전거自轉車. 역시 저절로 움직이는 수레인 자동차自動車를 글자 뜻만 가지고는 자전거와 구별할 길이 없다.

벼슬아치의 관에는 양쪽 귀 옆으로 갓끈(영纓, 제128구)을 늘어뜨리고 품계에 따라 장식 구슬을 구분해 단다. 변전弁轉은 신하들이 승계납폐하러 전각에 오를 때, 갓끈의 구슬 장식이 흔들리는 모양이다.

의심할 의疑는 여기서 같을 의擬의 대용이다. 별 성星은 저 앞 제4구(진수열장)의 별 진辰, 별자리 수宿 같은 천체의 총칭이다. 글자 생김부터 해(일日)가 낳은(생生) 새끼다. 의성疑星은 별과 같다, 즉 반짝인다. 황제 앞에 모이는 관리들의 모자 갓끈에 늘어뜨린 구슬이 흔들거리는 게 별과 같이 반짝인다, 또는 뭇별이 모인 듯 많이도 모였다는 말이다.

제117~124구

117 右通廣內, 우통광내　오른쪽은 광내전으로 통하고

118 **左達承明**. 좌달승명　왼쪽은 승명려로 이어져

119 **旣集墳典**, 기집분전　옛 책들을 모은 위에

120 **亦聚群英**. 역취군영　또한 뭇 인재를 모았으니,

121 **杜稾鍾隷**, 두고종례　두씨의 글씨, 종씨의 예서

122 **漆書壁經**. 칠서벽경　옻글씨 문서요 벽에서 나온 경전이며,

123 **府羅將相**, 부라장상　관청엔 장수 재상 즐비하고

124 **路夾槐卿**. 노협괴경　길에는 치이느니 고관이라.

———————

오른 우右, 왼 좌左는 사람 기준 오른편, 왼편이다.

통할 통通은 막힘없이 이어지는 것.

넓을 광廣은 폭이나 면적이 큰 것, 안 내內는 내부다. 광내廣內는
광내전廣內展을 이른다고 하는데, 광내전은 네이버에도 구글에도
바이두(baidu.com)에도 '한나라 궁궐에서 도서를 보관하는 전각 이
름'이라는 것 이상의 정보가 없다. 한나라 궁궐이라도 서한(전한)
장안 궁궐인지, 동한(후한) 낙양 궁궐인지 미상.

우통광내右通廣內, 오른쪽이 광내전으로 통한다니, 누구한테 오른
쪽일까? 임금의 오른쪽이다. 임금은 북쪽에 앉아서 남쪽을 바라
보니(남면南面) 오른쪽은 방위로 서쪽이다.

통달할 달達은 닿는다(도달到達)는 말인데, 앞의 통자와 결합해 통
달通達이라 하면 어떤 지식이나 이치를 꿰고 있는 상태를 이른다.

이을 승承은 승계承繼 외에 받든다는 뉘앙스도 강하다. 밝을 명明
자는 날 일日과 달 월月을 모아 밝다는 뜻이 되어, 한자의 제자製字
원리인 육서六書 중 회의會意를 설명할 때 단골로 나오는 글자다.

승명承明은 승명려承明廬라는 전각이다. 한나라 궁중 도서관, 그러니까 조선 집현전이나 규장각 같은 관청이다. 좌달승명左達承明, 왼쪽(동쪽)은 승명려로 이어진다.

우리말을 포함해 매우 많은 문화에서 오른편이 '옳은' 편이고 '바른' 편이다. 오른쪽을 뜻하는 유럽어만 봐도 right(영)/droit (프)/rechts(독)가 다 '옳다, 바르다'라는 뜻까지 가진다. 프랑스어와 독일어에서는 법法이라는 뜻까지 있다. 그런데, 한자 우는 희한하게도 '낫다, 우수하다, 편들다'라는 뜻은 있어도 딱히 '옳다, 바르다'라는 뜻은 없다. 반면, 우리말 '왼'에도 그르다는 뜻이 있지만 한자 좌는 그르다는 뜻이 우리말보다 강하다. 그런데 왼편을 가리키는 유럽어 left/gauche/links에는 그르다는 뜻은 없거나 미미한 걸로 안다.

임금 기준으로 좌가 동쪽, 우가 서쪽이라 했다. 그래서 중국 천자 기준으로 보아 우리나라는 바다 건너 동쪽, 좌해左海다. 그런데 정동쪽만 동쪽이 아니라 해가 뜨는 쪽이 동쪽이기도 하다. 북반구에서 해 뜨는 방위는 남동에 가깝다. 그래서 장강(양쯔장) 이남인 강남江南을 강동江東 · 강좌江左로도 부른다.

이미 기旣는 이미 이已와 호환된다. '일단 ~했으니(했으면), ~한데다'라는 뜻도 있다.

모을 집集은 모은다는 뜻. 독음과 뜻이 같은 輯도 간체로는 集으로 쓴다. 고구려 고분이 몰려 있는 만주의 지린(吉林길림)성 지안(輯安집안)현을 중국에서는 集安으로 쓴다.

무덤 분墳은 널리 무덤의 통칭. 무덤을 봉긋하게 솟게 만들어

놓은 것이 봉분封墳이다. 특별히 묘주墓主(묻힌이)가 밝혀진 무덤은 묘墓(김유신 묘), 묘주의 신분이 왕이나 황제이면 능陵(흥무왕릉. 흥무왕은 김유신의 추존호), 묘주가 밝혀지지 않은 무덤은 총塚(천마총·금관총)을 쓴다. 일본 역사에서 대략 우리나라 삼국 고대국가 시대인 3~7세기에 해당하는, 기록은 없고 유물 유적만 있는 시대가 고훈(古墳고분, こふん)시대다.

법 전典은 모범(전범典範)이라는 뜻인데 여기서는 책이라는 뜻으로 쓰였다. 법조문을 모은 책이 법전法典인데, 전범·규율이라는 뜻으로도 쓰인다. 고전古典은 권위 있는 옛 규범 또는 옛 책이며, 이로부터 클래식classicus이라는 말이 나왔다. 옛 관직이나 관청 이름으로는 '맡는다'는 뜻도 있다(전악典樂, 전의典醫).

분전墳典은 전설의 삼황의 기록(지금 전하지 않음)이라는 '삼분三墳'과 오제의 책(일부 전함)인 '오전五典'을 합한 말이니, 곧 고전이다. 고전들을 모아 놓은 곳은 승명려겠다.

또 역亦은 역시亦是(이 또한) 할 때의 그 역이다. '또는'으로도 쓰인다.
모일 취聚는 앞의 모을 집集과 같은 말.
무리 군群은 관형어로는 '많은, 뭇' 등의 뜻. 羣으로도 쓴다.
꽃부리 영英은 딱히 꽃부리만 아니라 꽃 자체를 이르기도 하는데, 그보다는 여기서처럼 빼어나다, 영재英才의 뜻으로 많이 쓰인다. 군영群英, 여러 꽃봉오리(즉, 인재)들이 모인 곳은 그럼 광내전이겠다.

잉글랜드를 한자로 음차한 것이 영국英國(잉귀)인데, 지금 영국이라 하면 잉글랜드가 아니라 그레이트브리튼 왕국을 가리킴

에 주의. 옛 British Empire는 '대'영제국이 아니라 그냥 영제
국, British Museum도 '대'영박물관이 아니고 영국박물관.

그다음 두 구는 '분전'과 함께 승명려에 모아 놨음직한 글씨와
서적들이다.

팥배나무 두杜라는 글자는 대략 네 가지로 쓰인다. 첫째, 『시경』
등에서 식물(팥배나무) 이름으로. 둘째, '시성詩聖' 두보杜甫 등 사람
성씨로. 셋째, 두견새·두견화. 마지막으로, 막는다는 뜻(두절杜絶,
두문불출杜門不出). 여기서는 두 번째, 사람 성씨다. 두씨 중 흘려쓰는
글씨체인 초서草書를 유행시키고 일설에는 초서 중 장초章草를 창
안했다고도 하는 후한의 두도杜度(1세기)를 가리킨다. 두고杜稾는 그
두도의 글씨다. 똑같이 원고를 이르는 고稿(藁)로 써도 될 텐데 굳
이 드문 글자인 볏짚 고稾로 썼다.

두견화杜鵑花는 진달래다. 삼국 유비의 '나라' 촉蜀 말고 그 지
역, 즉 사천四川(쓰촨) 지역 전설에, 더 옛날 망제望帝라는 임금이
신하에게 나라를 뺏기고 두견새(두견이, 접동새)가 되어 울 때마
다 피를 토했는데, 피 떨어진 자리에 피어났다는 꽃이 진달래다.
그런데 두견새는 사전과 문학작품에 두 가지로 달리 나온다.
하나는 작은 뻐꾸기 종류, 하나는 올빼미 종류인 소쩍새다. 작
품에서 두견이·접동새가 낮에 울면 뻐꾸기, 밤에 울면 소쩍새
일 것이다. 글쎄, 저고리 고름 말아 쥐고 송아지 매는 대낮에도
"소쩍꿍, 소쩍꿍" 하고 우나 보던데(〈낭랑 십팔 세〉).

쇠북 종鍾은 엄밀히 새기면 쇠로 만든 북이지만, 흔히 종 종鐘자

의 대용으로 쓰인다. 서울 보신각에 종을 걸어 놓은 데서 유래한 길 이름 종로도 공식적으로 '鍾路'와 '鐘路' 두 가지가 통용된다. 한자 간체는 钟 하나다. 작은 종을 뒤집으면 잔(종지) 모양이 되므로, 작은 잔이라는 뜻도 있다. 차(녹차)를 마시는 대표적인 잔이 그래서 찻종이다. 여기서도 종은 사람 성씨로 쓰였다. 한자 서체 중 예서隸書를 잘 쓴 것으로 유명한 삼국 위나라 서예가 종요鍾繇(151~230)다. 종례鍾隷는 그 종요의 예서.

두고종례杜槀鍾隷, 두도와 종요 등 유명한 서예가들의 글씨를 승명려에 모았다.

한자 글자는 처음에는 거북 등딱지나 소의 넓적다리뼈에 날카로운 것으로 긁어 썼다. 이것이 자획이 짧고 굵기가 고르지 않으며 끝이 날카로운 갑골문甲骨文이다.

실용적이지는 않지만 은나라 때는 청동 솥에 글씨와 그림을 새겼고, 진시황은 글자를 통일해 돌에다 새겨 전국에 보급했는데, 이것이 금석문金石文이다. 금석문은 대체로 자획이 고르고 끝이 둥글둥글하며, 가로세로 아무 방향으로 늘이거나 눌러도 글씨의 동일성이 깨지지 않는 전서篆書체다. 지금도 도장을 새길 때 전서체로 많이 새기고, 도장새김에서 유래한 전각篆刻은 예술로 대접받는다.

다음에 좀 더 실용적으로, 대쪽을 세로로 가늘게 쪼개 끈으로 엮은 죽간에다가 불에 달군 쇠송곳으로 눌러 썼다. 이 단계 글씨가 예서인데, 일설에는 전쟁 노예를 관리하는 관원들이 쓴 글씨라서 예서라 했다고도 한다. 공자가 하도 읽어 가죽 끈이 세 번 끊어졌다는(위편삼절韋編三絶)『주역』책이나, 사마천이 아버지 덕에 열람한 옛 책들이며 그가 젊어서는 아버지 따라, 나이 들어서는 한 무제를 따라 천하를 주유할 때 기록하려고 짊어지고 갔을 노트는 다 죽간이었다. 죽간을 상형한 글자가 책冊이다.

후한 때 채륜이 종이 제작법을 실용화하자(제231구 '염필윤지' 참조) 짐승 털로 만든 붓(모필)에 먹을 적셔 종이에 글씨를 쓰게 되어 비로소 글씨가 기록이라는 실용적 '기술'을 넘어 맵시를 다투는 '예술'로 발전할 수 있었다. 서예書藝를 중국은 서법書法, 일본은 서도書道라고 달리 부른다. 짐승 털 휘날리는 일이라는 뜻으로 휘호揮毫라고도 한다.

글씨 쓴 종이는 처음에는 두루마리(권卷, scroll) 형태로 보관하고 유통하다가 나중에 네모나게 재단해 여러 장을 겹치고 한쪽을 묶어서 쓰는 코덱스(codex)로 발전했는데, 코덱스를 눕히고 겹쳐 쌓아 놓은 모양을 본뜬 게 서書자다.

중국 서예사에서 흔히 4대가로 앞의 위나라 종요, 그 앞 후한의 장지張芝, 그리고 삼국을 통일한 진晉의 왕희지王羲之 · 헌지獻之 부자를 꼽으며 '종 · 장 · 이왕鍾張二王'이라 약칭한다. 굳이 한 사람으로 압축할 땐 '서성書聖' 왕희지를 꼽는다. 왕희지 때 모필 서체는 물려받은 '예서'와 예서를 흘려쓴 '초서' 외에, 예서와 초서의 중간인 '행서行書', 행서보다 조금 더 흘려쓴 '행초行草', 반듯한 '해서楷書' 등으로 분화했다.

옻 칠漆은 옻나무 진액에서 추출한 도포재다. 옻칠한 목기가 칠기漆器, 옻처럼 새까맣게 어두운 게 칠흑漆黑이다. 글 서書는 글씨(쓰기)를 가리키기도 하고, 위에서 코덱스를 상형한 책, 서적도 된다.

그냥 '서'라 하면 고전 중 『상서(서경)』를 이른다.

칠서漆書는 옻칠한 죽간에 긁어 쓴 글씨다. 죽간에 매번 쇠송곳을 달궈 눌러 쓰는 것이 번거로워, 죽간에 옻을 바르고 뾰족한 도구로 긁으면 옻이 벗겨지며 글씨가 되도록 개량했다. 그러니까 옛날 책이란 말.

벽 벽壁은 건물의 사면을 두르는 구조물.

날줄 경經은 베틀에 실을 걸어 옷감을 짤 때 기준이 되는, 세로로 늘어뜨린 실이다. 여기에 가로로 씨줄(위緯)을 교차로 엮어 피륙(베)이 된다. 이로부터 지구에 가상으로 그은 세로눈금(자오선)을 경도經度, 가로눈금을 위도緯度라 한다. 사건의 시말始末이 곧 경위經緯다. 여기서 경은 기준이 되는 글, 즉 경전經典(經傳)이다. 성인의 글은 경, 후세의 주석은 전傳, 덜 미더운 경전은 위緯다. 대표적으로 도참圖讖 서적은 경으로 인정받지 못해 참위讖緯라 불린다.

벽경壁經은 공자 후손 집 벽에서 나온 경서들이다. 진시황이 사상 통제의 일환으로 책을 모아 불태우고 학자들을 묻어 죽이자(분서갱유焚書坑儒) 사람들이 화를 면하려 책을 숨겼다. 한나라가 들어서고 기원전 154년, 경제景帝의 아들 노왕魯王 유여劉餘가 공자 후손이 사는 집을 개수하려고 헐자 벽 속에서 경서가 쏟아져 나왔는데 이것이 '공벽고문孔壁古文', 즉 벽경이다. 나중 한 무제가 유가를 국가 이념으로 선포하고 나머지를 퇴출(파출백가, 독존유술罷黜百家, 獨尊儒術)하면서 유학을 진흥하려는데, 옛 전적은 소실되고 간간이 발견되는 것들은 진짜 고문古文인지 가짜(위고문僞古文, 금문今文)인지가 문제였다. 그래서 한나라 유학은 고문과 금문을 가려내는 훈고학訓詁學이 주류가 됐다.

다음 두 구는 광내전에 모였음직한 '군영'의 면면이다.

고을 부府는 행정단위(도호부都護府) 또는 행정관청이다. 여기서는 광내전을 비롯한 궁궐 안 전각과 도읍 안 관청들을 가리킨다. 정부政府, 행정부·입법부·사법부의 삼부三府도 같은 부를 쓴다.

그물 라羅는 여기서는 늘어놓는다, 나열羅列의 뜻. 비단이라는 뜻도 있다. 옛 삼국 중 신라의 약칭이기도 하고, 미국 로스엔젤레스(LA)를 나성羅城(뤄청)이라 썼다.

장수 장將은 군대의 최고급 지휘관인 장군이다. 현대에는 통상 별 하나에서 네 개나 다섯까지 '스타' 지휘관, 즉 장성將星을 가리킨다. 군대를 지휘하는 행위도 장이다. 독불장군獨不將軍은 '혼자서는 장군이 되지 못한다'가 아니라, 혼자서는(獨) 군대를(軍) 지휘하지(將) 못한다(不)는 구조다(그렇다면 독'부'장군으로 읽어야 할 텐데). 장래將來를 뜻하는 '장차 장'으로도 쓴다.

재상 상相은 본래 '서로 상'인데 여기서는 재상宰相, 즉 요즘의 총리부터 장관급까지의 최고위 공무원을 가리키는 말이다. 예를 들어 외무부장관은 줄여서 외무상外務相 또는 외상外相이다. 지금도 북한에서는 장관을 상이라 써서, 남북 장관급 회담이 북에서는 '북남 상급 회담'이 된다. 관상觀相을 본다, 관상이라는 뜻도 있고, 때로 목적어가 필요한 동사 앞에 붙어 생략된 목적어를 형식적으로 대신하는 역할도 한다. 예를 들어 '상사相思'는 '서로' 생각하는 게 아니고 그냥 '(누구를) 생각'하는 것이다. 서로 생각하는 거라면 어떻게 상사병이 되겠나?

장상將相은 장군과 재상이니 곧 문·무文武의 최고급 관리들이다. 타고나기를 귀하게 타고난 왕후王侯(왕과 제후)까지 더해 왕후장상王侯將相 하면 귀한 몸들의 총칭이다. 시황제 진나라 말에 진승陳

勝과 오광吳廣이 "왕후장상에 어찌 씨가 따로 있을쏘냐(王侯將相寧有種
乎왕후장상영유종호)? 우리도 노력하면 왕후장상이 될 수 있다"(『사기 ·
진섭세가陳涉世家』)며 농민란을 일으켰고, 고려 무신정권 때인 1198년
최충헌 집 사노私奴 만적萬積도 "장수와 재상이 어찌 씨가 있겠느냐
(將相寧有種乎장상영유종호)?"며 난을 일으켰다(『고려사 · 반역열전』 최충헌).
만적이 문자속 깊었던 것인지, 『고려사』를 기록한 사람이 『사기』
를 따라 윤색한 것인지는 알 수 없다.

부라장상府羅將相, 광내전을 비롯한 각급 관청들에 장군 재상이
즐비하다.

> 과거 행정단위 명칭으로 부(도호부)는 현縣이나 목牧보다 중요
> 하고 급이 높았다. 조선시대 같으면 한성(한양) · 공주 · 남원 같
> 은 데가 부였다. 부의 우두머리 관리는 통상 부사府使이지만, 한
> 성만은 부윤府尹이다. 일제강점기 경성도 부였고, 지금도 일본의
> 교토와 오사카는 부다(제125구 참조). 경성 부민관府民館은 지금으
> 로 치면 서울시민회관(세종문화회관)인데, 옛 부민관 건물은 해방
> 후 국립극장이 됐다가 국회의사당, 시민회관, 세종문화회관 별관
> 을 거쳐 지금 서울시의회가 돼 있다.

길 로路는 길, 도로道路다.

낄 협夾은 옆구리에 끼거나 부축하는 것. 挾으로도 쓰고, 의협심
높은 협객(俠), 좁은 골짜기인 협곡(峽) 등 독음이 같은 다른 글자들
의 대용으로 두루 쓰인다. 올 래來(제5구)자와 한 획 차이니 주의.

홰나무 괴槐는 회화나무다. 옛 주나라 때 조정에 세 그루 회화
나무를 심고 최고 관리인 삼공三公(태사太師 · 태부太傅 · 태보太保)을 그

아래 앉게 했다는 데서 정승을 상징하는 나무가 됐다.

벼슬 경卿은 높은 벼슬들인 公(공)·경·대부大夫 중 경급, 넓게는 공경대부 전체를 이른다. 임금이 신하를 부르는 2인칭으로도 쓰인다. 현대에도 영국이나 북유럽처럼 왕과 귀족이 있는 나라들에서 작위 받은 사람 이름 뒤에 붙여 높여 부르거나(2인칭) 이르는 (3인칭) 말로 쓴다(앨릭스 퍼거슨 경). 괴경槐卿의 원뜻은 삼공과 그 버금가는 구경九卿이겠지만 여기서는 널리 고관대작으로 새긴다.

노협괴경路夾槐卿, 도읍인 장안과 낙양은 길에 공경대부가 치일 정도로 흔하다는 말.

제123~124구는 뒤따르는 고관대작 이야기의 머리로 삼을 법도 하건만, 승명려에 기집분전하고 광내전에 역취군영한 이야기의 마무리 삼아 앞으로 붙였다.

제125~132구

125 **戶封八縣**, 호봉팔현   (공신을) 여덟 현에 책봉하고
126 **家給千兵**, 가급천병   집마다 일천 병사를 주다.
127 **高冠陪輦**, 고관배련   하늘 같은 갓을 쓰고 가마 타고 행차하며
128 **驅轂振纓**, 구곡진영   수레 타고 내달으니 갓끈이 철렁철렁
129 **世祿侈富**, 세록치부   대대손손 호사 누리니
130 **車駕肥輕**, 거가비경   수레는 가볍고 말은 살져라.
131 **策功茂實**, 책공무실   공훈을 적어 사적을 풍성히 하고
132 **勒碑刻銘**, 늑비각명   비석에 새겨 길이 남기다.

한나라 초의 장상·괴경은 대부분 창업공신들이었을 테니, 공의 다과多寡에 따라 작위와 녹봉을 받았을 것이다.

지게 호戶의 '지게'는 문(지게문) 또는 창이다. 문호門戶를 연다고 하면 나라나 조직에 남을 들인다는 말. 문에서 더 나아가 집을 이르기도 하는데, 여기서는 집안·가문의 뜻으로 썼다.

봉할 봉封은 왕공귀족이나 공신을 어느 땅의 영주로 책봉冊封하는 일이기도 하고, 봉투를 봉인封印하는 것도 된다. 여기서는 앞의 뜻. 책봉을 받으면 그 봉토의 지명을 따서 봉호封號를 준다. 우리나라의 경우 실질적으로 봉토를 주지는 않고 가상의 지명을 봉호로 삼는다. 예를 들어 조선 태종의 세 적자嫡子에 봉한 양녕讓寧·효령孝寧·충녕忠寧은 가상의 봉토다.

　　오래전에 아내가 쓴 『어니언 잭』(김진형 지음, 기파랑, 2011)이라는 책을 편집하면서, 거기 나오는 영국 왕족 봉호의 한글 번역에 이의를 제기한 적이 있다. 우선 영국 (여)왕의 적장자는 Prince of Wales (역시 지명)인데, 나는 이걸 '웨일스 대군'으로 제안했다. 그 부인인 Princess of Wales는 '웨일스 대군부인'. 당시 웨일스 대군 찰스(지금 왕 찰스 3세)의 부인 다이애나가 죽었기 때문에 새 부인 커밀라(지금 왕비)는 대군부인이 아니고 Duchess of Cornwall, '콘월 (여)공'에 책봉됐다. Duchess가 여자공작(자기가 공작)도 공작부인(남편이 공작)도 되기 때문에 국내 언론은 흔히 '콘월 공작부인'으로 오역했다.

　　영국은 대군(Prince)의 아들딸, 그러니까 (여)왕의 손자손녀들도 Prince(ss)다. 그러니까 Prince(ss)가 나오면 잘 봐서 찰스 3세 국왕의 동생 에드워드는 왕제王弟, 찰스 고모 앤은 여전히 공

주, 찰스 큰아들 윌리엄은 웨일스 대군, 둘째 해리는 왕자, 윌리

엄 아들인 루이 아서 찰스는 왕손으로 적절히 옮겨야 맞다.

또 하나, 유럽의 군주국(monarchy) 가운데는 군주가 왕인 왕

국(kingdom) 말고, Prince가 다스리는 공국(principality)도 있다.

모나코와 룩셈부르크가 대표적인데, 현대 국가들끼리는 이념적

으로 평등하므로 자국에서 황제든 왕이든 공(Prince)이든 우리

말로는 다 '국왕(여왕)'으로 옮긴다. 그래서 미국 배우로서 당시

모나코 군주 레니에 3세(Prince Rainier III)의 부인이 된 그레이스

켈리(사망)는 Princess of Monaco라도 '모나코 왕비'가 된다.

여덟 팔八은 숫자 8이다. 천하의 중심에 자리한 천자를 에워싼

팔방(동서남북과 그 중간방위)을 가리키기도 한다. 중앙과 팔방을 합

해 구주九疇라 한다(제153구 '구주우적'도 참고).

고을 현縣은 행정단위로 우리나라에는 조선시대까지 있다가 폐

지됐고 중국과 일본에는 지금도 있는 중급 행정구역이다. 매달 현

懸자의 대용으로 쓰기도 한다. 중국은 성省 아래 현, 일본은 '도도

부현都道府縣'이라 하여 1도都(도쿄東京동경), 1도道(홋카이도北海道북해도), 2

부(교토京都경도 · 오사카大阪대판) 외 전국을 43현으로 나누었다. 우리나

라(대한민국)는 1특별시(서울), 1특별자치시(세종), 6광역시, 8도, 1특

별자치도(제주)인데, 광역 단위를 더 잘게 쪼개(몇 개의 군을 묶은 크

기로) 20여 개 부나 현으로 재편하자는 의견이 간간이 나온다.

호봉팔현戶封八縣, 진과 한 초기에 공신들에게 식읍食邑을 준 일을

이른다. 문자 그대로 여덟 현은 아니다. 주나라 때는 왕의 자식들을

제후로 봉했고(봉건제) 이 관행이 춘추전국 각국에도 대체로 이어졌

지만, 진나라는 통일 전부터 제후를 봉하는 대신 전국을 군과 현으

로 나누는 중앙집권 형태의 군현제를 실시하고 있었다. 진을 무너뜨
리고 중국을 재통일한 한나라의 군국제郡國制는 '군'과 '국', 즉 중원에
서 가까운 곳은 군현제(군), 먼 곳은 봉건제(국)로 절충한 형태다.

　집 가家는 물리적인 집(가옥)보다 집안(가정, 가문)이라는 추상적
인 뜻으로 더 많이 쓰인다. 여기서는 역시 공신의 집안을 가리키
며 앞의 호戶와 같다. 고전어에서는 어떤 활동분야나 분파를 '-가'
라 하여, 유가는 공자의 가르침을 따르는 파, 화가畵家는 그림 분
야, 이런 식이었는데 현대로 오며 그 분야에 종사하는 사람(화가는
그림 그리는 사람)을 일컫게 됐다.

　줄 급給은 공급하는 일.

　일천 천千은 숫자 1,000이다. 고유어로는 '즈믄'인데 지금은 죽
은말이다. 동아시아 삼국은 만(10,000) 단위로 숫자를 읽는데 유럽
어는 천 단위로 읽어서, 방금 1,000(1천)과 10,000(10천)처럼 쉼표
를 찍는다.

　　제36구(뇌급만방)에서 얼핏 보았듯 숫자의 백·천·만은 막
　연하게 '많다'는 뜻으로도 많이 쓴다. 자주 과장으로 쓰여, 당나
　라 시인 이백李白(이태백)은 여산(廬山루산)의 폭포가 "비류직하삼
　천척飛流直下三千尺", 약 1천 미터(3천 척) 날아 떨어진다고 했고,
　근심으로 생긴 흰 머리가 "백발삼천장白髮三千丈", 5.4킬로미터(3
　천 길)나 길었다고 허풍을 떨었다.

　군사 병兵은 군인 또는 군사軍事다. 좁게는 군인 중 장교 말고
사병만 가리키기도 한다.

가급천병家給千兵은 공신들의 집안마다 군인을 천 명씩 배당했음을 이른다.

이어지는 네 구는 고관대작들의 위세다.

높을 고高는 물리적이나 상징적으로 높은 것.

갓 관冠은 머리에 쓰는 것 일체다. 관자의 부수(머리)인 冖은 '덮을 멱'인데, 흔히 '집 면宀'을 갓머리라 하므로 꼭지 없는 冖은 '민갓머리'라고 부른다. 관의 특수한 것으로 앞에서 고깔 변弁(제116구)자도 보았다.

고관高冠은 높은 갓이니, 그런 갓을 쓴 고관高官이다. 제116구(변전의성)에서는 갓끈에 달린 구슬이 번쩍거리는 걸 읊었는데, 여기서는 갓 자체가 으리으리함을 이른다.

모실 배陪는 따른다, 수행한다는 뜻 외에 더한다는 뜻도 있다. 배종陪從은 주군을 수행하는 일, 배석陪席은 어른이나 상사를 모시고 자리에 참석하는 것이다.

가마 련輦은 가마 중에서도 말이 끄는 수레 위에 얹은 가마이고, 그냥 사람이 메는 가마는 여輿로 쓴다. 단, 우리나라에서는 임금이 타는 가마를 연이라 했고 사람이 메기도 하며, 보통사람이 타는 가마를 여라 했다. 여기서 연은 반드시 임금의 가마가 아니라 그냥 가마 일반을 가리키는 것으로 보자. 고관배련高冠陪輦, 고관대작들이 가마를 타고 행차하는 모습이다.

몰 구驅는 짐승, 특히 말(마馬) 같은 것을 모는 일이다. 몰아서 내쫓는 것이 구축驅逐. 어뢰를 장착한 중형 군함인 구축함(destroyer)의 그 구축이다. 말솜씨가 좋거나 특히 외국어에 능숙한 것을 말(언어)을 잘 구사驅使한다고 한다.

바퀴통 곡轂은 수레의 바퀴축이 들어 있는 부위인데, 여기서는 통째로 수레를 가리킨다(제유). 구곡驅轂은 그러니까 수레를 모는 것인데, 실제 수레를 모는 건 마부이고 여기서는 그 수레를 타고 가는 모습을 이른다.

> 수레 거車에 바퀴통 轂자와 생김새와 독음이 비슷한 글자들로,
> 벼 화禾에 곡식 곡穀,
> 실 사糸에 비단 곡縠,
> 뿔 각角에 뿔잔 곡觳,
> 구슬 옥玉에 轂자는 '닥나무 곡', '쌍옥 각' 두 가지로 읽히고,
> 독음이 다른 껍질 각殼.

떨칠 진振은 흔든다, 진동振動시킨다, 흔들린다는 뜻. 떨칠 진震과 비슷하다.

갓끈 영纓은 관 양옆에 하나씩 매고 턱 아래에 모아 묶어서 갓을 고정시키는 끈이다.

구곡진영驅轂振纓은 높은 벼슬아치들이 말이 모는 수레를 타고 행차할 때 갓끈에 달린 장식 구슬이 흔들린다는 말이다. 앞의 제 116구 '변전의성弁轉疑星'과도 비슷한데, 그때는 벼슬아치들이 궁궐 섬돌을 오를 때 얘기였다.

> 갓끈 영자와 독음 성분이 같거나 비슷한 것으로,
> 구슬 옥玉에 구슬목걸이 영瓔,
> 나무 목木에 앵두·벚꽃 앵櫻,

입 구口에 새소리 앵嚶,
새 조鳥에 앵무 앵鸚.

갓끈 하면 앞 제80구(거이익영)에서 인용한 굴원「어부사」의
"창랑의 물이 맑으면 갓끈을 씻고…"도 상기하자. 또 공자의 제
자 중 현실정치에 깊이 발을 들였고 용맹스러우면서 성질이 욱
하기로 유명한 자로子路(일명 계로季路, 이름은 중유仲由)가 위衛나라
왕위 계승 전투에 참여했다가 적의 칼에 갓끈이 끊기자 "군자
는 죽어도 갓을 벗지 않는다"면서 갓매무새를 고치다 죽임을
맞았다는 얘기도 빼놓을 수 없다.

인간 세世는 세상, 또 조상에서 후손으로 내려가는 세대世代를
가리키기도 한다. 여기서는 뒤의 뜻, 즉 '대대로'라는 말. 지질학에
서는 대代 ― 기紀 ― 세世 중 가장 작은 지질시대 단위이기도 하다.
예를 들어 지금은 '신생대 제3기 현세'인데 현세 뒤에 '인류세'를
새로 두어야 한다는 주장이 힘을 얻어 가고 있다.
　녹봉 록祿은 주로 벼슬아치가 정부로부터 받는 녹봉祿俸이다. 녹
봉은 화폐 외에 현물(곡식, 옷감 등)일 수도 있고, 토지의 징세권일
수도 있다. 예를 들어 고려의 전시과田柴科는 관리의 녹봉을 전지田
地의 소출 일정 비율을 받을 권리와 시지柴地에서 땔감을 징수할 수
있는 권리로 제도화한 것이다. 때로 사람이 살면서 누리는 복 일체
를 복록福祿이라 일컫기도 한다. 세록世祿은 벼슬아치가 대대로 받
는 녹봉.
　사치할 치侈는 넘치도록 풍부하다는 말이지만, 지나칠 때 사치奢
侈처럼 부정적인 뜻으로 많이 쓴다. 사람이 분수에 넘도록 거만한

것도 가리킨다.

가멸 부富의 가멸이란 재산이다. 가멸찬 사람은 넉넉한 사람 곧 부자富者의 순우리말이다. 넉넉할 유裕와 나란히 쓰면 부유富裕, 풍성할 풍豊과 같이 써서 풍부豊富 등.

세록치부世祿侈富는 공신과 고관들이 대대로 세록을 받아 넘치도록 부유하다는 말. 치부와 독음이 같은 致富는 '재산을 모으다'.

수레 거車는 바퀴 달린 탈것의 총칭이다. '거'와 '차' 두 가지 독음이 있다. 자전거일 때는 수레 거, 자동차일 때는 수레 차, 하는 식으로 관용 독음이 있다. 대체로 옛날 수레는 거, 요즘 탈것은 차로 읽는 편이지만, 전차戰車는 옛날 병거兵車나 요즘 탱크나 다 차로 읽는다. 바퀴 달린 물건이면서 탈것(수레)이 아닌 것들은 대체로 차로만 읽는다(수차水車).

멍에 가駕는 사람만을 위한, 수레 위에 얹거나 여러 사람이 들고 메고 끄는 탈것, 즉 가마다. 앞 제127구의 가마 련輦 같은 것들의 총칭이기도 하고, 가마 규모와 타는 사람의 위계에 따라 연보다 높은 것에 붙이기도 한다. 임금의 가마는 어가御駕, 그중 가장 격식을 갖춘 것이 대가大駕다. 거가車駕는 고관대작이 타는 수레와 가마 등 탈것 일체다.

車駕를 '거가'로 읽을까 '차가'로 읽을까?

우선 아래아한글 낱말 변환에서는 '차가'로 등록돼 있고, 네이버에서 '세록치부'를 치면 함께 검색되는 글에 '차가비경'이 '거가비경'보다 훨씬 많다.

그러나 국립국어원 표준대국어사전에는 이런 뜻의 '차가'는

없고, '거가'가 "1. 임금의 행차(거둥), 2. 임금의 수레(어가)"로 등

재돼 있다. '거가'로 읽고 '고관의 행차'로 새기는 게 무난하겠다.

살질 비肥는 살진(찐) 사람, 살지(찌)거나 기름진 상태, 또는 살집
중의 기름기다. 사람이 살찐 것은 비만肥滿, 사회나 조직의 어느
부분이 지나치게 커지면 비대肥大, 땅이 기름진 건 비옥肥沃, 땅을
인위적으로 기름지게 만드는 거름이 비료肥料다. 여기서는 수레나
가마를 끄는 말이 잘 먹어 살졌다는 말. 가을이 깊어 하늘이 높으
면 북쪽 흉노匈奴족이 겨울 날 자원을 마련하기 위해 한나라를 침
공하려고 말을 잘 먹인다는 데서 나온 경계의 말이 천고마비天高馬
肥인데, 지금은 그냥 가을을 이르는 상투어가 됐다.

가벼울 경輕은 수레나 가마가 가볍다는 말인데, 물리적으로 가
벼운 게 아니라 살진 말이, 그것도 여러 마리가 끄니까 힘 안 들이
고 산뜻하게 달린다는 뜻이겠다.

거가비경車駕肥輕, 말은 살지고 수레는 가벼워 행차가 가뿐하다.
다른 뜻의 '비경飛驚'이 앞의 제108구(누관비경)에 있었다.

귀족은 결국 군주의 혈족이거나 공신과 그 후손이다. 수나라 때
과거 제도가 생기기 전까지 관작官爵은 세습하는 게 보통이었다.
『사기』를 쓴 사마천은 그 아버지(사마담) 또한 태사령太史令이었기
에 일찍부터 궁중의 전적을 접하고 아버지가 공무로 황제를 수행
할 때 따라다니며 견문을 넓힐 수 있었다. 그 성씨인 사마司馬가
주나라 때 관직명이니 그 선대도 대대로 벼슬했음을 알 수 있다.

특히 새로 왕조를 열 때 공을 세운 신하들에게는 관작과 녹봉뿐
아니라 그들의 공을 기록도 해 주겠지?

채찍 책策은 여기서는 대쪽을 엮은 죽간을 가리킨다. 따라서 지위를 부여한 사실을 적거나 공훈을 기록하는 것도 뜻하게 됐다. 계책計策이나 대책對策을 세운다는 뜻도 있다.

공 공功은 공훈, 공적이다. 왕조를 일으키는 것을 성공成功 또는 창업創業이라 하고, 그 이룬 공업을 지키는 것이 수성守成이다. 성을 지키는 수성守城과 구별할 것. 책공策功은 공신의 공훈을 기록하는 일.

우거질 무茂는 초목이 무성하다는 데서 나아가 풍부하다는 뜻이 됐다. 여기서는 이례적으로 타동사로 쓰여 뒤의 열매 실實을 목적어로 받는다. 실이란 초목의 과실인데, 사실·실적·실질이라는 뜻으로 더 많이 쓰인다. 무실茂實은 공신의 실적을 후대에 남기기 위해 '풍성하게' 기록한다는 말. 독음이 같은 무실務實은 실질적인 일에 힘쓴다는 뜻이다.

책공무실策功茂實, 공훈을 풍성하게 기록하는 이유는 본받으라, 즉 거울(감鑑) 삼으라는 뜻이다. 거꾸로, 경계(계戒)를 위해 악행도 기록한다. 그러니까 기록은 감계鑑戒를 위함이다.

어디다 기록할까? 죽간이나 종이에 적어 보관하는 것은 기본이고, 더 길이 널리 알리려면 금석에 새기고 여럿이 볼 수 있는 곳에 세우는 것이 더 빛날 것이다.

굴레 륵勒은 원래 마소에 씌우는 굴레인데, 여기서는 돌이나 쇠에 새긴다는 뜻으로 썼다.

비석 비碑는 반드시 돌로 된 것이 아니라도 좋다. 비는 통칭도 되고, 좁게는 지붕돌이 있는 것을 비, 지붕돌이 없는 민짜 비석은 갈碣(제159구)로 구분하기도 한다.

비갈碑碣의 부분명칭을 보면,

비석의 몸체는 비신碑身,

지붕돌에는 보통 뿔 없는 용의 일종인 교룡蛟龍을 조각하므로
'교룡 머리' 이수螭首,

받침돌에는 보통 거북 형상을 새기므로 '거북 받침' 귀부龜趺.

비갈 하면 또 만년의 추사 김정희의 대련對聯(마주보는 휘호)을
음미할 만하다.

好古有時搜斷碣, 硏經婁日罷吟詩.
호고유시수단갈 연경누일파음시

옛 것이 좋아 틈나면 비석 쪼가리 찾아다니고
글공부 하노라면 며칠씩 시 읊기도 거른다.

김정희 대련 '호고연경'
리움미술관 소장

새길 각刻은 뾰족한 것으로 새기는 것. 새길 명銘도 마찬가지인데, 마음속에 새기기 위해 적어 두는 것도 명이라 한다. 복거일 소설 『비명을 찾아서』의 비명碑銘은 비석에 새긴 내용이고, 인생 신조로 늘 앉는 자리 곁에 적어 두는 것은 좌우명座右銘이다. 조선 선비들은 거문고를 할 줄 알든 모르든, 악기를 얻으면 으레 뒤판에 그 유래나 음악 하는 마음가짐을 시나 산문의 금명琴銘으로 적었다.

늑비각명勒碑刻銘, 공신의 이름과 공훈을 비석에 새겨 길이 남긴다. 비석뿐인가, 그림으로도 남긴다(제152구 '치예단청').

이것으로 한 작은단락, '제국의 위용'(제103~132구)이 끝났다. 장안과 낙양 두 서울의 입지와 화려한 궁궐 안팎 모습, 고관대작들의 으리으리한 행세, 그들의 공을 기록함을 노래했다.

중국을 만든 사람들
제133~152구

　나는 새도 깜짝 놀랄 화려한 행차라면 대신들보다 황제가 더하
겠지? 그래서 진나라 때 유방劉邦이라는 시골 하급관리는 시황제
행차를 구경하고서 "사나이가 저 정도는 돼야지!" 하고 중얼거려
듣는 이들을 식겁하게 했다고 한다. 유방은 과연 진나라를 멸망시
키고 항우項羽라는 명문세족 자제와 겨뤄 이기고 한漢나라를 열어,
「천자문」이 노래하는 '제국의 위용'을 완성했다. 그 과정에서 소
하, 장량, 한신 등 셀 수 없는 공신들을 잘 등용했다(나중에 숙청도
잘하고).

　다음 작은단락은 멀리 역사시대 초부터 춘추전국, 양한을 거쳐
위진시대 초까지 중국사를 수놓은 인물들의 이름이다. 「천자문」
의 독자들은 '누구' 하면 "아!" 하고 사적을 알았을 테니, 이름만
들먹여도 절로 열전列傳이 된다.

제133~136구

133 **磻溪伊尹**, 반계이윤　태공망과 이윤은

134 **佐時阿衡**. 좌시아형　때맞춰 도운 재상이라.

135 **奄宅曲阜**, 엄택곡부　곡부에 나라를 두었으니

136 **微旦孰營**. 미단숙영　주공 단 아니시면 그 뉘라 경영하리?

맨 먼저 소개하는 이름들은 창업과 수성을 직접 곁에서 거든
강태공, 이윤, 주공이다.

물이름 반磻은 반계磻溪라는 강 이름에 쓰는 고유명사다. 시내
계溪는 시냇물 또는 골짜기.

주周나라 먼 시조인 고공단보古公亶父(태공太公)가 "장차 성인이 나
와 우리나라를 일으킬 것"이라 기대 섞인 예언을 했다. 고공단보
의 손자로 후에 문왕으로 추존되는 서백西伯이 인재를 찾아 떠돌다
위수渭水(제106구 '부위거경' 참조)에서 낚시하는 강상姜尙이라는 사람
을 만나 재상으로 등용했는데, 그가 과연 문왕 — 무왕 2대를 도와
은나라를 멸하고 통일의 대업을 이루었다. 처음에는 여呂(본음 려)
나라에 봉했으므로 여상呂尙이라 하고, 태공이 바라던(망望) 그 사
람이래서 태공망太公望 또는 강태공姜太公이라고도 부른다. 속설에
그는 고기를 낚는 게 목적이 아니라 자기를 등용할 군주를 만나는
게 목적이었기에 곧은 낚싯바늘을 드리우고 낚시를 했다고도 한
다. 아무튼 그래서 강태공은 낚시꾼의 별칭으로 쓰인다. 강태공
여상이 낚시했다는 자리가 위수의 상류 반계이니, 반계는 강태공
의 환유(인접한 사물로 대신해서 부르기)다. 『반계수록磻溪隨錄』이라는
책을 남긴 조선 후기 학자 유형원柳馨遠(1622~1673)의 호도 반계인
데, 그가 서울을 떠나 은거한 곳이 전라도 부안 변산의 우반동愚磻洞
이라서다.

저 이伊는 먼 데 있는 것의 지칭인데 여기서는 이름자로 썼다.
이탈리아를 일본에서 한자로 음차한 것이 이태리伊太利(イタリ—이타
리)다. 중국식으로는 의대리意大利(이다리).

맏 윤尹은 우두머리다. 관청의 장에도 쓰여 서울시장은 한성부
漢城府 윤, 특별히 판윤判尹이라고 했다.

이윤伊尹은 역사 기록이 많지 않은, 은나라 때 명신名臣이다. 시기적으로는 이윤이 반계(강태공)보다 앞선다.

도울 좌佐는 보좌한다는 뜻. 한국군의 영領급 장교 소령·중령·대령을 일본·중국·북한에서는 좌급으로 칭한다(소좌·중좌·대좌).

때 시時는 시간, 시각, 시간단위, 계절, 시대, 요즘 등의 뜻.

좌시佐時는 어렵거나 중요한 때에 딱 맞춰 임금을 보필했다는 말이다. 태평성대를 만나서 잘 보좌하면 치세지능신治世之能臣, 어지러운 세상에서 능력자가 군왕을 밀쳐내면 난세지간웅亂世之奸雄이 된다. 삼국 위나라 조조가 젊어서 허소許劭라는 사람에게 반강제로 얻어내고서 매우 마음에 들어 했다는 인물평이다.

언덕 아阿는 알아들었다는 "아~"나 외마디소리 "아!"로도 쓰인다.

저울 형衡은 양팔저울(막대저울), 또는 그 팔(막대)이다. 저울추를 이르기도 한다. 저울이 수평을 이루면 평형平衡 또는 균형均衡, 사람의 능력을 가늠하는 걸 저울질에 비유해 전형銓衡이라 한다.

아형阿衡은 은나라 때 임금이 의지하고 표준으로 삼는 고관을 대접하는 별칭이었다. 이윤이 그 시초다. 좌시아형佐時阿衡은 그러니까 때맞춰 지근거리에서 임금을 보필하는 오른팔이 됐다는 말이다. 앞의 '반계이윤'을 한 명씩 갈라 맞춰서 "반계는 좌시하고, 이윤은 아형이 되었다"로 새겨도 운치 있다.

가릴 엄奄은 다음의 집 택宅을 목적어로 받아 '비바람 가릴 집을 마련하다' 정도의 겸손한 말로 썼다.

宅은 건물을 가리킬 때 주로 '택'(주택住宅), 집안을 가리킬 때

언제나 '댁'(귀댁貴宅, 댁내宅內)으로 읽는다. "댁은 어디십니까?"를
"자택은 어디십니까?"로 바꿔 물을 수 있다. '댁'만으로 어중간
하게 높이는 2인칭 대명사가 되기도 하고("댁은 누구요?"), 특히
시집간 여자의 친정 지명 뒤에 붙여 그 여자를 대신 가리킨다
('부산댁'은 부산이 친정인 아낙). 일본어로 오타쿠御宅는 댁에만 틀
어박혀 있는 마니악maniac.

굽을 곡曲은 물리적으로 굽은 것인데, 노랫가락이 굽이굽이 흐
른대서 음악의 선율, 나아가 단위악곡樂曲, 때로는 노랫말을 이르
기도 한다.

언덕 부阜는 우리나라 지명에선 대부도大阜島 정도에 남아 있다.
좌변 부수인 阝(언덕부, 좌부변)의 본자다. 이제까지 본 글자 중 볕
양陽, 질그릇 도陶, 그늘 음陰, 따를 수隨, 숨을 은隱, 오를 승陞, 섬돌
폐陛, 모실 배陪, 언덕 아阿에 쓰였다. 모양이 같은 阝를 오른쪽에
쓴 우부방은 고을 읍邑(제103구)의 줄임이다.

주 문왕의 아들 무왕, 곧 제26구(주발은탕)의 '주발'은 은나라를
멸하고 주 왕조를 연 후 친동생과 공신들을 각 지역 제후에 봉했
다(봉건제도). 그중 가장 공이 큰 동생 주공周公을 봉한 곳이 노魯나
라고, 노나라 도읍이 곡부曲阜인데 지금 산둥(山東산동)성 취푸다. 공
자의 고향이기도 해서 공자 고택인 공부孔府와 공자 사당인 공묘孔
廟, 집안 비석군인 공림孔林이 있다.

엄택곡부奄宅曲阜, 곡부에 살 곳을 마련했다는 것은 주공이 노나
라에 책봉됐음을 이른다. 그러나 주공 자신은 무왕 생전에는 무왕
을 보필하느라, 무왕 사후에는 어린 조카 성왕成王을 섭정하느라
봉토에 가지 못했고, 노나라는 아들 백금伯禽이 내려가 다스렸다.

주공은 주나라의 각종 제도를 확립한 공이 있는데 이를 '예악을 제정했다'고 하여 제례작악制禮作樂이라고 한다. 주공의 노나라에서 태어났고 예악을 중시한 공자는 꿈에서도 주공을 만날 정도로 주공을 흠모했다. 유가의 대표적 성인들을 간추리면 '선왕의 시대'에서 본, 시간순으로 요·순·우·탕·문·무의 여섯 왕, 그리고 왕 아닌 성인으로 주공과 공자까지 여덟 명이다.

작을 미微는 작을 소小보다 더 자잘한 것이다. 아주 작은 것은 미세微細, 작아서 보잘것없으면 미미微微, 그 작은 것을 보여 주는 광학기구가 현미경顯微鏡. 여기서는 아닐 미未나 아닐 비非의 뜻으로 쓰였다.

아침 단旦은 지평선(一) 위로 해(日)가 뜨는 모양을 상형했다. 바로 주공 희단姬旦의 이름자다. 고려 무장 이성계도 나라를 선양받아 새 왕조를 열면서 국호로 아침 조朝 조선을 염두에 두고 자기 이름을 아침 단 이단李旦으로 고쳤더랬다.

누구 숙孰은 주로 사람에 쓰는 의문대명사다. 비슷한 뜻의 누구 수誰(제182구)가 거의 배타적으로 사람에만 쓰이는 반면, 숙은 더러 사물에도 '어느 쪽(which)'이냐고 물을 때 쓴다.

경영할 영營은 집안이나 조직을 운영하는 것. 군대의 주둔지(병영兵營)나 사령부를 일컫기도 한다. 조선과 만주를 침략하고 태평양전쟁을 일으킨 일본군 최고사령부가 대본영大本營이었다.

미단숙영微旦孰營, 주공이 아니시면 그 누가 경영할까? 주공을 말하며 굳이 노나라 곡부를 든 것은 당연히, 뒤에 곡부에서 공자가 태어난 것을 염두에 둔 것일 테다.

제137~140구

137 **桓公匡合**, 환공광합 환공은 천하를 바로잡고 규합하여

138 **濟弱扶傾**. 제약부경 약한 나라를 돕고 기우는 왕실을 거들었다.

139 **綺回漢惠**, 기회한혜 기리계는 한 혜제의 입지를 회복시켰고

140 **說感武丁**. 열감무정 성인 열은 무정의 꿈에 나타나 감동시켰다.

그다음은 천하의 어지러움을 수습한 사람들인 제 환공, 상산사
호, 부열이다.

주나라가 서쪽 호경(후의 장안)에서 동쪽 낙읍(낙양)으로 도읍을
옮긴 '주의 동천'(기원전 770)부터, 공자가 편찬했다는 역사서 『춘추
春秋』가 다루는 마지막 해인 기원전 403년까지 360여 년간을 춘추
시대라 한다. 굳셀 환桓은 춘추 제濟나라 군주 환공桓公(재위 전 685~
전 643)을 가리킨다. 제나라의 시조가 바로 앞의 태공망 여상이다.
우리나라에서는 단군의 할아버지와 아버지인 환인桓因 · 환웅桓雄에
이 환자가 쓰였는데, 단군의 실존을 주장하는 대종교大倧敎 계열 학
자들 중엔 桓을 '한'으로 읽는 이들이 있다. 그럼 한인桓因님은 '한
인님', 곧 하느님이다.

공변될 공公은 사사로울 사私의 반대. 귀족 작위로는 왕 바로 아
래이고, 특정 품계 이상 벼슬아치(이를테면 당상관)의 통칭이기도 하
고, 상대나 제3자를 아주 높여 부르는 인칭대명사로도 쓰인다. 춘
추시대까지는 천자만을 왕이라 했으므로 제후인 군주는 제나라같
이 큰 나라에서는 공, 작은 나라에서는 후侯 · 백伯이었다(제102구
'호작자미' 참조).

바룰 광匡은 비뚠 것을 바로잡는다, 광정匡正한다는 뜻, 합할 합

合은 나뉜 것을 한데 합치는 것. 광합匡合은 천하가 분열되고 엉망
인 것을 환공이 바로잡고 통합한 일을 이른다.

> 合이 부피의 단위일 때는 '홉'으로 읽는다. 1홉은 약 180밀리
> 리터니까 맥주잔 하나 정도, 소주 한 병(355cc)은 흔히 2홉들이
> 라 하고, 작은 맥주병(330cc)은 2홉이 조금 안 된다.

봉건 주나라는 세대가 내려가면서, 대부분 동족들인 제후들끼
리 전쟁을 벌이고 때로는 왕(천자)까지 핍박하는 일이 빈번했다.
이때 제 환공이 위력으로 몇 차례 제후들을 한곳에 모아 제후들끼
리 화친하고 왕에게 충성을 다할 것을 다짐시켰는데, 이를 회맹會
盟이라 한다. 회맹을 통해 환공은 제후들의 우두머리인 패자覇者
노릇을 했다(제143구도 참조). 환공광합桓公匡合은 제 환공이 처음으
로 패자가 되어 회맹을 주도한 일을 이른다.

> 힘으로 회맹을 성사시키도록 환공을 도운 신하가 관중管仲,
> 일명 관자管子다. 관중은 환공이 제후 자리를 둘러싸고 형과 다
> 툴 때 그 형 편에 섰다가 패전하고 노나라로 망명했으니 환공
> 에게는 원수인데, 절친 포숙아鮑叔牙의 천거로 환공의 재상이 됐
> 다. 관중이 평소 "나를 알아주는 것은 포숙이다" 하고 칭찬했기
> 에 절친 간의 우의를 관포지교管鮑之交라 한다.

건널 제濟는 강이나 시내를 건넌다는 본뜻 외에, 세상을 구제救
濟한다는 말로 많이 쓰인다. 부처와 보살이 중생을 구원으로 이끄
는 것을 제도濟度한다 하고, 천하를 경영하여 백성을 구원하는 것

은 경세제민經世濟民인데 이 말의 줄임말인 '경제'가 economics의
번역어가 됐다.

약할 약弱은 힘이 부치는 것. 약관弱冠(남자 20세)처럼 젊다는 뜻
도 있다. 제약濟弱은 환공이 약한 제후국을 구원했다는 말. 억강부
약抑強扶弱(강자를 누르고 약자를 거듦)이라고도 한다.

도울 부扶는 부조扶助, 상부상조相扶相助 등으로 쓰인다. 기울 경傾
은 똑바로 서지 않고 기울어져 넘어지려 하거나, 일방을 편드는
것. 부경扶傾은 강한 제후들의 틈새에서 초라해진 주 왕실을 더 기
울지 않고 바로 서도록 부축한다는 말. '부축'은 순우리말이다.

제약부경濟弱扶傾, 제 환공이 패자로서 회맹을 주도하여 화친을
이룸으로써 약한 나라를 위험에서 구하고, 충성을 맹세하게 함으
로써 주 왕실을 거들었다는 말이다. 승자의 기록임에 유의하자.

환공 이후 진 문공晉文公, 초 장왕楚莊王, 오 합려吳闔閭, 월 구천越句
踐이 차례로 일어나 패자가 되는데, 이 다섯 제후 또는 나라를 춘
추오패春秋五覇라 한다.

창업을 도운 반계 · 이윤 · 주공, 창업은 아니지만 천하를 쟁패
해 질서를 유지한 제 환공에 이어, 임금이나 계승자를 난관에서
도운 공신들 차례다.

누에고치에서 뽑은 명주실로 짠 옷감인 비단은 동아시아 고유
산품이다. 고대 로마 사람들은 중국을 '비단나라'라는 뜻의 세레스
(Seres)라고 불렀고, 비단나무에 누에고치가 주렁주렁 열리는 줄
알았다. 고대 동서 교통로의 대표명칭을 '비단길(Silk Road)', 독일어
로 '자이덴슈트라센(Seidenstraßen)'이라고 1877년 처음 이름 붙인
건 독일인 리히트호펜(Ferdinand von Richthofen, 1833~1905)이다.

명주실의 주紬는 굵은 비단실이라는 뜻이고, 비단실의 통칭은 실 사絲(제49구), 막 꼬아 아직 물들이지 않은 건 견絹이라 한다. 비단옷감으로는 비단緋緞 자체가 한자어고, 물들이지 않은 비단은 폐백의 백帛, 비단의 통칭은 나羅(원음 라, 제123구)와 금錦, 물들이거나 수놓은 비단은 기綺, 박사고깔의 사紗 등등. 뜻 성분에 대부분 실 사糸가 들어가 있고, 더러 두건 건巾, 그물 망网(罒), 쇠 금金 등 성분이 보인다.

그중 비단 기綺는 무늬를 수놓은 비단인데, 여기서는 사람 이름자다. 시황제의 진나라 말부터 전한 초기까지의 난세를 피해 상산商山에 은거했다는 네 늙은이 '상산사호商山四皓' 중 기리계綺里季를 가리킨다.

상산사호는 기리계·동원공·하황공·녹리선생의 네 명이다. 눈썹이 희대서 흴 호皓를 넣어 사호다. 넷이 산에 숨어 뭐하며 지냈을까? 그림들은 보통 바둑 두고 훈수 두는 것으로 그린다. 〈춘향가〉 초앞에 보면 이몽룡이 놀러 나가려고 방자를 꼬이면서 선인들이 놀러다닌 얘기를 주워섬기는데 "상산에 바둑 뒤는(바둑 두는) 사호선생"도 나온다.

돌 회回는 빙빙 돈다(회전回轉), 돌아온다(간다)(회귀回歸)는 뜻. 한 번, 두 번 하는 회수回數를 셀 때도 쓴다. 여기서는 잃을 뻔한 제위帝位 계승권을 회복回復시킨다는 뜻.

한나라 한漢은 원래 중국 한나라지만, 우리나라에서는 당나라 당唐(제24구)과 함께 역대 중국을 통칭하는 말이기도 하다(한문漢文, 한시漢詩 등). 크다는 뜻으로 강물(한수漢水) 이름이기도 하다. 우리나라 한강漢江과 그 북쪽 한양漢陽에도 이 글자를 쓴다. 은한銀漢은 은

빛 강물이니 곧 은하수銀河水(미리내)다. 또 사내를 '놈'이라 낮춰 부를 때도 붙인다. 버릇없는 놈은 무뢰한無賴漢, 아직 입문入門(문에 들어섬)도 못한 놈은 문외한門外漢, 허우대 좋은 거한巨漢, 추근덕거리는 치한癡漢, 나쁜 놈 악한惡漢, 정체 모를 괴한怪漢….

은혜 혜惠는 한 고조 유방을 이은 2대 황제 혜제惠帝다. 이름은 영盈이고 유방의 둘째아들인데, 이복형인 첫째의 어머니가 신분이 낮아서 둘째 영이 태자가 됐으나 고조는 후궁인 척부인戚夫人 소생의 넷째 여의如意를 더 총애했다. 태자에서 밀려날 뻔한 영이 장량張良과 상산사호의 도움으로 태자 자리를 지키고 고조를 이어 제위에 오른다. 그러나 어머니 여呂태후가 척부인의 사지를 자르고 돼지우리에 가두어 놓고 '인간돼지'라며 구경시켜 준 일, 이복형이 그를 독살하려 한 일 등으로 정치에 뜻을 잃고, 어머니 여태후의 그늘에 가리웠다.

기회한혜綺回漢惠는 그러니까 상산사호가 후에 혜제가 될 유영의 황태자 지위를 확고하게 회복시켜 준 일인데, 이 일을 사호 중 기리계를 대표 삼아 말한 것이다.

기쁠 열說은 기쁠 열悅(제216구)과 통용된다. 『논어』의 맨 첫 문장, "배우고 때로 익히면 또한 기쁘지 아니한가(學而時習之, 不亦說乎학이시습지 불역열호)?"에서 이 글자를 썼다. 여기서는 바로 아래 나오는, 은나라 재상 부열傅說 설화 속 '열'이라는 이름의 성인을 가리킨다.

說에는 기쁠 열 말고 두 가지 음과 뜻이 더 있다. 첫째가 대표 음훈인 '말씀 설'이다(설명說明, 해설解說). 그리고 '달랠 세'가 있는데, 다니면서 자기PR 하는 유세遊說가 대표적이다.

느낄 감感은 느끼다, 느낌 등의 뜻. 여기서는 남에게 느낌(感)을 주어 마음을 움직인다(동動, 제98구), 감동시킨다는 뜻. '지성至誠이면 감천感天'의 감천은 '하늘을 감동시키다'.

호반 무武는 글월 문文과 상대다. 창(戈과)과 방패(止지)를 조합한 글자다. 조정에서 문반文班은 동쪽, 무반武班은 서쪽에 줄지어 서서 합하여 양반兩班인데, 문반(동반) 벼슬아치의 흉배에는 두루미를 수 놓고, 무반(서반)은 호랑이를 수놓은 데서 '호반虎班'이라 부른다고 들 설명한다. 그러나 흉배 디자인과 상관없이, 고려 2대 왕 혜종惠宗(한나라 혜종도 2대였는데)의 이름이 왕무王武여서 임금 이름을 피하느라(피휘避諱) '무반'이라 할 것을 에둘러 '호반'이라 쓴 데서 연유했다고 보는 게 더 그럴듯하다. 고려 때 책 『삼국유사』도 그래서 신라 문무왕文武王을 문호왕文虎王으로 휘했다.

고무래 정丁은 딱 글자처럼 T자로 생긴 농기구다. 한글을 못 배우면 낫 놓고 기역자도 모르는데, 한자로는 고무래 정자도 모르는 목불식정目不識丁이라 한다. 십간의 네 번째도 정이다.

무정武丁은 상나라 22대 왕, 시호는 고종高宗이다. 할아버지 때부터 기울어 온 상나라의 부흥을 위해 인재를 찾던 중 꿈에 열說이라는 이름의 성인을 만났는데, 부험傅險이라는 곳에서 노역하는 죄인 중에서 성인 열과 똑같은 얼굴을 한 이를 발견하고 부傅씨 성을 내려주고 부열傅說이라 부르며 재상으로 발탁했다고 한다.

열감무정說感武丁, 열이라는 이름의 성인이 무정의 꿈에 나타나 감동시키다. 시기적으로는 상나라 무정이 한나라 기리계보다 훨씬 앞서지만, 누차 그랬듯 '-eng' 운을 지키려 무정을 나중에 썼다.

제141~142구

141 **俊乂密勿**, 준예밀물 빼어난 인재들 빼곡히 들어차고
142 **多士寔寧**. 다사식녕 재사가 많으니 나라가 안녕하다.

　창업을 돕거나 그에 버금가는 공을 세운 신하들에 이어, 중국사
에서 유명한 인물들을 본격적으로 들먹이기 시작한다.

　준걸 준俊은 빼어나다, 또는 빼어난 사람. 빼어날 수秀까지 더해
'준수俊秀'라 하면 아주 빼어난 것인데, 일상에서는 그럭저럭 괜찮
은 정도를 가리키는 말로 잘못 쓰이는 경향이 있다.

　어질 예乂는 본래 '벨 예', 풀 같은 것을 벤다는 뜻이다. 벨 예刈
와 통용된다. 어질다는 뜻일 때는 어짊 중에서도 어질 인仁(인자)이
아니라 어질 현賢(현명) 쪽이다. 준예俊乂는 그러니까 빼어나게 현
명한 인재다.

　빽빽할 밀密은 사이사이 거리가 적다는 밀접密接의 뜻. 은밀隱密,
비밀秘密의 뜻으로도 쓰인다.

　말 물勿은 원래 금지(말아라)의 뜻으로, 말 무毋와 같다. 물론勿論·
무론毋論은 다 '말할 것도 없이'. 그러나 여기서처럼 밀물密勿이라고
쓰면 그냥 빼곡히 들어찬 모습, 또 신하가 임금과 긴밀하게 은밀
한 국정을 논하는 것, 나아가 부지런히 일한다는 뜻 등이 된다.

　준예밀물俊乂密勿, 빼어난 인재들이 빼곡히 들어찼다.

　선비 사士는 글공부하는 사람이다. 중국과 한국의 선비는 글 읽
는 문사文士이지만 더러 군인일 때도 있다(병사兵士, 사관士官). 반면 일
본은 중세 이후로 사 하면 무사다. 본래는 벼슬하지 않은 상태가

사, 벼슬에 나아가면(출사出仕) 대부大夫다(합해서 사대부). 후대에는 지금 벼슬을 하고 있거나 장차 할 계급, 즉 양반의 딴이름이 됐다. 여기서는 능력 있는 선비, 곧 재사才士다. 다사多士, 재주 있는 선비가 많다.

이 식寔은 가까운 것을 지칭하는 말. 여기서는 '참으로'라는 뜻으로 쓰였다.

편안할 녕寧은 안녕安寧의 그 녕이다. 본음 '녕'이지만 받침 없는 음절 다음에 나오면 말하기 쉬우라고 '령'으로 변한다(효령대군, 이어령).

다사식녕多士寔寧, 재주 있는 선비가 많으니 (조정이) 참으로 평안하다. 『시경·대아』「문왕」의, "제제다사, 문왕이녕濟濟多士, 文王以寧(선비들 성대하게 모였으니, 문왕께서 이로써 편안하시리)"을 고쳐 쓴 것이다.

> 寧에는 '어찌, 차라리'라는 뜻도 있다. 제123구(부라장상)에서 소개한 "왕후장상영유종호王侯將相寧有種乎?"에서는 '어찌'라는 뜻으로 쓰였다. '불녕不寧~'은 '차라리 ~하느니만 못하다'.

유럽 인구 약 8억, 중국 인구는 14억 이상. 유럽사 최초의 인명은 2,800년 전 호메로스쯤 될까? 역시 고대문명 발상지 중 하나인 중국사 최초의 인명은 4천 년 이상 전의 당(요임금)·우(순임금)쯤된다. 글자가 통일된 것만 해도 2,200년 전. 당연히 유럽사 이상으로 중국엔 왕조도 많고 역사인물 사적도 많을 수밖에. 그나마 「천자문」은 6세기 초 것이니, 이제까지 언급되는 인물과 고사가 아직 상대적으로 적을 때 얘기다.

이하, 인물과 고사들은 주로 2구짜리 단장들의 나열이다.

143 **晉楚更霸**, 진초갱패   진나라 초나라가 잇따라 패자가 되고
144 **趙魏困橫**. 조위곤횡   조나라 위나라는 연횡책으로 난처해지다.

춘추전국 얘기다.

앞에서 춘추오패는 제·진·초·오·월이라 했다. 제 환공이
관중의 보좌를 받아 처음으로 패자가 되고(제137구 '환공광합'), 그
뒤를 진 문공과 초 장왕이 이었다.

나아갈 진晉은 춘추 진나라다. 더 후대, 한나라 말기 삼국을 통
일한 사마司馬씨의 진나라도 같은 진자를 쓰며 처음은 서진西晉, 나
중은 동진東晉이다.

가시나무 초楚는 장강 남쪽의 초나라다. 괴롭다(고초苦楚), 산뜻하
다(청초淸楚)는 뜻도 있다.

다시 갱更은 여기서 부사이고, 고친다는 뜻의 동사일 때는 '고칠
경'(변경變更)이다.

으뜸 패霸(본자는 覇)는 무리 중 1등, 패권霸權을 장악한 사람, 곧
패자霸者다. 진 쪽 패자敗者와 독음이 같다. 경기마다 판판이 지는
것은 연패連敗, 시즌마다 우승하는 건 독음이 같은 연패連霸다.

진초갱패晉楚更霸, 제 환공을 이어 진·초(그리고 후에 오·월)가 차
례로 패자로 등극하다. 바야흐로 춘추풍우春秋風雨의 시대다.

춘추시대 초기까지 왕이라는 호칭은 주나라 천자만 쓸 수 있
었고 제후들은 공·후·백 등으로 차등이 있었는데, 주나라가
봉하지 않고(즉, 피붙이가 아니고) 강남(장강 남쪽)에서 스스로 일

어난 초·오吳·월越 같은 나라들은 왕을 자칭했다. 전국시대가
되면 큰 제후국들도 다 왕으로 칭한다. 그러다 진왕秦王 정政이
전국을 통일하고 나서 자기 칭호를 삼황오제를 합한 황제皇帝로
했다.

　시황제의 진이 2세 만에 쓰러지고 초나라 항우와 한나라 유
방이 천하의 으뜸 자리를 놓고 쟁패爭覇할 때, 항우의 봉호가 초
패왕覇王이었다. 패왕이 유방에게 패하면서 아끼던 우미인(우희
虞姬)과 사별하고 최후를 맞는 이야기가 경극 〈패왕별희覇王別姬〉
다. 나중에 장기將棋로 발전하는 초·한 쟁패 이야기가 「천자문」
엔 없다.

　조趙나라, 위魏나라는 한韓나라와 함께 춘추 진晉에서 갈라져 나
온 나라들이다. 한·위·조 세 대부 가문이 주 왕실로부터 제후로
공인받은 기원전 403년부터를 전국戰國시대라 한다. 유서 깊은 진
秦·초·연燕·제 네 나라에다 한·위·조까지 일곱 나라를 전국
칠웅戰國七雄이라 한다.

　　전국칠웅은 진, 초, 연, 제, 한, 위, 조.
　　나중 삼국시대 조조의 위나라도 위魏로 쓰므로 '조위曹魏'라 한다.
　　일본에도 전국시대가 있다. 일본 전국시대는 16세기 후반 무
　　로마치室町 막부 말기부터이고, 오다 노부나가, 도요토미 히데
　　요시를 거쳐 도쿠가와 이에야스가 전국을 통일하고 에도江戶(지
　　금의 도쿄)에 막부를 둔다.

　전국 일곱 나라 중 서쪽의 진秦나라가 유독 강성한 것이 나머지

육국六國에는 골치였다. 자력만으로는 힘에 부치니 나라 간에 연합하는 외교에 기대야 했다. 대표적으로 육국이 남북, 즉 종적으로 연합해 진에 맞서는 합종合從(따를 종從은 세로 종縱의 뜻)이 있다. 연燕나라 소진蘇秦의 합종책을 깨기 위해 진은 장의張儀의 아이디어로 각국이 진과 개별적으로 제휴하자는 연횡책連衡策(이때 저울 형衡을 가로 횡橫으로 읽음)을 내세웠다. 조위곤횡趙魏困橫은 조나라, 위나라같이 약한 나라들이 합종이냐 연횡이냐로 골머리를 앓는 모습이다.

곤할 곤困은 곤란困難, 곤궁困窮, 피곤疲困 등에 쓴다. 가로 횡橫은 가로세로의 그 가로다. 뒤엉키다, 함부로 하다(횡포橫暴)의 뜻도 있다.

제145~146구

145 **假途滅虢**, 가도멸괵　길을 빌려 괵나라를 멸하고
146 **踐土會盟**. 천토회맹　천토에 모여 맹세하다.

앞의 진나라와 초나라, 조나라와 위나라는 그나마 춘추오패·전국칠웅에 드는 큰 나라들이다. 춘추시대에는 주周나라 왕실 친척들을 제후에 봉하다 보니, 후대로 가면서 수隨나라(제14구 '주칭야광' 참조) 같은 조그만 나라들도 많아졌다. 괵虢나라도 마찬가지다. 괵나라는 서주 때부터 있다가 춘추시대에 망한 서괵과, 새로 세웠다가 다시 망한 북괵(소괵)의 둘이 있는데, 여기서는 앞의 서괵이다. 괵나라 군주는 공보다 아래인 후侯로 추정된다. 이런 나라들은 그야말로 강국 앞에 풍전등화일 수밖에.

춘추 진晉의 헌공獻公이 괵나라(서괵)를 치기 위해 괵나라 이웃

우虞나라에게 길을 빌려달라고 했다. 우나라 재상 궁지기宮之奇가 "입술이 없어지면 이가 시리다(순망치한脣亡齒寒)"며 반대했으나, 우나라 군주는 진나라의 예물에 혹해 길을 빌려주었다. 진나라는 괵나라를 치고 돌아오는 길에 우나라까지 멸망시켰다. 이때가 기원전 655년이며 이 고사가 가도멸괵假途滅虢, '길을 빌려 괵나라를 멸함'이다.

빌 가假는 빌린다, 빌려준다는 뜻. 거짓, 가짜, 임시라는 뜻도 있다.

길 도途는 음과 뜻이 같은 道(제27구 '좌조문도')자와 통용되지만 관습적으로 途·道를 가려 쓴다. 途로 쓰는 대표적인 경우들은 앞길이 창창한 전도양양前途洋洋, '가는 중'인 도중途中·중도中途 등.

멸할 멸滅은 불이 꺼지다·끄다, 없어지다·없애다 등의 뜻. 환상(illusion)이 없어지는(dis-), 그러니까 '깨몽'이 환멸幻滅(disillusionment)인데, 혹시 환멸을 지긋지긋하다는 뜻 정도로 잘못 알고 있지는 않은지?

나라 괵虢의 원뜻은 '범발톱발자국'.

천 년 세월이 흘러 16세기 말, 일본의 도요토미 히데요시는 중국 명나라를 친다는 구실로 조선에 길을 빌려줄 것을 요구했다(정명가도征明假道. 이때는 길 도途 대신 道를 썼다). 조선은 당연히 가도멸괵의 고사를 들어 반대했고, 이에 일본이 조선을 침공한 게 임진왜란(1592)이다.

가도멸괵은 후에 병법의 전술 이름으로도 쓰였다. 명·청 교체기 유명한 병법서인 『삼십육계三十六計』 중 제24계가 '가도벌괵假道伐虢'이다(途 대신 道, 멸할 멸滅 대신 칠 벌伐).

그렇게 세력을 넓힌 헌공의 서자로서 외지를 떠돌다 돌아와 쿠데타로 집권한 문공文公(재위 전636~전628)이 기원전 632년 천토踐土(지금 허난河南하남성 소재)에 제후들을 소집해, 천자를 일심으로 받들자며(사실은 내 말이 천자의 뜻이니 말 잘 들으라며) 소를 제물로 바치고 소 피를 나누어 마시며 회맹會盟을 맺었다. 이 천토회맹踐土會盟으로 진 문공이 제 환공에 이어 두 번째 패자가 됐다.

밟을 천踐은 물리적으로 밟는다, 이로부터 실천實踐한다는 뜻으로 쓴다.

흙 토土는 작게는 흙(토양土壤), 넓게는 땅(토지土地)이고, 이로부터 바탕(토대土臺)이라는 뜻이 나왔다.

모을 회會는 모이다, 모으다, 모임, 꼭 맞다 등의 뜻. 사람이 모인 것이 사회社會이고, 그중 이윤이라는 경제적 목적을 가지고 모인 것은 회사會社다. 마음에 꼭 맞는 것이 회심會心인데, 고구려 중 담징이 일본 호류지(法隆寺법륭사) 관음보살에 화룡점정畵龍點睛하고 지었음직한 '회심의 미소'가 몰래 나쁜 짓 하고 웃는 것으로 흔히 잘못 쓰인다.

천토에서 회맹할 때 소 피를 나누어 마셨다고 했다. 맹세 맹盟자의 받침이 그릇 명皿인 게 고개가 끄덕여진다. 맹서盟誓가 변해 '맹세'가 됐다.

한문을 공부하며 아직 독서량이 부족할 때는 고유명사를 일반명사로 보고 문자 그대로 새기는 실수를 할 수 있다. 나의 경우 '천토회맹'을 처음 보고 제후들이 발로 땅(土)을 구르는(踐) 의식 같은 걸 하면서 회맹한 줄 알았다.

제147~148구

¹⁴⁷ **何遵約法**, 하준약법　소하는 간략한 법을 시행했고

¹⁴⁸ **韓弊煩刑**. 한폐번형　한비는 형벌이 번거로운 폐단이 있다.

어찌 하何는 어떻게(how), 무엇(what), 어느(which) 등의 뜻. 여기서는 한 고조(유방) 때 재상 소하蕭何의 이름자다.

좇을 준遵은 따른다(준수遵守, 준행遵行)는 뜻.

맺을 약約은 약속約束(속束도 묶는다는 뜻) 같은 것을 맺는다, 또 간략하다·간추리다(요약要約), 아끼다(절약節約)라는 뜻도 있다. 여기서는 간략하다는 뜻으로 쓰였다.

법 법法은 灋자를 간략화한 것이다. 파자破字하면, '물(氵=水) 가듯(去)' 자연스러워야 하는 게 법이다.

약법約法은 유방이 천하통일 직전에 공약한 약법삼장約法三章을 가리킨다. 시황제의 진나라는 법가法家 사상을 기초로 엄격한 법과 형벌을 시행해 백성의 원성이 높았다. 유방은 이에 편승해 법을 단 세 조목으로 간추리겠다고 했다. "사람을 죽이면 사형, 남을 다치게 하거나 도둑질하면 처벌, 그리고 진나라의 법을 모두 폐한다"는 골자다. 비슷하게 고조선도 8조의 법금法禁 또는 금법禁法을 시행했다고 하는데, 그중 전하는 세 가지는 "살인자는 사형, 상해는 곡식으로 보상, 도둑은 노예 또는 속전贖錢 50만"이다.

하준약법何遵約法, 한나라 재상 소하는 약법을 따랐다는 말. 따를 준자는 다닐 행行(시행하다)으로 새기면 자연스럽다. 다만, 약법삼장이 소하의 것은 아니다. 오히려 통일 후 고조는 약법만으로 천하를 다스릴 수 없다며 공약을 어기고 법을 늘렸는데, 이 새로운

법들을 제정한 주역이 소하다.

한韓나라는 춘추시대부터 있었던 제후국이고 전국칠웅 중 하나
다. 여기서는 법가의 대표적인 세 사상가 중 하나인 한비자韓非子
를 가리킨다(나머지 두 사람은 이사李斯와 상앙商鞅). 우리나라도 대한제
국(1897~1910) 이래 이 글자를 나라 이름으로 쓴다. "대한으로 망했
으니 대한으로 다시 서자"며 임시정부가 이 국호를 택했다.

해질 폐弊는 피륙이나 신발 따위가 해진다는 말인데, 보통은 폐
단弊端·병폐病弊처럼 쓰인다. 여기서는 '~의 폐단이 있다'고 새긴다.

번거로울 번煩은 번잡할 번繁과도 통용되고, 괴로워한다는 뜻으
로 번민煩悶처럼 쓰인다. 여기서는 繁의 뜻.

형벌 형刑은 죄에 따르는 대가다.

대표로 한비자만을 들었지만, 법가는 진秦나라 부국강병의 토대
가 된 이면에 법규와 형벌의 수가 지나치게 많은 폐단이 있다.
항우의 초나라와 쟁패하고 진을 이어 천하를 차지한 한나라는 법
가의 진나라와 차별성을 내세우는 것이 정책적으로 이로웠다. 유
방이 통일 전 진의 수도 함양에 입성하면서 약법삼장을 선포한
것은 바로 그 고도의 민사심리전이었다. 게다가 한나라 황실은 도
교道敎를 숭상했는데, 도교의 근원이 된 도가의 기본 처세론이 무
위자연無爲自然이어서 인위적인 법가와 더더욱 멀었다.

그로부터 백 년 뒤 무제武帝는 백가百家를 퇴출하고 오로지 유가
만을 존중할 것을 선포했다(제122구 '칠서벽경' 참조). 유가는 형벌보
다 인仁을 강조하기도 하지만 분서갱유의 원한까지 있어서 법가
알기를 더더욱 원수로 여긴 탓에, 이로부터 진시황은 폭군의 상
징, 법가는 흉악한 사상으로 두고두고 조리돌림당했다. 「천자문」

이 완성된 남조 시기는 다시 도가가 유행한 때여서 역시 법가를 곱게 보지 않았다. 그런 분위기가 약법삼장을 추키고 법치를 깎아 내리는 제147~148구에 스며들어 있다.

제149~152구

149 **起翦頗牧**, 기전파목   백기, 왕전, 염파, 이목은

150 **用軍最精**. 용군최정   군사 운용이 매우 정교하여

151 **宣威沙漠**, 선위사막   사막에까지 위엄 떨침을

152 **馳譽丹青**. 치예단청   그림 그려 기리다.

기·전·파·목은 전국시대 유명한 장수 네 명의 이름을 한 글 자씩 나열한 것이다.

백기白起는 전국 진나라 장수다. 한 전투에서 24만 명의 목을 베고 또 한 전투에서는 13만 명을 베었다고 하는데, 역사학자들은 과장된 수치라고 한다. 일어날 기起는 일어나다, 일으키다의 뜻. 사물뿐 아니라 사건을 일으키는(야기惹起) 것도 포함한다.

왕전王翦도 진나라 장수다. 아들과 손자까지 3대가 후에 진왕 정 (후의 시황제)을 섬겨 진의 천하통일에 큰 공을 세웠다. 자를 전翦은 주로 가위로 끊거나 베는 것인데, 음과 뜻이 같은 剪으로 더 많이 쓴다.

염파廉頗는 조나라 장수다. 조나라 왕은 장수 염파를 반대하는 세 력의 이간질에 넘어가 염파를 파직함으로써 조나라 몰락을 재촉했 다고 한다. 자못 파頗는 심하게는 '몹시'부터 적당히 '제법, 꽤', 약하

게는 '약간'까지, 자못(頗!) 병립하기 어려운 뜻들로 두루 쓰인다.

이목李牧도 조나라 장수다. 앞의 진나라 왕전과 싸워 대승을 거두기도 한 명장이다. 칠 목牧은 가축 따위를 사육하는 것이다. 양羊을 사육하는 문화에서 발생한 기독교에서는 예수를 목자牧者, 신도를 양羊떼로 보아 교역자를 목사牧師라 하고 신도 관리를 사목司牧이라 한다(양은 잡아먹으려고 키우는 건데). 목은 조선시대 부府보다 낮고 현縣보다 큰 행정단위이기도 했다. 목의 책임자가 목사牧使다. 꽃이름 모란牧丹에 쓸 때는 '모란·목단' 두 가지로 읽는다.

기전파목起翦頗牧 네 사람을 전국 4대 명장이라고도 하는데, 다분히 「천자문」의 이 구절 때문일 것이다. 예를 들어 진나라에서는 왕전 일가 말고도 몽무蒙武·몽염蒙恬 부자가 천하통일에 지대한 공을 세웠다(몽염은 제231구 '염필윤지'에 나온다). 연나라 악의樂毅도 명장으로서 기전파목에 뒤지지 않는다. 전쟁이 일상이던 시절이라, 한나라 이후까지 넓히면 또 셀 수 없는 유명한 장수들이 있다.

쓸 용用은 사용使用, 운용運用한다는 뜻.

군사 군軍은 군대와 관련된 갖가지를 두루 이른다. 용군用軍 또는 용병用兵은 군사(병력)를 운용하는 일, 즉 작전이다.

가장 최最는 '가장, 제일'이라는 뜻으로 가장(最) 많이 쓰이지만, 여기서처럼 '매우', 그 밖에 '더욱'이라는 뜻으로도 매우(最) 많이 쓴다.

정할 정精은 본래 찧은(도정搗精) 쌀인 정미精米를 가리키는 말이었다. 이로부터 정제精製되어 순수한 상태, 정교精巧함, 생물 또는 무생물까지에도 깃든다고 생각한 정기精氣나 정령精靈, 나아가 사람을 만드는 정기인 남성의 정자精子 등으로 쓰임이 넓어졌다. 곡물 발효시킨 액체를 정제하면 주정酒精, 즉 에틸알코올(에탄올)이 된다.

용군최정用軍最精, 기·전·파·목으로 대표되는 명장들의 군사
운용이 매우 정교했다.

베풀 선宣은 선포한다, 펼친다는 뜻. 획수 하나 차이인 마땅할
의宜(제74구)와 혼동 주의.

위엄 위威는 가만있어도 뿜어 나오는 위엄威嚴과, 억지로 만들어
내는 위력威力·위협威脅에 다 쓴다. 사람 숫자로 위력을 과시하는
게 시위示威다. 선위宣威, 위엄을 떨치다.

모래 사沙는 음과 뜻이 같은 砂와 통용한다. 그 자체가 모래밭,
사막을 뜻하기도 한다. 소리만 빌려 쓰는(가차假借) 경우로, 갓 승문
僧門에 든 행자行者 다음 단계로 아직 비구比丘·비구니比丘尼의 계戒를
받기 전의 수련승인 사미沙彌·사미니沙彌尼에도 이 글자를 쓴다.

넓을 막漠은 아득히 넓다, 광막하다, 막막하다, 고요하다 등의
뜻. 沙자나 漠자나 그 한 글자만으로 사막沙漠이라는 말로 쓸 수
있다.

선위사막宣威沙漠, 사막에 위엄을 떨치다. 본래 '宣威於沙漠'처럼
전치사 어於('~에, ~에서', 제163구)가 들어가야 하는데, 운문 형식이
므로 생략했다. 이렇게 알아서 채우고 때로는 순서도 고쳐 가며
읽어야 하는 것이 한문, 특히 운문의 어려움이면서 묘미다.

중국에서 사막 하면 북쪽보다 주로 서쪽 변경 너머인 서역西域
이다. 흔히 비단길로 불리는 오아시스로인 이 지역엔 튀르크(돌궐)
계 민족들, 대표적으로 흉노족이 살고 있었다. 로마에까지 한나라
비단 소문이 퍼진 것도 이 사막을 거쳐서다. 삼국시대 초까지 한
반도 문화는 중국 한족보다 서역 문화와 가까웠다.

기원전 중국은 중원의 풍부한 물산을 탐내는 흉노족 때문에 골

치를 썼였기에 한나라 때부터 이곳을 군사적 및 상업적으로 신경
써 관리했다. 그런 임무를 받고 서역을 다녀온 대표적인 인물이
무제 때의 장건張騫이다. 장건은 기원전 139년경 도읍 장안을 출
발, 도중에 두 번이나 흉노의 포로가 되어 억류됐다가 기원전 126
년에 장안으로 귀환해 서역에 관한 중요한 정보들을 전했다.

　서역을 당나라 때는 안서安西라 부르며 관리했다. 청나라 때는
지금의 카자흐스탄·키르기스스탄·타지키스탄 지역을 놓고 러
시아와 분쟁이 있었다. 청나라가 1881년 영구 차지한 '새 땅' 신강
(新疆신장)이 지금의 신장위구르자치구다.

　달릴 치馳는 말(요즘 같으면 자동차) 따위를 거침없이 마구 모는(치
빙馳騁) 일. 앞말과 뒷말이 정반대로 달려가는 것이 배치背馳다.

　기릴 예譽는 명예名譽나 영예榮譽, 또 그런 것들을 기리는 일이다.
치예馳譽, 명예를 기려 주다.

　붉을 단丹은 붉은색을 나타내는 여러 글자 중 하나. 붉다는 뜻
으로 단을 쓰는 전형적인 경우 둘이 단청丹靑과 일편단심一片丹心이
다. 도교의 수련도 단이라 하는데, 요가나 호흡 등으로 몸의 기를
관리하는 내단內丹과, 약물(단약)을 쓰는 외단外丹이 있다.

　푸를 청靑과 우리말 '푸르다'는 가리키는 범위가 코발트나 사이
언(시안)부터 청록, 녹색, 연두색까지 사뭇 넓다. 고려 때 송나라
서긍徐兢이 사신으로 고려를 다녀간 후 쓴 『선화봉사고려도경宣和奉
使高麗圖經』에 고려자기의 색을 '비'색翡色이라고 했는데, 이 자기를
우리는 '청'자靑瓷라 부른다. 사람이 젊을 때를 식물에 비겨 청년靑
年·청춘靑春이라 한다.

사람들이 선망하는 도회지 위의 구름을 청운靑雲이라 하는 데
서, 원대한 야망을 '청운의 꿈'이라 한다. 청운의 반대는 산이나
강 위 구름인 백운白雲으로, 은일隱逸의 삶을 이른다.

하늘이 원래 파랗지만 청천靑天은 특별히 말라서 파란 하늘이
다. 대만 국기가 파란 하늘에 흰 태양, 청천백일靑天白日이다.

사람 눈동자의 검은자위가 청안靑眼, 흰자위가 백안白眼이라
서, 사람을 반겨 눈이 커지는 건 청안시靑眼視, 딴청하고 투명인
간 취급하는 것을 백안시白眼視라고 한다.

단청丹靑은 붉고 푸른 빛뿐만 아니라 제유로써 널리 물감을 이
른다. 특별히 한옥 서까래의 단청 장식을 가리키기도 하고, 그림
전반이라는 뜻으로도 쓴다. 중국이 19세기에 서양 예술이론을 수
용할 때 미술(회화)을 단청 또는 도화圖畵(제109~110구)라고 썼다.

치예단청馳譽丹靑, 이상 소개한 중국을 만든 사람들과 그들의 행
적을 그림으로 그려 명예를 기리다. 역시 '馳譽以丹靑'처럼 전치사
이以(~로써, 제79구)를 알아서 넣어 새긴다. 공 있는 사람들은 비석
에도 이름과 공훈을 새겨 주고(제132구 '늑비각명') 그림으로도 그려
귀감으로 삼는다. 대표적인 사례로 한 무제가 기린각麒麟閣을 지었
는데, 3세 뒤 선제宣帝가 곽광霍光·소무蘇武 등 선대의 공신 열한
명의 초상을 기린각에 봉안했다.

'역사는 흐른다'의 두 번째 작은단락인 제133~152구는 주로 은·
주부터 춘추전국을 거쳐 진·한까지의 중국 역사를 유명한 인물
들 위주로 노래했다. 사실 중국이 인류에게 공헌한 가장 큰 것은
사상, 문화, 발명인데 온통 정치와 정벌 이야기뿐이다.

희미한 옛 제국의 그림자
제153~162구

153 九州禹跡, 구주우적 하우는 구주를 순력했고
154 百郡秦幷. 백군진병 진나라는 백군을 병합했다.

'중국의 역사' 서사의 마지막, 중국 땅 이야기. 그 서설이다.

아홉 구九는 중앙과 팔방八方을 합한 숫자다(제125구 '호봉팔현' 참조). 중앙의 임금이 다스리는 모든 세계를 상징해 천자의 궁궐 앞에는 세발솥 아홉 개 '구정九鼎'을 세웠다고 한다. 천자와 팔방을 합한 구주九疇를 축소한 것이 정전井田이다. 경작지를 우물 정井자로 아홉 구획으로 나누어, 바깥 여덟은 여덟 집이 각기 하나씩 경작하고 가운데 하나는 공동경작하여 조세에 충당하는 제도다.

고을 주州는 행정단위 중 꽤 큰 것이다. 중국의 옛 주는 지금의 성省보다는 작다. 우리나라 지명에도 황주·해주(황해도), 충주·청주(충청도), 경주·상주(경상도), 전주·나주(전라도), 그리고 제주처럼 '주'자 지명이 많이 남아 있다. 미국이나 독일 같은 연방국가의 단위국가들인 state/Staat의 번역어로도 이 주를 쓴다. 구주九州, 아홉 고을은 천자와 팔방 제후국을 합한 구주九疇와 통한다.

하우씨 우禹는 하夏 왕조를 연 우禹임금, 하우夏禹다. 순임금(우순)

의 우虞(유우有虞, 제24구)와 구별할 것. 요임금 때 신하 곤鯀이 황하
범람을 못 잡아 귀양을 갔는데, 요에게 선위받은 순임금 때 곤의
아들 하우가 치수에 큰 공을 세워 순에게 선위받고 왕위에 올라
하나라 세습왕조를 열었다(전 2070). 아버지가 실패한 치수에 아들
이 성공한 비결은, 물길을 막는 것이 아니라 틔워 준 데 있었다고
한다.

자취 적跡은 발자국, 다녀간 흔적이다. 독음이 같은 迹·蹟과도
부분적으로 통용하며, 간체자로는 跡·迹·蹟 셋을 迹 하나로 쓴
다. 발자국은 족적足跡, 사람 다녀간 흔적은 인적人跡, 지나간 발자
국을 쫓아가는 것이 추적追跡이다. 가요 〈황성 옛터〉가 1928년 처
음 발표될 때 제목은 〈황성荒城의 적跡〉, '황폐한 성의 자취'다. 그
러나 망한 대한제국의 옛 '황성皇城'의 터라고 중의적으로 부르고
들었을 것이다.

하우는 대대적인 정벌사업으로 국토를 넓히고, 남방을 순행하
여 제후들과 회맹하고, 기념으로 구정을 주조했다. 그래서 구주우
적九州禹跡, 천하(구주)는 우임금이 다녀간 자취라고 하는 것이다.

하우는 순행 중 절강浙江저장 회계산會稽山에서 죽었다는 전설이
있어 그 자리를 우가 돌아간 구멍, 우혈禹穴이라고 부른다.

일백 백百은 백성百姓, 백화점百貨店 등에서 보듯 '많다, 모두'라는
뜻으로도 쓰이는데, 사실 백성의 성씨 수와 백화점의 물건 수는
100개보다 훨씬 많지 않은가.

고을 군郡은 앞의 주보다 작은 중간급 행정단위다. 우리나라에
서는 도道나 광역시 아래이면서 시 아닌 지역이다. 주·도 같은
큰 행정단위의 우두머리는 지사知事(이때 알 지知자는 일을 관장한다는

뜻, 제43구 참조), 군의 우두머리는 군수郡守다.

시황제의 진나라 진秦도 유서 깊은 나라다. 주나라 왕실의 후예는 아니고, 기원전 10세기쯤 서쪽 방비를 돕도록 식읍을 받아 작은 나라로 출발했다가 기원전 771년에 공公급의 제후국으로 승격했다. 전국시대에 칠웅의 하나로 성장했고, 36대 왕 정政이 육국을 멸하고 통일 진나라의 시황제가 됐다. 중국을 가리키는 유럽어 Sina/China가 秦(친Qin)에서 왔다.

아우를 병幷은 어울린다, 아우른다(병합)는 뜻. 음과 뜻이 같은 倂·竝(제234구)과 통용한다.

백군진병百郡秦幷은 반드시 100개, 반드시 군이 아니라 중국 '모든 고을'을 진나라가 병합하고, 봉건제 대신 군현제(제125구 참조)를 채택한 일을 이른다.

시황제의 정복전쟁에 당연히 저항이 따랐다. 대표적인 게 제144구(조위곤횡)에서 본 육국 간의 합종책이다. 합종에 합세한 연燕나라의 세자 단丹은 진왕 정을 치기 위해 자객 형가荊軻를 고용했다. 형가는 진나라를 반역하고 연나라로 망명한 장군 번오기樊於期(於자 독음 주의)의 목과(그 목을 순순히 내준 사람도 대단하지!) 연나라 요충지 독항督亢의 지도를 가지고, 지도 두루마리 안에 검을 숨기고 진왕 정 앞에까지 가는 데 성공했다. 그러나 칼을 꺼내려는 순간 칼날이 번쩍해 들키는 바람에 한 수가 늦어 임무를 완수하지 못했다. 이 고사가 '형가자진왕荊軻刺秦王(형가가 진왕을 찌르다)'이다.

형가가 임무를 띠고 역수易水 강물을 건널 때, 전송 나온 친구 고점리高漸離가 축筑(가야금 비슷한 현악기)을 타고 형가가 노래하는데, 음악의 조(key)가 변치조變徵調가 되자 사람들이 모두 눈물을 흘리고, 다시 우조羽調로 바뀌자 사람들이 비분강개하여 머리털이 솟아

<형가자진왕>. 한나라 무덤 벽으로 쓴 화상석畵像石이다.
왼쪽에 '진왕', 오른쪽 '형가', 가운데 아래 '번오기의 머리(樊於期頭)'라고 음각했다.

관 밖으로 뻗쳤다고 한다(『사기 · 자객열전』 형가). 이때 형가가 답가
로 부른 노래가 「역수가」다.

風蕭蕭兮易水寒, 壯士一去兮不復還. 풍소소혜역수한 장사일거혜불부환

探虎穴兮入蛟宮, 仰天噓氣兮成白虹. 탐호혈혜입교궁 앙천허기혜성백홍

바람은 소슬하고 역수는 찬데

사나이 한번 가면 돌아오지 않으리

호랑이 이무기 굴 찾아들어 가

하늘 보고 호령하니 흰 무지개.

형가의 거사가 실패로 끝나자 고점리도 축 속에 납덩어리를 숨
기고 진왕을 치려 했으나, 첫 번째는 정체가 탄로나 눈알이 뽑히
고, 두 번째는 빗맞아 실패하고 죽임을 당했다.

대업을 이룬 시황제는 자기 아래로 이세황제, 삼세황제 등으로
칭호를 간략히 하도록 정했다. 시황제가 천하를 순수하던 중 산동

사구沙丘라는 곳에서 병사하자 환관 조고趙高와 승상 이사李斯가 유언을 위조하여 막내아들 호해胡亥를 이세二世황제로 옹립한다. 조고는 이사를 몰아내고 호해의 위세를 업고 국정을 농단하는데, 심지어 여러 신하들 앞에서 사슴을 황제에게 보이며 "말(마馬)입니다" 했더니 아무도 반박하지 못했다는 얘기가 지록위마指鹿爲馬(사슴을 가리켜 말이라 하다)의 고사다. 지록위마의 마록馬鹿이 일본어로 '바카'다. 바보를 가리키는 '바카야로(馬鹿野郎郞)'보다 더 '먹물'스러운 욕설을 아직 알지 못한다.

제153~154구는 중국의 처음 두 번 통일 이야기다. 하우의 구주는 화하華夏(제103구)의 이념적인 원형이고, 진시황의 육국 병합은 통일 중국의 물리적인 원형이다.

┌ 제155~156구 ┐

¹⁵⁵ **嶽宗恒岱**, 악종항대　큰산은 항산과 대산이 으뜸이고
¹⁵⁶ **禪主云亭**. 선주운정　봉선은 운운과 정정이 우두머리다.

하우가 다니고 진시황이 통일한 중국의 지명들이다. 먼저 명산들.

큰산 악嶽은 岳으로도 쓴다. 보통 산이 아니고 크거나 험한 산에 주로 쓴다. 산악山嶽(山岳)이라고 하면 그냥 산의 총칭이다.

마루 종宗은 산마루(peak), 으뜸이라는 말. 종교宗教에도 이 종자를 쓴다. 여기서는 으뜸으로 친다는 뜻의 타동사로 쓰였다. 전제정 시대 임금의 묘호廟號에 흔히 '-조祖'나 '-종'을 쓰는데, 대체로

조가 공이 큰 임금이다. 조선의 경우 조는 태조·세조·선조·인조·영조·정조·순조의 일곱인데 이 중 영조와 정조는 종이었다가 후에 조로 올렸다. 지금 보면 태종·세종보다 왜란을 겪은 선조, 호란을 겪은 인조, 홍경래의 난과 세도정치를 겪은 순조를 높인 게 갸우뚱할 수 있겠다.

　　마루 종을 바닥에 까는 마루(floor)로 오해한 유명한 사례로, 1990년 영종도永宗島가 신공항(지금의 인천국제공항) 입지로 최종 선정됐을 때 "길 영, 마루 종이니 긴 마루, 곧 활주로"라며 섬 이름부터 공항이 들어설 운명이었다고 쓴 신문들이 있었다. 5년 뒤 핵폐기물 매립지 후보로 떠오른 굴업도掘業島가 하필 팔굴, 업 업이어서 영종도랑 묶어 "지명이 땅의 운명을 예고한다"고 화제가 되기도 했다. 영종도 마루 종은 활주로와 원래 무관하고, 매립지는 없던 일이 되어 지금 굴업도는 '한국의 갈라파고스'가 됐다.

　　항상 항恒은 언제나, 항상이라는 뜻. 태양계 밖, 지구에서 보아 규칙적인 주기와 궤도를 돌고 있는 것처럼 보이는 별들이 항성恒星이고, 지구 중심으로 풀면 궤도가 복잡하고 더러는 역행할 때도 있는 이상한 별들이 혹성惑星 또는 행성行星이다. 여기서는 오악五嶽 중 항산恒山이다.

　　터 대垈는 토지 분류 중 건물 짓는 용도인 대지垈地다. 강감찬 생가 터라는 낙성대落星垈에 이 대자를 쓴다. 경포대·청와대 등은 돈대 대臺. 여기서는 오악 중 대산岱山이다.

　　중국 오악은,

동악 태산泰山(타이산, 산둥성, 해발 1,545미터)

서악 화산華山(산시陝西성, 2,155미터)

남악 형산衡山(헝산, 후난성, 1,290미터)

북악 항산恒山(헝산, 산시山西성, 2,016미터)

중악 숭산嵩山(쑹산, 허난성, 1,492미터).

(섬서陝西Shaanxi와 산서山西Shanxi의 한어병음 한글 표기가 '산시'로

같고, 형산과 항산도 '헝산Hengshan'으로 같다.)

대산은 그중 동악 태산의 딴이름이다. "태산이 높다 하되~"의
그 태산인데, 1,500미터급이니 그렇게 높지도 않다(금강산 1,638m).

악종항대嶽宗恒岱는 "큰산(즉, 오악)은 항산과 대산을 으뜸으로 한
다"로 새겨도 되지만, 더 널리 "산들 중엔 (항산·대산을 포함한)
오악이 으뜸이다"라고 새겨도 좋다.

우리나라에도 오악이 있는데 시대별로 달랐다. 조선 후기쯤
되면 백두산, 묘향산, 금강산, 지리산, 삼각산(북한산)으로 정리
되는데, 삼각산 대신 계룡산이 중악中嶽인 시기도 있어 지금도
계룡산에 중악단中嶽壇이 있다.

한편 한의학에서는 얼굴의 다섯 군데 튀어나온 양볼, 이마,
코끝, 턱을 오악五岳이라 한다.

봉선 선禪의 봉선封禪은 천자가 큰산들의 꼭대기에서 제사지내
는 봉封, 산비탈에서 제사지내는 선禪을 함께 이른 말이다. 또 선
불교나 참선의 선(일본어로 젠zen), 임금 자리를 생전에 물려주는 선
양禪讓(제23구 '퇴위양국' 참조)에도 이 글자를 쓴다.

주인 주主는 주인, 주체, 주요하다, 주로 하다 등의 뜻. 접미사 '-님'에 해당하는 한자로도 쓴다. 여기서는 앞의 종宗처럼 '으뜸으로 친다'는 뜻. 기독교도들이 예수를 주主님이라 하는 것은, 꼭 예수만이 아니라 계급사회에서 두루 쓰던 경칭인 Lord, Master, Esquire를 옮긴 말이다. 현대어로는 선생님쯤 된다.

이를 운云은 말한다, 카더라라는 뜻. 운운云云은 어쩌고저쩌고(블라블라). 구름 운雲(제9구)의 간체자로도 쓴다.

정자 정亭은 주거와 별도로 휴식 등 용도로 지은, 벽체가 없는 조그만 건물이다. 형태에 따라 정 · 사榭 · 루樓 · 대臺 따위로 구별되는 이런 독립 건물들을 누정樓亭 · 누사樓榭로 뭉뚱그려 부른다. '-정'은 한식집, '-루'는 중식당들 이름에 많이 들어가지?

운정云亭은 동악 태산(대산)의 꼭대기 운운산云云山과 낮은 산 정정산亭亭山을 합친 것이다. 선주운정禪主云亭, 봉선할 산은 운운산과 정정산이 으뜸이다.

'중국의 역사' 서사를 마무리하는 마지막 작은단락에서 역사적 지명들을 들먹이기 시작하면서, 먼저 유명한 산들을 '오악'과 '운정'을 대표로 소개했다.

제157~162구

157 **雁門紫塞**, 안문자새 안문의 붉은 요새

158 **鷄田赤城**, 계전적성 계전과 적성이며

159 **昆池碣石**, 곤지갈석 곤명지와 갈석산

160 **鉅野洞庭**, 거야동정 거야의 들과 동정의 호수

¹⁶¹ 曠遠綿邈, 광원면막 아득히 먼 데까지
¹⁶² 巖岫杳冥. 암수묘명 멧줄기 끝없어라.

___

중국의 유명한 지명들이다. 첫 두 구는 변방 요새들이다.

기러기 안雁은 鴈으로도 쓴다. 가을에 와서 봄에 떠나는 철새 기러기는 부부간의 의가 좋다 하여, 혼례 때 나무기러기 목안木雁 한 쌍을 놓는 풍습이 있다.

가야금 같은 현악기의 줄 하나하나를 떠받치는 줄받침(현주絃柱)이 안족雁足(기러기발)이다. 흔히 기러기의 발을 닮아서라고 소개하나, 안족은 ㅅ자나 삼각형이고 기러기의 발은 물갈퀴발이니 서로 닮지 않았다. 중국 문헌과 시문들을 보면 슬瑟이나 쟁箏의 줄기둥들이 비스듬히 배열된 것을 '기러기 날아가듯(안행雁行)'이라고 형용하는데, 아마 이것이 와전되어 기러기발이 된 것 아닌가 한다.

二八月輪蟾影破, 十三絃柱雁行斜. 이팔월륜섬영파 십삼현주안행사
십륙일(보름 다음 날) 두꺼비 그림자 희미한데
기러기 날아가듯 열세 줄(쟁의 줄 수) 비낀 기둥이여.
— 당唐 이상은李商隱, 「어제(昨日작일)」

문 문門은 여닫고 드나드는 문을 상형한 글자. 여기서는 변방을 드나드는 관문關門을 가리킨다. 제139구(기회한혜)에서 어떤 분야에 첫발을 딛는 '입문'과 그조차도 못한 '문외한' 얘길 했는데, 같은

스승이나 같은 학교에 함께 입문한 게 동문同門이고, 그런 인연을 끊고 내쫓는 게 파문破門이다.

안문雁門은 만리장성의 북쪽 구간 산서山西산시성에 있는 관문인 안문관雁門關옌먼관이다. 아마 기러기가 오고 가는 길목이란 뜻으로 운치 있게 붙인 이름이렸다.

붉을 자紫는 붉은색 계통 중 화려한 붉은색이다. 공자는 옛날 음악을 수수한 붉을 주朱에, 요즘 음악을 화려한 붉을 자에 비유하여, 사람들이 담담한(즉, 심심한) 옛날 음악보다 방정맞은(즉, 귀에 쏙 들어오는) 요즘 음악을 좋아하는 것을 "자색이 주색의 지위를 뺏음을 미워한다(惡紫之奪朱也오자지탈주야)"(『논어·양화』)고 개탄했다. 현대어로 자와 주를 합친 자주紫朱는 빨강과 보라의 중간, 퍼플이다.

변방 새塞는 변방을 지키는 요새要塞다. '막을 색'으로도 읽는다 (폐색閉塞). '변방 늙은이의 말' 새옹지마塞翁之馬 고사를 되새겨 보자.

변방에 늙은이가 있었는데, 말이 국경 너머로 도망쳤다. 사람들이 위로하자 "좋은 일이 생길지 압니까?" 했다.

도망친 말이 다른 말을 데리고 돌아왔다. 사람들이 축하하자 "궂은 일이 생길지 압니까?" 했다.

늙은이의 아들이 새 말을 길들이다 다리가 부러졌다. 사람들이 위로하자 "좋은 일이 생길지 압니까?" 했다.

전쟁이 났다. 장정들은 다 군대 갔는데 늙은이의 아들만 면제받았다.

자새紫塞는 만리장성을 쌓은 흙빛이 붉다는 데서 만리장성을 일컫기도 하고, 변방을 두루 자새라고도 한다. 특별히 안문의 풀빛이 붉어 안문을 자새라고도 하므로, 안문과 자새는 같은 말이다.

닭 계鷄는 꼬꼬닭. 머피의 법칙처럼 일마다 틀어지는 걸 계란유
골鷄卵有骨이라 한다. 닭의 어린 것이 병아리 치稚인데, 닭뿐 아니라
치어稚魚처럼 웬만한 동물의 새끼, 심지어 유치幼稚하다·유치원幼
稚園처럼 사람의 어린 것에도 쓴다.

밭 전田은 경작지다. 논은 '물 대는 밭' 수전水田인데, 우리나라에
서는 한 글자로 논 답畓자를 만들어 쓴다.

계전鷄田은 중국 북부 허베이(河北하북)성에 있는 역참 이름.

붉을 적赤은 붉은색 갈래의 범칭. 벌거숭이 아기는 적자赤子, 빈
손 빈주먹으로 태어난 걸 적수공권赤手空拳이라 한다. 붉은 깃발 적
기赤旗는 공산 혁명의 상징이고, 빨간불 적신호赤信號는 경고의 뜻,
금전출납부에 빨간색으로 쓴 적자赤字는 손실이다(다만, 증권 거래에
서는 반대로 적자가 상승, 청자靑字가 하락이다).

재 성城은 물리적인 성뿐 아니라 서울(한양)을 옛날에 한성漢城,
일제 땐 경성京城(게이조)이라 했듯 그냥 도시를 이르기도 한다. 로
스앤젤레스(LA)는 나성羅城.

적성赤城은 허베이성 만리장성 밖에 있는 고을 이름이니 계전과
가까운 곳이다. 우리나라에도 충북 단양 적성, 전북 순창 적성 등
이 있다. 판소리 〈춘향가〉 중 '적성가'의 적성은 적성강, 곧 남원
서쪽 순창 적성면을 흐르는 섬진강의 별칭이다. 노랫말 전체로는
당 시인 왕발王勃의 장시長詩 「임고대臨高臺」를 가져와 광한루를 미
화한 것이다.

赤城映朝日, 綠樹搖春風. 적성영조일 녹수요춘풍

<u>붉은</u> 성에 <u>아침</u> 해 비치고, <u>푸른 나무</u>에 봄바람 나부낀다.

— 왕발 「임고대」 중

<u>적성</u>으 <u>아침</u> 날은 느진 안개 띠여 있고

<u>녹수</u>으 저문 봄은 화류<u>동풍</u>花柳東風 둘렀난디 (…)

— 〈춘향가〉 중 '적성가'

그럼, '적성가'의 녹수는 녹수綠水(푸른 시냇물)가 아니고 녹수

綠樹(푸른 나무숲)겠다.

이상 안문(자새)과 계전, 적성 모두 북쪽 변방의 지명들이다. 관
문 이름들을 주워섬기면서 새(조류)로 기러기 안雁과 닭 계鷄, 색깔
로 붉을 자紫와 붉을 적赤을 공들여 대구시킨 것도 음미하자.

다음 두 구는 풍광 좋은 호수와 산, 들이다.

맏 곤昆은 맏이, 크다 등의 뜻. 산 이름으로 메 곤崑(제12구 '옥출곤
강')과 통용한다. 곤충昆蟲처럼 벌레에도 쓴다.

못 지池는 호수보다 작은 고인 물, 연못이다. 전기를 못물처럼
모아 쓸 수 있게 한 게 전지電池, 배터리다.

곤지昆池는 윈난(雲南운남)성 쿤밍(昆明곤명)의 고원지대에 있는 곤명
지昆明池라는 큰 호수다. 남방 정벌에 공을 들인 한 무제는 내지에
서 수군을 훈련시키기 위해 장안성 안에 인공호수를 만들며 윈난
곤명지와 똑같은 이름을 붙였다. 장안 곤명지는 당대 이후 마르고
메워졌으나 현대 들어 일대에 칠석七夕공원을 조성하면서 호수로

복원했다. 베이징에도 원元나라 이래 인공호수가 있었는데, 청대에 곤명호昆明湖로 이름 붙이고 일대를 지금의 이화원頤和園으로 조성했다.

비석 갈碣은 지붕돌 없는 비석(제132구 '늑비각명' 참조).

돌 석石은 암석으로서 바위보다 작고 자갈보다 큰 것이다. 부피 단위일 때는 '섬'(열 말)이다. 바둑돌도 석인데, 일상어에 바둑에 비유한 말들이 참 많다. 본격적으로 판을 벌일 준비를 하는 포석布石, 원칙대로 해 나가는 정석定石, 세 불리하여 사람이나 물건 하나 내주는 사석捨石('죽은 돌' 死石과 구별), 이리하라 저리하라 참견하는 훈수訓手, 이도 저도 못 할 외통수, 정곡을 찌르는 묘수妙手, 장고長考 끝에 판 망치는 악수惡手….

갈석碣石은 만리장성의 시점인 허베이성 산해관山海關(산하이관) 근처의 갈석산碣石山(제스산)이다. 해발 고도 695미터로 그리 높지 않으나 면적이 480평방킬로미터로 서울(605km²)의 80퍼센트나 된다.

클 거鉅는 크다, (쇠 따위가) 단단하다는 뜻의 드문 글자. 나무 등을 써는 톱 거鋸와 통용하기도 한다.

들 야野는 산이나 강이 아닌 평평한 뭍(평야平野), 미개발 상태(야생野生), 또 사람 성품의 계발되지 않은 측면(야만野蠻, 야비野鄙), 다듬어지지 않은 것(야담野談) 등에 쓴다.

거야鉅野는 산동성 태산 근처의 늪지대다.

골짜기 동洞은 움푹 들어간 골짜기, 뻥 뚫린 동굴 등의 뜻이고, 행정구역 중 작은 단위에도 쓴다. 꿰뚫는다는 뜻일 때는 '통'으로 읽는데(통찰洞察), 악기 통소洞簫에서는 '퉁'으로 굳었다.

뜰 정庭은 집의 안뜰(court)로, 독음이 같은 廷과도 통용한다. 재

판하는 장소가 법정法庭, 테니스는 뜰에서 공치기라서 정구庭球. 집
건물(house)은 가옥家屋이고 추상적인 집안(home)은 가정家庭이다.

동정洞庭은 동정(퉁팅)호. 장강의 지류인 소수瀟水(샤오수이)와 상
수湘水(샹수이), 합해서 소상강瀟湘江이 장강 본류와 합류하는 지점에
있는 호수다. 이 일대 풍광을 소상팔경瀟湘八景이라 하는데, 구체적
인 지명은 아니고 정취다. 우리나라 관동팔경, 단양팔경, 영주십
경(제주) 같은 것들의 원류다.

동정호 소상팔경은,

평사낙안平沙落雁, 백사장에 기러기 날아들면
원포귀범遠浦歸帆. 먼 포구에 돛단배 들어온다.
산시청람山市靑嵐, 산속 마을은 푸른 산안개에 갇히고
강천모설江天暮雪. 저물녘 강에 눈 내린다.
동정추월洞庭秋月, 동정호 가을 달 뜨고
소상야우瀟湘夜雨. 소상강 밤비 내릴 때
연사만종煙寺晚鐘, 이내 낀 산사에 저녁 종소리
어촌석조漁村夕照. 어촌엔 저녁 햇살 비쳐든다.

판소리 〈심청가〉와 〈수궁가(별주부가)〉에 함께 나오는 '범피중
류泛彼中流'도 동정호 소상팔경을 노래한 것이다. 〈흥보가〉 중 '제
비노정기'는 흥보 제비가 강남(장강 남쪽)에서 조선으로 돌아오는
여정인데, 동정호 구경한 뒤 굳이 바다 안 건너고 중국 내륙 명승
들 찍으며 빙 돌아오는 길에 갈석산도 나온다.

수·당 이전의 중국 기준으로 곤지(곤명지)는 서남쪽, 갈석산은
북쪽, 거야는 동쪽, 동정은 남쪽 끄트머리 가까운 곳에 있다. 제

작자 미상, <소상팔경도> 중 '동정추월'(왼쪽), '소상야우' 유리건판 국립중앙박물관 소장

159~160구는 그러니까 중국 동서남북 끝의 명승을 들먹인 것이다.

다음 두 구는 그런 중국 땅이 아득히 뻗어 있는 모습이다.

밝을 광曠은 텅 비어 훤하다, 훵하다는 뜻으로 광야曠野처럼 쓴다.

멀 원遠은 공간이나 시간상 거리가 큰 것. 먼 데를 바라보는 광학기구는 망원경望遠鏡이고, 훗날까지 내다보며 마음 쓰고 계획하는 건 심모원려深謀遠慮.

광원曠遠은 사막이나 황야 같은 텅 빈 공간 저 멀리 떨어져 있는 모습이다.

솜 면綿은 목화木花(면화綿花)에서 뽑은 섬유다. 독음이 같은 棉으로도 쓴다. 늦어도 남북조시대에 이미 중국에서 목면을 재배했음을 엿보게 한다. 목면으로 짠 베가 면포綿布이고, 삼베와 면포(어떨 때는 비단까지 피류 일체)를 합하여 포목布木이라 한다(제229구 참조). 꽉 뭉친 목화솜은 빽빽하고(면밀綿密), 목화솜 섬유를 풀어서 꼬면 한없이 길게 면면綿綿히 이어진다.

멀 막邈은 그냥 먼 정도가 아니라 아득한, 그야말로 막막邈邈하게 먼 것이다. 면막綿邈은 끊어지지 않고 끝 간 데 모르게 이어진 모습.

광원면막曠遠綿邈은 제국 중국의 땅이 끝 보이지 않도록 아득하게 펼쳐진 모습이다. 중국은 동쪽과 남쪽은 바다이고 남쪽과 남서쪽은 정글(인도차이나)과 산맥(히말라야)으로 막혔으니, 아득하게 펼쳐진 땅은 주로 서쪽과 북쪽이고 대체로 사막지대다.

광야라도 굴곡은 있다. 먼저 바위 암巖은 岩과 통용한다. 암석 중 돌보다 큰 것이다. 산꼭대기 수岫는 峀로도 쓰며, 산봉우리 외에 바위에 난 구멍(암혈巖穴)이라는 뜻으로도 쓴다. 암수巖岫는 멧줄기, 산맥쯤 된다.

어두울 묘杳는 아득하게 멀어서 희미한 모양이고, 어두울 명冥은 그윽하게 어두운 것이다. 사람은 죽으면 어두운 땅속으로 가니까 사후세계를 명부冥府라 한다. 그리스 신화에서 명부를 다스리는 명왕冥王은 하데스(Hades, 로마명 플루토Pluto)다. 지금은 행성 지위를 잃었지만 한때 태양계 아홉 번째 행성이던 Pluto를 그래서 명왕성으로 번역했다. 묘명杳冥도 앞의 면막처럼 아득하게 멀다는 말.

암수묘명巖岫杳冥은 광원면막한 영토 끝 보이지 않는 곳까지 멧줄기가 아득하게 뻗어 나간 모습이다. 중국 서역 주요 관문 중

하나인 양관陽關(감숙간쑤성 돈황둔황)에서 내다본 타클라마칸사막의
모래언덕들이나, 사막 너머 흰 눈을 인 천산天山(톈산산맥)의 모습을
떠올리면 될 듯싶다.

저런 곳에도 수령과 관리는 보내야 될 텐데, 떠나보내는 벗의
심정은 어떨까? 「천자문」보다 200년쯤 뒤 당나라 왕유王維는 친구
원이元二가 둔황 양관 너머 안서安西에 부임하게 되자 전별시餞別詩
를 써 준다. 양관 객사까지 따라간 건지 불확실한데, 일단 양관까
지 같이 간 것으로 보고 새긴다.

渭城朝雨浥輕塵, 客舍靑靑柳色新. 위성조우읍경진 객사청청유색신

勸君更進一杯酒, 西出陽關無故人. 권군갱진일배주 서출양관무고인

위성(양관) 아침 비가 옅은 먼지 씻어 내니

객사 버들잎은 새 빛 더욱 푸르러라

권컨대 그대, 한 잔 술 더 받으시게

서쪽 양관 나서면 아는 이도 없을 터.

— 왕유, 「송원이사안서送元二使安西」

관아 객사에 묵으며 이별주를 설마 딱 한 잔으로 끝냈을까? 일
배일배부일배一杯一杯復一杯… 저런, 아침이라며?

왕유의 위 시는 금琴 독주나 금 반주 노래로도 널리 퍼져서
〈위성곡〉·〈양관곡〉·〈양관삼첩三疊〉 등의 별칭이 더 있다.

우리나라 노래엔 넉 줄짜리 한시를 석 줄 시조시(또는 그 반
대)로 옮긴 사례가 제법 있는데, 왕유의 이 시도 대표적인 보기
에 든다.

위성 아침 비에 유색柳色이 새로워라

그대를 권하노니 일배주一盃酒 나오노라

서西호로 양관에 나가면 고인故人 없어 하노라.

— 계면 이삭대엽

그러나 「천자문」이 완성된 남조시대는 한족 왕조가 중원을 뺏기고 강남으로 물러나 위축돼 있을 때다. 그러니 광원면막, 암수묘명이란 희미한 옛 제국의 그림자라고나 할까.

이렇게 남북조 전까지 후왕의 역사가 마무리되면서, 「천자문」의 첫째 서사인 '중국의 역사'도 아주 끝난다.

출사와 한거

다시 두 번째 서사, '선비의 일생'의 둘째 큰단락이다. 2.1(초학)에서 벼슬길에 나아간 가상의 선비의 공무公務 내용 조금과, 공무에서 유념할 것은 무엇인지, 그리고 일찍이 물러나와 여유롭게 한거閑居하며 종생終生을 맞고 후생後生을 기다린다는 줄거리다.

나아갈 때와 물러날 때

제163~182구

163 **治本於農**, 치본어농 다스림은 농사가 근본이라

164 **務玆稼穡**. 무자가색 힘써 심고 거둘지라.

165 **俶載南畝**, 숙재남무 봄이 오면 남녘 이랑에

166 **我藝黍稷**. 아예서직 기장과 피를 심어

167 **稅熟貢新**, 세숙공신 익으면 구실 바치고 햇것은 따로 올리고

168 **勸賞黜陟**. 권상출척 (소출에 따라) 상주고 내친다.

천지가 처음 생긴 때부터 삼황오제를 거쳐 삼대와 진·한 제국까지의 역사를 노래하는 거대서사가 다 끝나고, 다시 두 번째 서사 '선비의 일생'의 후반부다. 각운도 색·직·척 등 입성入聲으로 바뀌었다. 먼저, 아직 한창 나이에 벼슬에 나아가 정사를 돕는 이야기다.

다스릴 치治는 정치政治 말고도 관리하는 행위 일반, 또 병을 다스리는 치료治療·치병治病 등에도 쓴다. 여기서는 군왕의 치국治國이라는 뜻으로 쓰였지만, 가상의 선비처럼 임금을 보좌하는 벼슬아치의 일까지 두루 포괄한다.

밑 본本은 나무 목木자 기둥 밑부분에 짧은 가로획을 더한 글자

모양에서 보듯 나무뿌리를 뜻한다. 같은 뜻의 뿌리 근根(제193구)자
와 합해 근본根本, 또 본래本來·본질本質 등 바탕을 나타내는 말들
에 쓴다. 여기서는 '~에 근본을 두다'라는 타동사로 쓰였다. 근본
의 반대는 '가지와 잎'인 지엽枝葉.

어조사 어於는 간체자에서는 같은 뜻의 전치사 어조사 우于와
통일해 于 하나로 쓴다. 병음도 '위(yu)'로 같다. '~에, ~에서'(소재),
'~로'(방향), '~보다'(비교) 등 다양하게 쓰이는 전치사다. 於가 감탄
의 독립어로 쓰일 때와 일부 이름자에서 '오'로 읽는다(제154구 '백
군진병' 중 번오기).

농사 농農은 농업이다. 치본어농治本於農, 다스림은 농사에 근본
을 둔다. "농사는 천하의 큰 근본(農者, 天下之大本농자 천하지대본)"이라는
말과도 상통한다. 사회적 삶에서 경제가 중요하며 국가라는 커다
란 사회의 유지에는 구성원들의 생계가 가장 근본이 된다는 말.
가상의 선비도 아마 하급관리나 지방 수령이 되어 농사를 감독하
고 세원稅源을 확보하는 임무를 기본으로 맡았을 것이다.

힘쓸 무務는 노력하다, 또 임무任務·의무義務·업무業務처럼 맡은
바 일을 뜻하기도 한다. 여기서는 '~에 힘쓴다'로 동사로 새길 수
도, '힘써'라고 부사로 새길 수도 있겠다.

이 자玆는 가까운 것을 가리키는 관형어나 '이에'라는 부사로 주
로 쓰인다. 요즘은 집안 어른 부고도 SNS를 이용하는 경우가 많
지만, 격식을 갖춰 신문광고로 낼 때 맨 마지막 문구는 상투적으
로 "자이부고玆以訃告(이에 부고 아룁니다)"라 쓴다. 이 글자가 쓰인 가
장 유명한 우리말 문장은 "오등吾等은 자玆에~"로 시작하는 「기미
독립선언서」 아닐까. 검을 현玄(제1구)자 두 개를 겹친 자형대로 검

다는 뜻일 때는 '현'으로 읽기도 한다. 다산 정약용의 둘째 형 약
전(丁若銓, 호 자산玆山)이 흑산도에 유배 가 쓴 어류해설서가 『자산어
보玆山魚譜』인데, 玆山은 곧 흑산黑山이므로 '현산'으로 읽어야 한다
는 견해가 있다.

심을 가稼는 농산물(주로 곡식)을 심는 일, 나아가 농사다. 그냥
일이라는 뜻으로 장비를 가동稼動한다, 노동이라는 뜻으로 집 떠나
타향으로 돈 벌러 가는 행위가 출가出稼다. 출가에는 승려가 되려
고 집을 떠나는 출가出家, 여자가 친정을 떠나 시집으로 가는 출가
出嫁도 있다.

거둘 색穡은 가을걷이(추수, 제6구)인데, 역시 널리 농사를 이르기
도 한다. 담 장墻(제200구)자와 혼동 주의. 가색稼穡은 심고 거두는
일이니 농사일의 시작과 끝이고, 그러니까 농사다.

무자가색務玆稼穡, 농사일에 힘쓰라. 자玆자는 별뜻이 없고, 앞 구
(치본어농)를 이어 '(그러니) 이에'쯤으로 새기면 된다.

비롯할 숙俶은 비로소, 드디어.

해 재載는 한 해(제7구 세歲, 제237구 년年)라는 뜻이니, 천 년에 한
번이라는 천재일우千載一遇의 그 재다. '실을 재'로 읽어, 수레 같은
운반 수단에 물건을 싣는(적재積載) 뜻으로 더 자주 쓴다. 여기서는
심을 재栽의 뜻까지 은근히 끌어들였다.

숙재俶載는 드디어 한 해가 시작된다, 봄이라는 말쯤 된다. 한
해의 시작은 달력(음력)의 1월이고, 그 첫달부터가 봄이다.

이랑 무畝는 '무'와 '묘' 두 개의 독음이 있다. 국립국어원 사전은
'묘'를 면적 단위라 하고, '무'는 '묘畝의 원말'이라고 했다. 밭이랑
일 때는 무, 면적 단위일 때는 묘로 읽기로 하자(그 반대로도 많이들

읽는다). 이랑은 밭, 나아가 경작지의 제유('부분으로 전체를').

숙재남무俶載南畝, '드디어 한 해가 시작하면 남쪽 이랑에', 또는
載를 심을 재栽로 읽어 '봄이 오면 남쪽 이랑에 심기를'. 북반구에
서 봄은 남쪽부터 오니까, '남쪽 이랑에 봄이 오면'으로 새겨도 운
치 있겠다.

나 아我는 단수로 나 한 사람(나 오吾와 같음), 복수로 우리(오등吾等)
다. 현대 중국어에서는 단수형 我(워)도 복수형 我們(我们워먼)도 다
'나, 우리' 두 가지로 쓰인다.

심을 예藝는 '재주 예'로 더 많이 쓰인다. 한문 낱글자는 앞뒤
맥락을 보아 여러 후보 중 적합한 것을 찾아 새겨야 할 때가 많
다. 약자·간체자로는 芸로 쓰는데 이 글자는 본래 '향초이름 운'
이다.

> 재주 예가 재주 기技와 상통하기는 우연인지 필연인지 동서
> 가 다르지 않았다. 예술과 기술이 분화되기 전 상태인 기예技藝
> 를 그리스어로 테크네tekhne, 라틴어로 아르스ars라 했는데, 지
> 금은 테크닉은 '기'술이고 아트는 '예'술(더러 기술)이다.

기장 서黍, 피 직稷은 다 볏과의 곡식들이다. 지금이야 곡식을
대표하는 게 벼(쌀)이지만, 남쪽 지방 원산인 벼농사가 화하 지역
에는 상대적으로 늦게 도입됐기에 더 일찍부터 재배했을 기장과
피, 서직黍稷을 상투적으로 곡식을 대표하는 말로 써 왔다. 기장은
달리 거서秬黍라고도 쓴다.

아예서직我藝黍稷, 나는 기장과 피를 심으리. 『시경·소아』「초

자楚茨」에 나오는 구절이다.

> 직稷은 곡식을 주관하는 신의 이름이기도 해서, 토지신인 사
> 社와 곡식신인 직을 함께 제사하는 곳이 사직社稷이다. 하늘 제
> 사는 중국 천자만이 지낼 수 있으므로, 제후국의 으뜸 제사는
> 왕조 조상의 사당인 종묘宗廟(태묘太廟)와 토지 · 곡식신 사당인
> 사직이다. 그래서 '종묘사직', 또는 그냥 '사직'이 왕조 자체를
> 가리키기도 한다. 하지만 왕조가 바뀌면 앞 왕조의 종묘는 철
> 폐되고 새 왕조의 종묘가 들어서지만, 통치자(왕)나 상머슴(대
> 통령)이 바뀔 뿐 '사직'은 백성(국민)과 더불어 매한가지 아닌가?

봄이 오면 농사를 시작하는 건 농가의 일상이지만, 「천자문」
전체 맥락에서 읽으면 위정자나 지방관이 몸소 '남무에 아예서직'
하는 것은 나라살림의 근본인 농사를 솔선수범으로 장려하는 것
이 된다. 우리나라도 이른 봄에 임금이 몸소 쟁기 지운 소를 부려
밭을 가는 선농先農, 왕비가 몸소 양잠을 시연하는 선잠先蠶 전통이
있었다. 선농이 끝나면 쟁기 끈 소를 그 자리에서 잡아 탕을 끓여
백성에게 나눠주었는데, 이 '선농탕'이 설렁탕의 어원이라는 속설
(folk etymology)이 있다.

벼슬살이 이야기를 농사로 시작한 것은 가상의 선비가 장차 벼
슬에서 물러나 귀농 · 귀촌해 은일하는 삶을 복선처럼 예고하는
것이기도 하다.

봄에 농사를 시작했으면 가을에 소출이 있으렷다. 위로는 하늘
과 조상과 나라에 바치고, 아래로 관리의 녹봉과 신민의 상으로

쓰지만, 이듬해를 위해 갈무리도 해야겠다(제6구 '추수동장' 참조).

구실 세稅는 세금(돈) 또는 그에 상당하는 물건이다. 넓은 의미
로 세를 다시 토지에 부과하여 곡식으로 받는 조租, 사람에 부과하
여 노동력으로 대는 용庸, 가호 단위로 부과하여 특산물로 받는
조調로 세분하기도 한다. 여기서는 곡식을 구실로 바친다는 타동
사로 보자.

익을 숙熟은 식물이 먹기 알맞게 여무는(성숙熟成, 숙성熟成) 것이
다. 사람은 성숙을 지나 원숙圓熟 · 노숙老熟해진다. 손에 익어 '익
숙'한 것은 순우리말이고, 한자어로는 숙련熟鍊쯤 된다. 충분히 생
각하는 건 숙고熟考, 충분히 논의하는 건 숙의熟議. 으뜸 요리사, 곧
셰프(chef)는 손이 익은 숙수熟手다. 미숙未熟은 설익은 것이고, 아
예 날것은 생生.

앞에서 기장과 피를 심었으니, 세숙稅熟, 익은 것을 구실로 바친다.

바칠 공貢은 공물貢物로 헌상하는 것이다. 새 신新은 새것이니,
공신貢新은 햇곡식을 바치는 것.

세숙공신稅熟貢新, 곡식이 익으면 수확해 구실로 내되, 햇것 중에
서 따로 가려 하늘과 조상께 올린다.

통치의 근본인 경제활동, 특히 농사를 장려하는 일은 벼슬길에
나아가 제왕을 보좌하는 관리의 가장 중요한 업무다. 벼슬아치는
그 대가(녹봉)로 국가나 관청으로부터 직접 현물급여를 받거나, 국
가가 허락한 식읍食邑의 조세租稅를 수취할 권리를 받기도 한다(제
129구 '세록치부' 참조). 현물이든 조세든 곡식 위주였던 때 만들어져
서인지 심을 가와 거둘 색, 구실 조租와 구실 세자 모두 동아시아
의 대표적 농작물인 벼 화禾자를 부수로 했다.

생산활동에 종사해 거둔 부의 일부(일정량 또는 비율)를 나라나 관리에게 바쳐야 한다는 것을 생산활동 종사자는 어떻게 받아들일까? 왕조국가에서는 천하의 주인은 제왕이라는 것을 피통치자가 수긍하도록 만드는 이데올로기를 끊임없이 주입해야 했다. 그러나 그것도 생산활동 계층이 조세를 다 부담하고도 먹고살 게 남았을 때 얘기지, 생산량이 그 이하로 떨어지면 국가는 통제력을 상실할 수밖에 없었다. 다음 구는 통제를 유지하기 위한 '당근과 채찍'이다.

권할 권勸은 권면勸勉, 권장勸獎하는 것이다. 부지런할 근勤자와 혼동 주의.

상줄 상賞은 잘한 일에 돈이나 물품을 주는 것이고, 상금이나 상품 없이 공개적으로 칭찬만 하는 것은 표창表彰이다. 상에는 맛본다는 뜻도 있는데, 경치나 예술을 찬찬히 살피며 좋은 걸 알아보는 걸 흔히 음식 맛에 비겨 음미吟味·감상鑑賞·완상玩賞한다고 하는 건 동서가 다르지 않다. 유럽어로도 맛본다(to taste), 취미(taste)라고 한다.

권상勸賞은 잘한 일을 권면(표창)하고 상준다는 것이니, 앞 구에서 세숙공신 받은 것으로 관리와 백성 중 잘한 사람을 기리고 보답한다는 말이다. 상만 말했지만 게으르거나 일을 망친 사람을 벌罰하는 것도 당연히 포함된다.

내칠 출黜은 모둠에서 내쫓는(축출逐出) 것. 죄인을 내쫓을 때 얼굴에 먹으로 중죄인임을 문신(자자刺字)한 데서 검을 흑黑변이 됐다. 종교단체에서 이단이나 중대하게 교리를 어긴 자를 내모는 것이 출교黜教이고, 학교의 출교黜校는 각별히 커다란 잘못이 있을 때 퇴학을 넘어 아예 학교에 돌아올 길을 막는 것이다.

오를 척陟은 높은 곳에 오른다, 나아간다(진척進陟)는 뜻인데 여기
서는 잘한 사람의 지위를 높여 준다, 즉 진급시킨다는 말이겠다.

출척黜陟은 죄짓거나 못한 사람이 관리이면 자리에서 내쫓고
(출), 잘한 사람을 승진시키거나 새로 등용하는 것(척). 내쫓는다는
출척黜斥과 혼동 주의.

권상출척勸賞黜陟, 상줄 사람 상주고 벌할 사람 벌하는 것이니,
공과功過에 따라 반드시(신信, 필必) 상주고 벌한다는 신상필벌信賞必罰
과 상통한다.

제169~172구

169 **孟軻敦素**, 맹가돈소　맹자는 바탕을 강조했고
170 **史魚秉直**. 사어병직　사어는 올곧음을 지켰다.
171 **庶幾中庸**, 서기중용　중용을 지키려거든
172 **勞謙謹勅**. 노겸근칙　애쓰고 낮추고 삼가고 경계할지라.

권농勸農은 그렇고, 관리로 관청에 앉아서 일을 처리하고 사람을
대하는 태도는 어떠해야 할까? 돈독, 곧음, 중용, 근로 등을 꼽는
다. 관리만 그러해야 하는 건 당연히 아니지만, '선비의 일생'이라
는 서사의 일부로 읽어서 그렇다.

맏 맹孟은 자식이나 새끼 중 맏이다. 음력으로 1~3월이 봄, 4~6
월이 여름, 7~9월이 가을, 10~12월이 겨울인데, 각 철의 첫달을
맹춘孟春(1월), 맹하孟夏(4월), 맹추孟秋(7월), 맹동孟冬(10월)이라 부른다.

맹가孟軻는 전국시대 사상가 맹자孟子다. 가軻자의 원뜻은 수레,

또는 양편 수레바퀴 둘을 연결하는 굴대. 지금은 유럽어로도 공자, 맹자를 병음 그대로 Kongzi(쿵쯔), Mengzi(멍쯔)로 쓰지만 20세기 후반까지만 해도 라틴어스럽게 Confucius(孔夫子공부자), Mencius라고 썼더랬다.

도타울 돈敦은 돈독敦篤하다, 타동사로 돈독하게 한다는 뜻. 『예기』이래로 군자의 덕으로 강조한 것이 온유돈후溫柔敦厚, 너그럽고 후덕한 것이다. 조선 한양 도성의 사대문은 인·의·예·지로 이름을 붙였는데, 그중 서대문이 '의를 도타이' 하는 돈의문敦義門이다. 도성 말고 궁궐 정문 이름엔 될 화化자를 많이 쓰는데, 창덕궁 정문이 '교화를 도타이' 하는 돈화문敦化門이다.

> 한양 사대문은 동쪽 '일으킬 홍' 홍인문興仁門, 서쪽 돈의문, 남쪽 '받들 숭' 숭례문崇禮門, 북쪽 '넓힐 홍' 홍지문弘智門이다. 한양 지세가 좌청룡(동쪽)이 취약해서 동대문에 글자를 하나 더 넣어 흥인지문興仁之門이라 편액했다. '오상' 인의예지신에서 믿을 신信자 하나가 남은 건 중앙 보신각普信閣에 썼다.

흴 소素는 물들이지 않은 비단의 색이니까 순백보다는 누리끼리한 데 가깝다. 하얀 옷이 소복素服, 꾸밈없이 수수한 게 소박素朴이다. 물들이지 않았다는 데서 평소平素·소질素質·요소要素 등 본바탕을 가리키는 말에 많이 쓴다. 원소元素가 되는 수, 곧 1과 자신 외에 인수가 없는 수인 소수素數에도 쓴다. 과거엔 '솟수'라 쓰기도 했으나 지금은 1보다 작은 수인 소수小數와 구분 없이 쓴다. 돈소敦素는 심성의 선한 바탕을 돈독히 하라는 말.

바탕은 질質로도 쓰고, 여기에 꾸밈을 가한 것이 문文이다. 군자가 군자다우려면 문과 질 어느 하나만 갖춰서는 안 되고 문과 질이 함께 빛나야(문질빈빈文質彬彬) 한다고 공자는 가르쳤다. 그럼에도 굳이 선후를 따지자면 유가는 문보다 질을 더 강조하는 편이다. 「천자문」은… 질보다 문이고(문승질文勝質).

공자의 제자 자하가 『시경』의 시 중 "살짜기 웃음 어여뻐라, 예쁜 눈자위 또렷도 하지, 민낯이라 눈부시네(巧笑倩兮, 美目盼兮, 素以爲絢兮교소천혜 미목반혜 소이위현혜)"(『시경』에 이것과 똑같은 시는 없고, 「위풍衛風 · 석인碩人」 시에 비슷한 구절이 있다)라는 시의 뜻을 묻자 공자는 "회사후소繪事後素"라고 대답했다. "채색(繪회, 즉 그림)은 바탕을 희게(素소) 한 후에"라는 뜻이다. 자하가 다시 "예禮가 나중이라는 말씀이십니까?" 하고 되물으니 공자는 "나를 일깨우는 건 상商(자하의 이름)이로다! 더불어 시를 논할 만하다" 하고 칭찬했다(『논어 · 팔일』). 여기서 소는 마음의 본바탕이고 회는 행동거지, 즉 예를 비유한 것이다. 그런데 주로 미술사를 전공한 사람들이 진 · 한 이전의 벽화에 마감으로 회를 덧바른 흔적이 있음을 들어 회사후소를 "그림 그린 후에는 회칠로 마감한다"로 새기려는 경향이 있는데, '꾸밈보다 바탕'을 강조하는 『논어』의 저 맥락과 맞지 않는다.

맹가돈소孟軻敦素, 맹자는 바탕을 돈독히 할 것을 강조했다. 딱히 맹자만 아니라, 공자 이래의 유가가 온유돈후와 회사후소를 강조했다는 큰 맥락까지 취하자. 이처럼 사람이 타고난 선한 바탕이 물듦을 개탄한 말이 제50구 '묵비사염'이었다.

역사 사史는 본래 역사 기록 담당 관리인 사관史官, 더 넓게는 관리 일반을 가리키는 말이었다. 여자를 높여 부르는 여사女史도 원래 궁중 여관女官의 딴말이다.

지나간 일의 기록인 역사는 한편으로는 일어난 사건(사실史實)이기도 하고, 아무튼 글로 적어야 역사가 되므로 사건의 기록(이야기)이기도 하다. 글이 없어 역사를 기록하기 전 시대가 선사先史시대다.

역사를 뜻하는 유럽어에는 두 가지 기원이 있다. 하나는 지중해 문명에서 '이야기'라는 뜻의 스토리아(storia)·히스토리아(historia)로, 남유럽어 storia, 프랑스어 histoire, 영어 story/history가 여기서 왔다. 유럽어 사전들에서 storia/histoire는 '1. 이야기, 2. 역사'인데, 영어는 이야기(story)와 역사(history)가 아예 분리됐다.

다른 하나는 '(사건이) 일어나다'라는 뜻의 독일어 geschehen으로, 독일어 Geschichte가 여기서 왔다. 독일어 사전도 이 낱말을 '1. 역사, 2. 이야기'로 푼다.

한자어 역사歷史는 '일어날 력, 사관 사'이니 우연히도 Geschichte(력)와 storia(사)를 합한 꼴이다.

아도르노『신음악의 철학』의 1980년대 국역본에 스트라빈스키 오페라 〈역사 너는 군인〉이 나온다. 원작 제목이 'Histoire du Soldat'인데, 독일어 사전에서 따박따박 찾으면 'History you soldier'가 된다. 그런데 아뿔싸, 원작 제목은 프랑스어였다. 〈병사의 이야기(Story of the soldier)〉다.

고기 어魚는 물고기의 모양을 본뜬 상형자다. 사어史魚는 공자의
역사책 『춘추』에 나오는 위衛나라 관리로 자어子魚·사추史鰌·축
타祝鮀로도 나온다. 주군(위 영공衛靈公)에게 직언을 하다가 소용이
없자 유언으로 쓰고 죽었는데('시체가 되어 간한다'고 해서 시간尸諫이라
한다), 주군이 이를 알고서 그제야 사어의 간언을 따랐다고 한다.
이 일을 두고 공자가 "강직하구나, 사어는! 나라에 도가 있어도
꼿꼿하게, 나라에 도가 없어도 꼿꼿하게 처신했으니!"라고 찬탄했
다(이상 『논어·위령공』).

잡을 병秉은 잡는다, 특히 손으로 쥔다는 뜻. 대권을 손아귀에
넣는 것을 병권秉權이라 한다(독음이 같은 '병권兵權'과 구별).

곧을 직直은 사물이 곧바름, 나아가 앞의 사어처럼 사람 언행이
곧고 바름이다. 관청이나 창고를 지킨다(수직守直)는 뜻도 있어, 청
'지기'·묘'지기' 같은 말도 아마 여기서 나왔을 법하다. 사무실이
나 관청을 밤에 자면서 지키는 건 숙직宿直.

사어병직史魚秉直, 사어는 곧음을 견지했다. 공자는 사어를 곧다
고 찬탄하고는 바로 다음에 거백옥蘧伯玉이라는 역시 위나라 대부
를 "나라에 도가 있으면 나아가 벼슬하고, 나라에 도가 없으면 뜻
을 거두고 속으로 품는다"며 군자라고 칭송했다. 죽은 사어의 곧
음과 산 거백옥의 군자다움, 공자의 속마음은 둘 중 어디로 향했
을까?

앞 구의 맹자는 공자 손자 자사子思의 제자이고 여기 사어는 공
자가 칭송한 옛사람이니, 제169~170구 두 구는 결국 관리나 선비
가 지녀야 할 유가적 덕목을 얘기한 것이다.

서기庶幾는 '아마도'(추측), '바라건대'(희망)의 뜻.

여러 서庶는 보통 사람들인 서민庶民, 또 정실 자식(적출嫡出, 제217
구)이 아닌 서출庶出 등에 쓴다.

　단군의 아버지 환웅桓雄은 천제 환인桓因(제137구 '환공광합' 참
조)의 '서자庶子'라고 나온다. 그런데 지금 우리가 보는 단군 신화
는 고려 때의 기록이고, 고려시대엔 적서嫡庶 구별이 엄격하지
않았고 심지어 '서자'는 첩의 자식이 아니라 맏아들 아닌 나머지
뭇아들(중자衆子)을 가리켰다는 해석이 있다. 이 설에 따르면 환
웅은 환인의 첩자식이 아니라 그냥 장자 아닌 여러 아들 중 하
나다.

　그래도 그렇지, 건국신화를 지으면서 하필 장자로 안 했을
꼬? 어느 민족 신화는 심지어 외아들을 내려보내기도 하는데
(기독교) 말이다. 그건 아마, 천지가 유별한데 환인의 장자는 장
차 아버지를 계승해야 할 몸이니 땅에 내려보낼 건 뭇아들 중
하나여야 했기 때문 아닐까?

　몇 기幾는 하나보다 많고 다섯보다 적은, 두서너 개다. 「기미독
립선언서」에서 국권의 상실로 인한 고통과 손실을 나열하면서,

　我(아) 生存權(생존권)의 剝喪(박상)됨이 무릇 幾何(기하)ㅣ며, 心
靈上(심령상) 發展(발전)의 障礙(장애)됨이 무릇 幾何ㅣ며, 民族的
(민족적) 尊榮(존영)의 毀損(훼손)됨이 무릇 幾何ㅣ며, 新銳(신예)와
獨創(독창)으로써 世界文化(세계 문화)의 大潮流(대조류)에 寄與補裨
(기여 보비)할 機緣(기연)을 遺失(유실)함이 무릇 幾何ㅣ뇨.

이렇게 네 번 "무릇 기해뇨"라고 한탄하는 대목이 있다. '모두 몇 번인가?'라는 뜻이다.

한편 양주동 수필 「몇 어찌」에 보면, 신新학교에 들어가 기하幾何라는 과목을 배우는데, '몇 기, 어찌 하, 몇 어찌'라니 이건 무슨 말인가 하고 독서백편의자현讀書百遍義自見(글을 백 번 읽으면 뜻이 저절로 나타난다)의 심정으로 백 번을 들여다봐도 모르겠더라는 일화가 나온다. 기하는 병음으로 지허(jihe), 곧 geography의 'geo'를 음차한 말이었다. 그래서 도형을 연구하는 학문이 기하학幾何學이 됐다. 우리가 쓰는 근대 학문 용어 중 드물게 일본이 아니라 중국에서 번역한 말이다.

가운데 중中은 공간적이나 시간적으로 한가운데나 속(안)이다. 들어맞는다는 뜻도 있다. 화살이 과녁(적的)에 맞는 게 적중的中.

떳떳할 용庸에는 떳떳하다, 보통 · 평범(용렬庸劣)의 뜻 외에, 사람을 부려 쓰는(고용雇用) 일 또는 그 품삯의 뜻도 있다. 삯을 받고 일하는 건 품팔 용傭.

중용中庸은 치우치지 않고 떳떳한 것이다. 앞 구의 맹자 · 사어의 연장으로, 유가의 주요 덕목 중 하나이자 경전(사서)의 한 제목이기도 한 그 중용이다.

서기중용庶幾中庸, 바라건대 중용을 지키라, 또는 다음 구와 이어지도록 '중용을 지키고자 하거든'.

힘쓸 로勞는 힘쓰는 것, 노동.
겸손할 겸謙은 자기를 낮추는 겸손謙遜, 겸양謙讓이다.
삼갈 근謹은 겉으로 함부로 굴지 않고, 속으로 자신을 살피는

것. 뉘우치고 삼가는 게 근신謹愼, '삼가 드립니다'는 근정謹呈, '삼가
아룁니다'는 근계謹啓다.

조서 칙勅은 본래 왕보다 높은 천자의 명령인 칙령勅令. 그 칙령
이 담긴 문서를 전달하는 사신이 칙사勅使다. 손님을 융숭하게 대
접하는 것을 칙사 대접하듯 한다고 한다. 왜 황제가 아니고 고작
칙사인가? 교통이 지금 같지 않은 예전에, 중앙 관리가 아니고서
야 천자를 직접 뵐 일이 없었을 테니까. 본문에서는 삼간다, 경계
한다는 뜻으로 쓰였다.

노겸근칙勞謙謹勅, 부지런하고 겸손하고 삼가고 경계하라는 말. 위
로 임금, 더 위로 하늘을 향해서, 아래로 국본國本인 백성을 향해서.

중용을 지키고 힘쓰고 삼가는 것은 선비의 개인적 덕목이기도
하고, 벼슬에 나아간 관리의 바람직한 마음가짐이기도 하다. 중용
과 노겸근칙 모두 앞의 '맹자의 돈소, 사어의 곧음'의 연장선에 있
는 유가적 덕목들이다.

제173~174구

173 **聆音察理**, 영음찰리　소리를 들어 이치를 알아듣고
174 **鑑貌辨色**. 감모변색　모습을 살펴 본색을 알아본다.

관청 안팎 사람을 대하고 일을 처리하는 바람직한 자세가 2구
짜리 단장들로 이어진다. 이 책이 「천자문」 전체를 두길 서사로
꿰려니 그렇다는 것이지, 당연히 단장 하나하나가 개인의 수양과
처신의 교훈도 될 수 있다.

소리를 나타내는 말에는 여러 층위가 있다. 흔히 소리 성聲(제55
구)은 정제되지 않은 음향, 소리 음音은 /p b t d/, /a e i/ 등 음운
적 질서나 C D E, 도레미 등 음악적 질서를 갖춘 소리다. 특히
음악에서는 음에 노래와 춤까지 더해 완성된 상태를 악樂이라 하
여 '성 → 음 → 악' 순으로 위계를 부여하기도 한다. 단, 이 구별이
절대적인 것은 아니다. 예를 들어 '궁상각치우宮商角徵羽'를 오음五音
이라고도 하고 오성五聲이라고도 하는 식이다. 여기 音은 사물의
정보를 담은 소리 일체다.

들을 령聆은 한갓 물리적인 소리를 감각하는 것을 넘어서 알아
듣는다, 깨닫는다는 뜻까지 있다. 영음聆音은 그러니까 소리를 알
아듣는 것이다.

영음과 비슷한 말로 지음知音이 있는데, 지음은 바깥 사물보
다는 '속마음을 알아주는 벗'이라는 뜻으로 많이 쓰인다. 경위
는 이렇다. 『열자列子 · 탕문湯問』편에 나오는 애기다.

"백아伯牙는 금琴을 잘 탔고, 종자기鍾子期는 잘 들었다. 백아가
금을 타면서 높은 산에 뜻을 두자 종자기가 말했다. '훌륭하구
나! 드높아라! 태산 같아.' (백아가 연주하며) 흐르는 물에 뜻을
두자 종자기가 말했다. '훌륭하구나! 드넓어라! 장강과 황하 같
아.' 백아가 생각하는 바를 종자기는 어김없이 알아들었다."

거의 같은 애기가 『여씨춘추呂氏春秋 · 효행람孝行覽』에도 나온다.

소리를 알아듣는(지음) 종자기가 죽자 백아는 "타 봐야 들어
줄 사람이 없다"며 금을 부수고 줄을 끊고서는 평생 다시 연주
하지 않았다(이 대목은 『여씨춘추』에만 나온다). 이 고사를 '백아
절현伯牙絶絃(백아가 악기 줄을 끊다)'이라 하며, 이로부터 마음을

알아주는 벗을 지음이라 하게 됐다.

천 년 뒤, 당나라에 유학간 최치원은 어느 가을 밤 빗소리를
들으며 지음 없음을 한탄하고 고향 신라를 그리워한다.

秋風唯苦吟, 世路少知音. 추풍유고음 세로소지음

窓外三更雨, 燈前萬里心. 창외삼경우 등전만리심

가을바람에 쓸쓸히 읊나니

세상길에 알아주는 이 없어라

창밖은 한밤, 비 오는데

등잔 앞 이 마음 만 리를 가네.

—「추야우중秋夜雨中」

살필 찰察은 관찰觀察 · 성찰省察 · 통찰洞察하는 것. 꼬치꼬치 따지
는 것도 살피는 것이어서, "물이 너무 맑으면 고기가 없고, 사람이
너무 살피면 무리가 없다(水至淸則無魚, 人至察則無徒수지청즉무어 인지찰즉무도)"
고도 한다.

다스릴 리理는 관리하는 것. 체언으로는 일이 작동하는 원리 ·
이치라는 뜻. 더 고도의 형이상학에서는 만물의 근원인 기氣보다
더 근원적인 리를 가리킨다. 무늬라는 뜻도 있어 하늘의 무늬가
천문天文, 땅의 무늬 지문地文이 곧 지리地理다(제21구 '시제문자' 참조).
한자 한 음절이 여기 쓰일 때와 저기 쓰일 때 뜻이나 가리키는
범위가 다른 것이 고전을 공부할 때 가장 큰 매력이면서 어려움
중 하나고, 동시에 빠지기 쉬운 덫이다.

영음찰리聆音察理, 소리를 들어 이치를 파악하라. 이치는 눈에 보
이지 않으므로 소리 같은 다른 방편을 통해 간접적으로 파악해야

한다. 자연의 소리를 듣고 천재지변의 징후를 파악한다는 게 그
보기다.

듣는다는 뜻의 글자로는 령聆 말고도 물리적인 소리를 듣는
청聽(제56구 '허당습청'), 내용을 파악하며 듣는 문聞(제27구 '좌조문
도')이 있다. 어느 글자든 맥락에 따라 '(물리적, 생리적으로) 듣
기'와 '(내용이나 이치를) 알아듣기'로 구별해 새겨야 한다.

거울 감鑑은 부수에 쇠 금金변이 있는 데서 보듯, 고대에 금속(주
로 청동) 면을 반반하게 갈아 만든 거울이다. 그로부터 자기를 돌
아보고 남을 귀감龜鑑 삼아 배운다는 뜻이 나왔다(제131구 '책공무실'
의 '감계' 참조). 그런데 예술이나 골동 따위를 감상鑑賞 · 감식鑑識 ·
감정鑑定한다고 하듯, 오래된 청동거울이나 청동솥 따위 골동의 가
치를 알아보고 판정하는 일에도 이 자를 쓴다.

얼굴 모貌는 모양, 모습이다. 중세 우리말에서 '얼굴(얼골)'은 낯
(face)이 아니라 사람의 몸 전체를 가리키는 말이었다. 그래서 "신
체발부, 수지부모身體髮膚, 受之父母"(제38구 '사대오상' 참조)의 '신체'를 선
조宣祖판 『소학언해小學諺解』에서는 "몸이며 얼굴이며…"라고 새겼
다. 감모鑑貌는 사람의 외모外貌뿐만 아니라 두루 사물의 외관을 살
피는 것.

기독교 신약성서 「고린도전서」 13장에 "우리가 지금은 거울
로 보는 것 같이 희미하나 그때에는 얼굴과 얼굴을 대하여 볼
것이요."(12절)라는 구절이 있다. '반반한 거울에 비추는데 왜 희
미하다는 거지?' 하고 의아하면, 국사책에서 바울의 저 편지보

다 조금 앞선 시기 고조선의 구리로 만든 잔무늬거울(다뉴세문
경)을 떠올리면 된다. '아하! 2천 년 전이지!' 그러고 보면 유리
거울이 보급되기 전인 수백 년 전엔 화가들이 자화상 그리는
것도 보통 일이 아니었겠다.

분별할 변辨은 참거짓과 옳고 그름을 분별하는 것이다. 간체자
로는 말잘할 변辯과 같이 弁이다(弁은 본래 고깔 변, 제116구 참조).
　빛 색色은 색깔(color)인데 여기서는 보이는 자질이 아니라 감춰
진, 즉 직접 보이지 않는 본색本色, 본질이다. 변색辨色은 그러니까
첫눈에 보이지 않는 사물의 본색을 꿰뚫어 보는 일이다.

　　색色이 보이지 않는 본색을 가리킨 본문에서와 달리 일상에
서는 시각적, 더 넓게는 감각적인 정보 일체를 가리키는 일이
더 많다. 불교에서는 시각뿐 아니라 온갖 감각 가능한 것이 다
색이다. 이러한 색은 본색과 정반대, 허상이다. 그래서 『반야바
라밀다심경(반야심경)』은 "색즉시공, 공즉시색色卽是空, 空卽是色",
보고 듣는 것(색)이 다 텅빔(공)이고, 텅빔에서 보고 듣는 것이
나온다고 했다.
　　색은 또 특히 여성의 외모를 가리키는 말로, 남성이 여성의
외모에 탐닉하는 것을 색 또는 여색女色을 밝힌다고 하고, 이로
부터 색을 으레 섹스와 결부하게 됐다.

감모변색鑑貌辨色, 겉모습을 보고 본색이나 실상을 파악한다. 역
시 하늘빛 따위를 보고 천재지변을 미리 알아채거나, 죽은이의 몸
을 보고 사인을 추정하는 것, 나아가 사람의 외모를 보고 어진 사

람인지 흉악하거나 간교한 사람인지를 파악하는 것 등에 두루 걸친다. '영음찰리'와 '감모변색'이 한 글자씩 일일이 공대工對한 것도 음미하자.

이상 두 구는 관리 일을 잘하려면 무심코 지나칠 수도 있는 소리나 광경에서 심상찮은 낌새를 감지할 줄 알아야 하고, 그러려면 디테일을 무심코 지나치지 말아야 한다는 훈계다. 천문과 지리만 꿰뚫어본다고 일이 되는 게 아니고, 사람과 함께하는 타이밍인 인시人時도 맞아떨어져야 한다. 그러려면 역시 사람과도 대화를 나눠보며 영음찰리, 감모변색할 일이다. 초점은 타고난 통찰력보다는 허상에 혹하지 않으려는 마음가짐에 있을 것이다.

「천자문」의 많은 구절들이 그렇듯, 제173~174구 같은 구절들은 1구나 2구 단위씩 떼어 놓아도 그 자체로 의미를 가진다. 하지만 '가상의 선비의 입신, 출사, 한거'라는 큰 맥락에서 보아야 이 두 구가 왜 하필 이 자리에 놓이는지가 더 잘 드러난다. 맥락에서 떼놓고 보아도 뜻을 이룬다는 게 매력일 수도 있는 이면에, 수많은 「천자문」 해설들이 큰 맥락에 눈감고 자구에만 주목함으로써 '읽는 재미'를 덜하게 하는 것도 사실이다. 차고 넘치는 「천자문」 풀이의 숲에 새삼 묘목 하나 더 심는 이유다.

⌐ 제175~176구 ⌐

175 **貽厥嘉猷**, 이궐가유 좋은 아이디어는 물려주어
176 **勉其祗植**. 면기지식 잘 뿌리 내리도록 힘쓴다.

목민관이든 중앙 관리든, 공직은 거쳐가는 자리다. 사람은 바뀌어도 업무는 연속성을 갖고 이왕이면 진화까지 할 수 있도록, 거쳐가는 사람이 할 일을 이야기한다. 역시 '선비의 출사'라는 맥락에서 뜻이 더 구체적으로 살아난다.

끼칠 이貽는 주다, 남겨주다. 그 궐厥은 사람이나 물건을 가리키는 3인칭 대명사나 관형사다. 20세기 초 '그(녀)'라는 대명사가 확립되기 전 과도기에 '궐, 궐녀'라고도 썼다.

아름다울 가嘉는 훌륭하다는 뜻인데 혼인과 관련해 많이 쓴다. 가례嘉禮는 임금이나 왕족의 혼례로, 조선시대 오례五禮인 길吉(제사)·흉凶(장례)·군軍·가·빈賓(접객)례 중 하나다. 장례가 흉한 건 알겠는데 제사는 길하다? 뒤의 제242구(영수길소) 참조.

꾀 유猷는 계책이니, 가유嘉猷는 좋은 아이디어다.

이궐가유貽厥嘉猷, (너의) 그 아이디어를 주라는 말인데, 누구에게? 이 구절의 출전인 『상서·군진君陳』을 먼저 보자.

爾有嘉謀嘉猷, 則入告爾后于內, 爾乃順之于外, 曰, "斯謀斯猷, 惟我后 之德." 이유가모가유 즉입고이후우내 이내순지우외 왈 사모사유 유아후지덕

네가 좋은 꾀와 좋은 계책이 있거든 들어가 안에 계신 네 임금께 고하고, 이어 이를 바깥에 선포하며 말하기를 "이 꾀, 이 계책은 우리 임금의 덕이다"라고 말하라.

좋은 아이디어를 창안했다 하여 제 것이라 자랑 말고 임금의 덕으로 돌리라는 얘기다. 여기 맞춰 보면 아이디어를 바칠 상대는 임금이다. 그러나 다음 구절까지 보면, 주는 상대가 위가 아니라 아래인 게 자연스럽다. 관리 된 도리를 말하는 중이니 아랫사람은

집안 후손보다 관청 후임·후배라야 더 어울리겠다. 좋은 아이디어가 있으면 혼자 품고 있지 말고 후임·후배들에 물려주라.

힘쓸 면勉은 노력, 근면勤勉인데 여기서는 '힘써, ~에 힘쓴다'로 쓰였다.

힘쓸 면에 강할 강强 '면강勉强'이 한국어에서는 '억지로 시킴', 중국어(몐챵)로는 '간신히, 마지못해', 일본어(벤쿄)에서는 배우고 익히는 '공부'로 뜻이 다르다! 내친 김에, 공부의 한자 '공부 工夫'도 우리말에서는 배우고 익히는 일이지만 중국어(궁푸)에서는 '여가, 일꾼(인부)', 일본어(구후)에서는 '궁리, 인부, 공부'로 뜻이 제각각이다. 공부를 '功夫'로도 쓰는데, 이때는 공부 외에 무술 쿵푸를 이르기도 한다. 아무렴, 무릇 고수가 되려면 땀을 흘려야 하는 법이니.

그 기其는 앞의 그 궐과 비슷한데, 궐과 달리 관형사로만 쓰이고 대명사로는 여간해서 쓰지 않는다. 삼인칭 '그는'을 예스럽게 '궐은'이라고 할 수 있어도 '기는'이라고 쓰면 어색하다. 하지만 여기서는 드물게 대명사 '그것'으로 새긴다.

공경할 지祗는 정성을 들이는 것. 심을 식植은 식물植物의 그 식이니, 면기지식勉其祗植은 앞 구에서 후임에게 물려준 그것(좋은 아이디어)이 잘 뿌리 내리도록 함께 힘쓰라는 말이다.

제177~182구

177 **省躬譏誡**, 성궁기계　이몸 책잡힐 일은 없나 돌아보라

178 **寵增抗極**. 총증항극　고임받을수록 시샘도 높아지느니.

179 **殆辱近恥**, 태욕근치　치욕스러울 일이 다가오면

180 **林皐幸卽**. 임고행즉　즉시 초야로 물러날 일.

181 **兩疏見機**, 양소견기　두 소씨는 낌새를 알아채고

182 **解組誰逼**. 해조수핍　도장끈을 풀었으니 누가 핍박하리오.

　살필 성省은 돌아본다(반성反省), 성찰省察한다는 말. 덜다, 성기다,
생략省略하다라는 뜻일 때는 '생'으로 읽는다.

　몸 궁躬은 나 자신, 몸소라는 뜻. 실천을 궁행躬行이라고도 한다.
절하려고 몸을 구부린다는 뜻도 있다. 조정이나 종묘 의례 때 절
하기 위한 준비로 무릎을 꿇고 앉아 두 손을 앞으로 내민 자세가
국궁鞠躬이고, 두 손을 바닥에 대고 고개를 손등에 닿도록 숙여 절
하는 것이 배拜, 다시 고개를 들어 국궁 자세로 돌아가는 게 흥興,
절을 다 하고 일어서는 것이 평신平身이다. 예를 들어 절을 두 번
하는 '국궁재배鞠躬再拜'라면 옆에서 집사가 "국궁! 배! 흥! 배! 흥!
평신!" 하고 차례로 구령을 붙여 준다.

　성궁省躬은 혹시라도 허물이 없나 자신을 돌아보는 것. 『논어』
에서 공자의 제자 증자曾子는 남에게 충실하지 못하지는 않았나,
벗에게 신의를 어기지는 않았나, 공부를 게을리하지는 않았나 하
루 세 번 자신을 돌아본다고 했는데(「학이」), 이를 일일삼성一日三省
또는 삼성오신三省吾身이라 한다. 여기 오신吾身, '내 몸'이 바로 궁躬
이다.

나무랄 기譏는 현재나 지난 일을 나무라거나 조롱하는 것. 경계
할 계誡는 장차 잘못하지 말라고 타이르는 것인데 경계할 계戒와도
통한다. 유대인의 하느님이 모세를 통해 내린 열 가지 경계가 십
계명十誡命이다.

성궁기계省躬譏誡, 스스로를 돌아보고 나무라고 경계하라. 반성
과 경계의 주체이자 객체는 바로 나 자신이고, 내용은 관리로서
나라의 일을 맡아 똑바로 하고 있나 하는 것이다.

괼 총寵의 '괴다'는 '사랑하다'의 옛말인데, '총'자는 총애寵愛 · 은
총恩寵 등 내리사랑에 쓴다.

더할 증增은 보태는 것이니, 총증寵增은 일을 잘해서 상관이나
주군의 사랑이 더욱 많아지는 것이다. 직급이나 봉급이 올라가는
것도 그 표시일 수 있겠다.

막을 항抗은 반작용, 저항抵抗이다. 여기서는 일 잘해서 인정받는
나에 대한 주변의 시샘이다. 다할 극極은 지극한 상태, 또는 그 극
점이니, 항극抗極은 주변의 저항이나 시샘이 극에 달한다는 말.

총증항극寵增抗極, 주군의 사랑을 많이 받아 주변의 시샘이 극에
달한다.

위태할 태殆는 여기서는 '아마도, 거의'의 뜻. 두 자 아래 가까울
근近도 마찬가지다.

욕될 욕辱과 부끄러울 치恥는 치욕恥辱을 당하거나 욕보는 것. 남
에게 치욕을 주는 말(주로 상소리)이 욕설辱說, 줄여서 그냥 욕이고,
남에게 보이기 싫은 부끄러운 단점이 치부恥部인데 아예 음부陰部
를 가리키기도 한다. 태욕殆辱과 근치近恥 모두 치욕이 가깝다, 거

의 욕보기 직전이라는 말.

태욕근치殆辱近恥, 벼슬살이를 하다가 행여 시샘과 중상을 받아 치욕스러울 상황이 가깝거든.

수풀 림林은 나무 목木자 두 개로 된 글꼴 그대로 나무가 많은 곳, 수풀이다. 자연을 통칭하기도 한다. 림자에 나무 목자 하나를 더 보태면 수풀 삼森('삼엄森嚴한 경계'처럼 빽빽하다는 뜻도 있다), 합하여 삼림森林이다. 삼림은 일본어이므로 쓰면 안 되고 산림山林으로만 써야 된다는 사람도 있던데, 우리나라 수풀이야 다 산에 있지만 타이가나 열대우림처럼 평지에 있는 숲은 그러면 삼림 말고 뭐라고 쓰라고?

머리에 흰 백白자를 인 언덕 고皐는 연못이나 언덕을 뜻하는, 스스로 자自자를 인 고皐자 대신 쓰였다. 임고林皐는 숲과 언덕(연못)이니 곧 자연인데, '숲과 언덕' 林皐보다 '숲과 연못' 林皋로 더 많이 쓴다. 결국 皐·皐·皋 세 글자는 같은 독음에 생김새도 비슷하지만 뜻도 거기서 거기다. 벼슬살이는 나라의 도읍이나 지방의 대읍에서 하게 마련인데, 벼슬에서 물러나면 도로 시골이니 임고란 곧 벼슬에서 물러나는 것이다.

다행 행幸에는 행운이라는 뜻 외에, 예스런 용례로 여기서처럼 다닐 행行(제51구)을 대체해 갈 행으로도 쓰인다. 임금이 궁궐 밖으로 행차하는 '거둥擧動(본음은 거동)'을 행행行幸(幸行)이라고도 이른다.

곧 즉卽은 부사로 '곧', 동사로 '나아가다, 가깝다'의 뜻. '지금 곧'은 즉시卽時, '이것은 곧'은 즉시卽是, 임금의 자리에 나아가는 게 즉위卽位다. 행즉幸卽은 즉행卽行, 즉시 떠나라는 말에서 行을 幸으로 바꾸고 각운을 맞추려고 뒤집은 것으로 보이는데, 卽을 '좋다'로 보아 '가는 것이 좋다'라고 새기기도 한다.

임고행즉林皐幸卽, 수치스러운 꼴을 보게 생겼으면 즉시 벼슬을 버리고 자연으로 떠나라.

반드시 시샘에서가 아니라, 널리 관리의 비리를 고발하고 처벌을 촉구하는 행위를 탄핵彈劾이라 한다. 탄핵했는데 털어서 먼지 안 나면 중상中傷이 된다. 정당한 탄핵이든 중상이든, 당하는 이는 상처를 입게 된다. 그럴 땐 어떻게 할까? 억울한 치욕이 '자리'와 관련된 것이라면, 적극적인 방법은 공격할 기미가 보이는 사람을 내가 먼저 치는 것이고, 소극적인 방법은 그냥 자리를 내놓는 것이다. 「천자문」은 죽림칠현(제229~230구 참조)으로 대표되는 은일과 청담淸談 시대의 소산답게 물러나는 길을 권한다. 탄핵이 이유 없어도 더러워서 피하라는 것이니, 정말로 잘못을 해서 탄핵받아 쌀 때는 말할 것도 없다.

떠나는 타이밍의 핵심은 '태욕근치'의 '가깝다(殆, 近)'에 있다. 험한 꼴 당하게 됐을 때는 이미 늦었고, 아직 진짜 험한 꼴이 닥치기 전에 자리를 버리라는 말이다. 그 본보기가 양소兩疏, 두 명의 소疏씨다. 기원전 1세기 한나라 소광疏廣과 그 조카 소수疏受다.

삼촌 소광은 한 선제宣帝 때 태자(뒤의 원제元帝)의 교육을 담당하는 소부少傅와 태부太傅를 지낸 학자다. 벼슬한 걸 후회하여 태부 5년 만에 병을 핑계로 벼슬을 그만두며 그동안 하사받은 금을 친지들에게 나눠줬다고 한다. 조카 소수도 선제 때 소부가 됐으나 삼촌처럼 5년 만에 그만두고 낙향했다.

두 량兩이 돈이나 무게(냥쭝)의 단위일 때는 '냥'으로 읽는다.

성씨인 트일 소疏의 원뜻은 빽빽하지 않고 성긴 것. 성기고 빽

빽한 정도가 소밀疏密이고, 재난이나 난리 때 인구가 밀집한 지역
의 사람들을 분산시키는 게 소개疏開다.

볼 견見은 시각적으로 보는 것, 나아가 알아채는 것. 나타날 현
現의 뜻으로 쓰일 때는 '현'으로 읽는다.

기미 기機는 사건의 낌새, 전조, 은미한 기미機微다. 비행기(날틀),
직조기(베틀)처럼 '틀 기, 기틀 기'로도 많이 쓰인다.

> 1990년대에 컴퓨터를 '셈틀'로 쓰자는 사람들이 있었다. 아
> 닌 게 아니라 컴퓨터는 원래 셈하는(to compute) 용도로 개발돼
> 서 이름도 computer가 됐고, 우리나라 대학 학과 이름을 한자
> 어로 써야 하던 시절엔 지금의 컴퓨터공학과들이 전자'계산'학
> 과, 줄여서 전산과이기도 했다. 그런데 단순 셈하는 기능은 이
> 제 컴퓨터의 기능의 극히 일부인 계산기(calculator)가 맡게 됐
> 으니, 컴퓨터를 셈틀로 부르자는 말도 자연히 쏙 들어갔다.

양소견기兩疏見機, 소광·소수 두 소씨가 낌새를 알아채다. '영음
찰리, 감모변색'을 잘한 게지.

풀 해解는 묶이거나 엉켜 있는 것을 푸는(해결解決) 일. 비유하여
문제풀이도 해답解答·해법解法이고, 그렇게 구한 답이 해解다. 글
자가 뿔 각角과 소 우牛와 칼 도刀의 결합인 걸로 보아 가축을 해체
(도살)한다는 뜻으로 만들어진 글자겠다.

끈 조組는 끈, 또는 끈으로 둘러친 동아리, 조직組織이다. 여기서
는 벼슬아치가 소지하는 관인官印에 달린 도장끈이다. 해조解組는
도장끈을 풀다, 곧 벼슬을 그만둔다는 말.

누구 수誰는 사람에만 쓰는 의문대명사(제136구 '미단숙영'의 '누구
숙孰' 참조).

닥칠 핍逼은 근접, 수렴하는 것. 그림이나 조각이 꼭 진짜같이
그럴싸한 게 핍진逼眞(verisimilitude)이다. 닥칠 핍과 같은 뜻으로 닥
칠 박迫도 있는데, 참 진 박진迫眞은 핍진과 같은 말이고 나아갈
진 박진迫進은 영화나 가상현실의 스펙터클처럼 흥미진진한 것을
이른다. 핍과 박을 합한 핍박逼迫은 위협이 코앞에 닥쳤다는 뜻이
지만 그냥 위협·압박의 뜻으로도 쓴다.

해조수핍解組誰逼, 도장끈 풀고 물러났으니 이제 누가 핍박하리
오? 그런데 간추린 기록만으로 보면 소광과 소수는 무슨 낌새를
알아채서가 아니라 그저 벼슬살이를 선비가 할 짓이 아니라고 생
각해 물러난 모양새다. 물론 그래도 벼슬인지라 사람들이 앞에서
는 굽신댔겠고, 그러면서 자리를 탐내 뒤에서 공격하는 꼴도 보기
야 했겠지만.

아무튼 3세기 삼국시대부터 6세기 남조 말까지 300년은 한족
정권만 해도 '위 — 서진 — 동진 — 송 — 제 — 양 — 진'으로 단명
한 일곱 왕조가 흥망한 격변기여서, 정치란 위험한 직업이었다.
그래서 무위자연의 『노자』가 성행했고, 자연으로 돌아가 청담이
나 일삼고 산 사람들이 죽림칠현인데, 죽림칠현 중에서도 혜강嵇康
(제229구 '혜금완소')은 사형까지 당하지 않았나. 「천자문」을 쓴 주흥
사는 그 여섯 번째 왕조인 양나라 사람이다.

이렇게 벼슬살이 얘기가 별 박진감迫進感 없이 싱겁게 끝나면,
여생은 자연을 벗삼는 삶이다.

자연을 벗삼아

제183~196구

183 **索居閒處**, 삭거한처   한갓진 데 살며 한가로이 지내니
184 **沈黙寂寥**. 침묵적료   고요하고 그윽하여라.

벼슬을 그만두고 자연으로 돌아온 삶, 은일隱逸이다. 각운이 '-ao'
로 바뀐다.

쓸쓸할 삭索은 '삭'으로 읽을 때 쓸쓸하다(삭막索漠), 새끼줄(척삭동
물의 척삭脊索) 등의 뜻이 있고, '찾을 색'(탐색探索)으로도 쓴다.

거할 거居는 주거 목적으로 오래 눌러앉는 것이다. 삭거索居는
무리와 떨어져 따로 사는 일.

한가할 한閒은 閑과 통용한다. '사이 간'으로 읽을 때는 間(간)과
통하는데, 아닌 게 아니라 중국 간체로는 閒과 間 모두 间으로 쓰면
서 한가하다는 뜻일 땐 셴(xian), 사이라는 뜻일 땐 젠(jian)으로 달리
읽는다.

곳 처處는 장소, 또는 어떤 상황에 처하다. 한처閒處(閑處)는 한갓
진 장소, 또는 한가로이 처하다.

벼슬이든 직장이든 그만두었다고 꼭 한갓진 데 찾아 한가로이
삭거한처索居閒處할 것까지야 있을까마는, 일과 사람에 내내 시달리

며 열심히 일한 당신이라면 아주는 아니라도 한번쯤은 떠나고 싶
기도 할 테다.

말없을 침沈은 물에 잠긴다(침잠沈潛침잠)는 뜻 외에 '깊을 심'(深,
제65구)도 된다. 성씨일 때도 '심'으로 읽는다(심청沈淸). 묵묵할 묵默
은 아무 소리 없는 상태. 침묵沈默은 소리의 부재, 고요(silence)다.
고요 적寂, 공허할 료廖 모두 쓸쓸하고 적막하다는 말이다. 적寂
은 불교에서 원초적인 적멸寂滅, 즉 공空이면서 무한의 세계다. 스
님이 돌아가는 걸 적멸의 세계로 들어간다는 뜻에서 입적入寂이라
한다.

한갓진 장소에 외따로 사니 침묵적료沈默寂廖, 고요하고 적막한
건 당연한 이치다.

이렇게 떠나 사는 삶을 널리 은일隱逸이라 통칭하는데, 은일에도
등급이 있다. 은나라 백이伯夷 · 숙제叔弟(제26구 '주발은탕' 참조) 형제
는 나라가 망하자 화끈하게 수양산으로 들어가 고사리를 캐 먹다
굶어죽었다. 동진의 도잠陶潛(연명淵明)은 가난했기에 고향 동네에서
농사지어 먹고살아야 했다. 반면 송宋 사마광司馬光이 물러나 지낸
독락원獨樂園은 대장원이었다.

백이 · 숙제처럼 산으로 못 들어가고 도잠처럼 몸은 저잣거리
가까이 살며 마음으로 은일하는 것이 저자(시장) 시 '시은市隱'이다.
사마광 같은 대지주가 아닌 한 생업은 있어야 할 테니, 밭농사 짓
는 포은圃隱, 대장간 야은冶隱, 질그릇 굽는 도은陶隱, 소 치는 목은牧
隱…. 어디서 들어 본 호들이지? 차례로 정몽주 · 길재 · 이숭인 ·
이색이다. 모두 고려 말 인물들인데 그중 정몽주 · 길재 · 이색(또
는 길재 대신 이숭인)을 '여말 삼은麗末三隱'이라 이른다. 앉아서 바둑

두며 소일하는 건 좌은坐隱, 심지어 몸은 벼슬하면서도 마음만은
은일한다며 조은朝隱…. 그래서 당나라 백거이白居易(낙천樂天)는 은
일의 등급을 대중소로 나누었다(그런데, 은일 맞나?).

> 大隱住朝市, 小隱入丘樊. 대은주조시 소은입구번
>
> 丘樊太冷落, 朝市太囂喧. 구번태영락 조시태효훤
>
> 不如作中隱, 隱在留司官. 불여작중은 은재유사관
>
> 대은은 조정과 저자에 살고, 소은은 골짝에 들어가는 것
>
> 골짝은 너무 쓸쓸하고, 조정 저자는 시끌벅적해
>
> 차라리 중은만 못하리, 숨되 관직에 머무는.
>
> ─「중은中隱」

은일이 꿈이지만 실천하지 못하는 수도 있고, 내심 은일을 바라
지 않으면서도 겉으로는 그런 척해야 할 때도 있다. 작품세계와
달리 현실에서는 권력욕의 화신이었던 송강 정철은 「관동별곡關東
別曲」에서 당쟁의 와중에 실각한 것을 "강호江湖에 병이 깊어(강호가
그리워서) 죽림竹林에 누웠"다 하고는, 관직에 복귀하자 "어와 성은聖
恩이야 가디록 망극하다"고 만세를 불렀다. 이처럼 말로는 은일,
은일 하면서 떠나지 않는 대표적인 핑계는 임금의 부름, 즉 벼슬
살이다.

> 江湖(강호)에 期約(기약)을 두고
>
> 十年(십 년)을 奔走(분주)하니
>
> 그 모른 白鷗(백구)는 더디 온다 하려니와
>
> 聖恩(성은)이

至重(지중)하시매 갚고 가려 하노라.

— 남창 우조 이삭대엽

하지만 연명처럼 저자 가까이 살면 시끄럽지 않을까? 그는 아
니라고 한다. 고요하고 와자지껄하고는 마음에 달렸다는 것.

結廬在人境, 而無車馬喧. 결려재인경 이무거마훤

問君何能爾, 心遠地自偏. 문군하능이 심원지자편

採菊東籬下, 悠然見南山. 채국동리하 유연현남산

山氣日夕佳, 飛鳥相與還. 산기일석가 비조상여환

此中有眞意, 欲辯已忘言. 차중유진의 욕변이망언

사람 사는 데 오두막 지었어도

수레 말 시끄러운 소리 없네

어찌 그럴 수 있냐고?

마음이 멀면 땅도 절로 외지거든

동쪽 울 아래 국화 따노라면

멀리 남산이 보이지

날 저물면 산 기운 아름답고

나는 새는 쌍쌍이 돌아오지

이 가운데 참뜻이 있는데

설명하려도 말을 잊었지 뭐야.

— 「음주이십수飮酒二十首」 제5

(제6구의 見을 '나타날 현'으로 읽었다.)

음주시라면서 술 얘기 한 줄 없는 저 경지!

제185~188구

185 **求古尋論**, 구고심론　옛 책들 보며 이치 찾아 따지고
186 **散慮逍遙**. 산려소요　걱정일랑 떨치고 한가로이 노닌다.
187 **欣奏累遣**, 흔주누견　기쁜 일만 얘기하고 궂은 생각 내보내니
188 **慼謝歡招**. 척사환초　슬픔은 물러가고 즐거움만 몰려드네.

　퇴직하면 우선 잠깐 몸과 마음과 머리를 좀 쉬어야 하겠지만, 그렇게 심신을 추스른 다음엔 뭘 하며 살까? 배운 게 도둑질이라고, 학자 출신 중엔 제일 먼저 하고 싶은 게 책 읽기와 책 쓰기라는 이가 많다. 벼슬 내려놓고 돌아온 「천자문」의 가상의 선비도 그랬다. 계급 잠깐 가려 놓고 '업'으로만 보면 선비는 죽을 때까지 선비다. 한창때와 차이가 있다면, 쫓기지 않고 찬찬히 할 만큼 성숙했다는 것.

　구할 구求는 탐구探求 또는 추구追求하는 것.

　예 고古는 옛것, 오래된 것이다. 좋게 쓸 땐 예스럽다, 나쁘게는 낡았다는 뉘앙스를 띤다. 당나라 전까지(그러니까 「천자문」의 남조시대도 포함해) 유가·도가 담론의 토대는 옛것을 긍정하고 지금 것(새것)을 부정하는 '시고비금是古非今'이었다. 그러다가 당나라 때부터야 비로소 "옛것이 반드시 옳거나 좋지만 않다"는 생각이 드문드문 표출되기 시작했다.

　구고求古는 옛것'을' 추구하는 것도 되고('고'가 직접목적어), 옛것'으로부터' 구한다(구어고求於古)는 뜻도 된다. 무엇을? 옛날의 생각(이 담긴 글)일 수도, 그런 생각 그런 행동을 한 옛 사람(고인古人)일 수도 있다. 그래서 퇴계 이황은 「도산십이곡陶山十二曲」 후반 '학문을

말함(언학言學)'의 셋째 수에서 노래한다.

> 고인도 날 못 보고 나도 고인 못 봬
>
> 고인을 못 봬도 예던(가던) 길 앞에 있네
>
> 예던 길 앞에 있거든 아니 예고 어쩔꼬?

찾을 심尋은 찾아다니거나 방문하는 것. 보통이란 뜻도 있다. 평소와 같은 게 심상尋常이니, 심상치 않은 건 예사롭지 않은 것이다. 길이 단위로는 한 길, 즉 사람 키(천심절벽千尋絶壁)이며, 여섯 자(척尺, 제59구)에 해당한다.

논할 론論은 논하는 것, 또는 그 결과물인 이론이니, 찾고 논한다는 심론尋論은 이치를 논구論究하는 것과 통한다.

구고심론求古尋論, 옛 글을 탐구하며 이치를 궁구한다.

흩을 산散은 모여 있지 않고 흩어지는 것, 또는 흐트러뜨리는 일이다. 생각이 흐트러진 상태가 산만散漫, 모여 있는 사람들을 흩는 것이 해산解散, 흩어진 사람들이 여기저기 다시 출몰하거나 생각이 문득문득 떠오르는 건 산발散發. 독음이 같은 산발散髮은 긴 머리가 정돈되지 않고 풀어헤쳐진 상태. 여기서는 빠듯하지 않고 느슨하다는 한산閑散, 산보散步의 용례와 통한다.

생각 려慮는 속생각(고려考慮, 사려思慮), 또는 특히 근심걱정(염려念慮, 우려憂慮)이다. 산려散慮는 한가롭게 생각하는(부사어ー자동사) 것일 수도 있고, 근심을 떨쳐 버리는(타동사ー목적어) 것일 수도 있다.

거닐 소逍는 한가롭게 이러저리 다니는 것, 멀 요遙는 아득하게 멀다(요원遙遠)는 말인데, 여기서는 역시 노닌다는 뜻이다. 소요逍遙

는 한가롭게 다니는 산보·산책散策과 통한다. 경기 북부 동두천에
신라 승 원효元曉가 소요했다는 소요산逍遙山이 있다.

선비에게 관직이란 배움을 현실세계에 적용하고 실천하는 일이
기도 하다. 그러다 보면 막상 '내 공부' 하고 '나의 내면'을 돌아볼
겨를이 없다. '이제는 돌아온' 다음이라야 정신 산란케 하는 잡생
각 떨치고 '거울 앞에 설' 수 있고, 비로소 차분하게 구고심론할
수 있다. 쫓길 게 없으니 머리도 식힐 겸 산려소요散慮逍遙하다 보
면 공부하거나 글 쓰다가 안 풀린 게 문득 풀리는 기쁨도 맛볼
수 있다. 현직 교수나 연구자들 중에도 출퇴근길이나 일과 후나
주말에 혼자 천변이나 산둘레길을 산책하는 사람들이 있는데, 종
일 읽고 생각하고 가르치느라 지친 심신에 한편 휴식을 주고, 들
어가 잠들기 전 마저 쓸 문장을 초잡는 데는 그만이다.

퇴직해서도 공부, 노닐면서도 공부 생각하면 그게 무슨 쉬는 거
냐고? 그럼, 퇴직해서 쉬면서 뭘 하면 좋을 것 같은데? 공부 좋아
하는 사람은 공부하고, 봉사활동 목마른 사람은 봉사 다니고, 노
는 거 좋아하면 놀고 — 아무튼 현직 때는 불가능한 산려소요다.

기뻐할 흔欣은 흔쾌欣快하다고 할 때 그 흔이다.

아뢸 주奏는 아랫사람이 윗사람에게 말씀을 올리는 것(상주上奏).
음악을 울리는 연주演奏·주악奏樂에도 쓴다. 진시황의 나라 진秦과
한 획 차이이니 주의. 흔주欣奏는 기쁜 소식을 아뢰다, 즉 기쁜 일
은 여러 사람에게 알리고 기쁜 일만 서로 얘기한다는 말.

누 루累는 동아줄을 늘어뜨린 모양에서 나온 글자라서 '끈 루'라
는 뜻, 그리고 '여러 루'(누누累累이)로도 읽는다. 여기서는 폐 끼치
는 누, 즉 궂은일이나 근심이다.

보낼 견遣은 어떤 목적지를 정해 사람을 보내는(파견派遣) 것이다.
보내지 않고 남겨두는 유遣와 얼핏 모양이 비슷하니 역시 주의.
누견累遣, 궂은일이나 궂은 생각을 내보낸다.

근심할 척慼은 받침의 마음 심心을 심방(忄)변으로 돌려 慽으로도
쓴다. 이 글자가 들어간 말 중에서도 가장 근심스럽고 슬픈 것은
뭐니 뭐니 해도 자식을 먼저 보내는 참척慘慽이겠다.

사양할 사謝에는 감사感謝의 뜻과 물러나다 · 물리치다(사절謝絶)의
뜻이 있는데 여기서는 후자다. 척사慽謝는 근심을 물리친다.

기쁠 환歡이나 기쁠 희喜의 기쁨은 즐거움과 어떻게 다를까? 반드
시 엄별되는 것은 아니지만, 대체로 기쁘다고 하면 이유나 대상이
있는, 즉 반가운 것이고, 즐거운 것은 이유나 대상이 따로 없이 그
저 마음이 편안한 것이다. 대상이 있는 기쁨의 반대말은 성낼 로怒
이고(희로喜怒), 대상 없는 즐거움의 반대말은 슬플 애哀다(애락哀樂).

부를 초招는 손짓으로나 사람을 보내 불러오는 것. 환초歡招, 즐
거움을 불러온다, 또는 즐거움이 불려온다.

척사환초慽謝歡招, 근심은 물리치고 즐거움은 불러온다. 더 적극
적으로, 근심 따위는 물리치니 즐거운 일만 몰려온다고 새겨도 되
겠다. 사실이기도 하고 희망이기도 하다.

혼주 · 누견 · 척사 · 환초 모두 '타동사 — 목적어(체언)'여야 할
것을 '목적어 — 타동사'로 도치했다. 운문에서 운자韻字의 속박 때
문이기도 하지만, 결과적으로 목적어들이 먼저 나와 적절하게 강
조됐다.

두길
천자문

250

189 渠荷的歷, 거하적력   도랑엔 연꽃 얼굴 또렷하고
190 園莽抽條. 원망추조   동산엔 온갖 풀 웃자랐다.
191 枇杷晚翠, 비파만취   비파나무는 늦도록 푸르건만
192 梧桐早凋. 오동조조   오동나무는 일찍 시드는구나.

　반드시 시골 생활이 아니라도 도시화·산업화 전엔 주변이 온
통 자연이었다. 하물며 은일의 삶에 자연, 또는 손수 가꾼 식물들
을 완상하는 재미가 빠질 수 없다.

　도랑 거渠는 물 같은 것이 들고나도록 땅에 길게 낸 홈, 구거溝渠다.

　연꽃 하荷는 연 련蓮과 거의 통용되는 말. 짐, 짐을 지다·지우
다(부하負荷)라는 뜻도 있다. 비행기 같은 데 타며 손에 든 손짐은
수하물手荷物, 짐을 지나치게 많이 진 상태는 과부하過負荷, 사물이
띠고 있는 전기의 양은 전하량電荷量.

　또렷할 적的은 '과녁 적'(표적標的)으로 더 많이 쓴다. 활이나 총을
겨누는 과녁이 곧 목적目的이고, 과녁을 딱 맞힌 게 적중的中이다.
현대 중국어에서 적(더de)은 '~의'라는 소유의 후치사로 쓰고, 우리
말에서는 체언에 붙어 '~적'이라는 관형사를 만든다.

　또렷할 력歷도 겪거나 거친다는 '지낼 력'이 더 흔하다. 사람이
나 일의 내력은 밟을 리(제65구) 이력履歷, 지난 일을 사관이 기록한
게 역사歷史다(제170구 '사어병직' 참조). 때로 달력 력曆의 대용으로도
쓰이고, 간체자로는 歷과 曆을 历 하나로 쓴다. 어떤 기색이 또렷
하다는 걸 역력歷歷하다고 하는데, 적력的歷도 같은 뜻이다.

　거하적력渠荷的歷, 도랑에 핀 연꽃이 또렷하다. 도랑에 핀 연꽃이

라니 십중팔구 사람 손 크게 안 타고 절로 자란 연꽃이겠다. 연꽃
자체가 워낙 도랑 같은 탁한 물에서 잘 살면서 청초한 꽃을 피워
내기도 한다.

동산 원園은 苑으로도 쓴다. 사람이 가꾼 동산, garden이다. 중
국에서는 동산 가꾸는 일이나 바둑 같은 것도 안목이 필요하다는
점에서 시서화와 동급의 예藝로 여기는 전통이 있었는데, 동산 가
꾸기를 옛날에는 원유園囿, 요즘은 주로 원림園林이라 하고, 일본어
로는 원예園藝다. 원림 중 자연의 커다란 산을 축소해서 내 동산
안에 만들어 놓은 것이 '가짜 산' 가산假山이고, 아예 손수 가꾸거
나 가두지 않고 전망 좋은 포인트에 정자를 지어 주변 경치를 내
것으로 만드는 안목이 '경치를 빌리는' 차경借景이다. 리버뷰가 있
는 마용성, 마운틴뷰가 있는 노도강 아파트처럼 차경(조망권)은 집
값에도 반영되기 일쑤다.

우거질 망莽은 수풀이 빽빽하게 자란 상태, 또는 잡초다. 원망園
莽은 동산이 우거졌다는 말도 되고, 동산의 잡초라는 말도 된다.

뽑을 추抽는 숨은 것을 꺼내거나 짧은 것을 길게 늘이는 일.

가지 조條는 식물의 줄기와 잎 중간 부위인 가지(지枝, 제90구)이
면서 한 가지, 두 가지…의 가지도 된다. 법이나 계약의 제1조,
제2조…도 이 조다. 조 자체에 법규나 규약이라는 뜻도 있다(조약
條約, 약조約條).

원망추조園莽抽條, 동산의 잡초가 가지를 쭉 뽑았다니, 웃자라 우
거졌다는 말이다.

도랑과 동산은 인공적으로 가꾸는 구조물인데, 연밥 날아와 꽃
피우고 잡초가 우거지도록 내버려 뒀다니? 그게 바로 얽매일 것

없이 은일하는 삶의 한가함이렷다. 힘들여 가꾸어 보기 좋으면 그런 대로, 한동안 내버려 두었더니 제풀에 웃자라 있으면 또 그런 대로. 그 결과 도랑엔 절로 자란 연꽃이 똘망똘망 꽃 피우고, 동산엔 수풀이 우거졌다.

> 원망추조는 영판 미국 노래 〈매기의 추억(When you and I were young, Maggie)〉의 "동산 수풀은 우거지고 장미화는 피어 만발하였다"의 데자뷔다. 〈매기의 추억〉이 우리나라에 처음 소개된 건 1925년, 안기영과 윤심덕의 축음기(레코드)판에서다. 우리말 번안의 금잔디, 물레방아, 장미는 원어에서는 오랑캐꽃, 밤꽃, 수선화에 로빈새다.

연꽃과 잡초에 이어 나무 이야기. 여름 분위기에서 어느덧 가을 분위기로 접어들면서, 가상의 선비가 맞이하는 인생의 가을과 유비(analogy)로써 공명한다.

비파枇杷나무는 우리나라에서도 남부지방에 자생하는 낙엽상록수다. 악기 비파琵琶(제114구 참조)와는 아무 상관없다.

늦을 만晚은 시간적으로 늦다는 말이니 하루 중에서는 저녁이고(만찬晚餐), 일 년의 저녁인 만추晚秋, 인생의 저녁인 만년晚年에도 쓴다. 큰 그릇, 즉 뛰어난 인물은 완성되는 데 오래 걸리는 게 『노자』의 대기만성大器晚成이다.

푸를 취翠는 원래 물총새인데, 여기서는 연한 청록에 가까운 물총새의 그 푸른색을 이른다. 비취翡翠라는 준보석의 색이기도 하다(비취의 푸를 비翡는 제152구 '치예단청' 참조).

비파만취枇杷晚翠, 상록수인 비파나무는 늦도록, 즉 겨울까지 푸르다.

오동梧桐은 오동나무. 중국의 금琴과 한국의 거문고·가야금 위
판을 오동나무로 만든다. 성군聖君의 치세에 나타난다는 봉황(제33
구 '명봉재수' 참조)은 벽오동 씨앗만 먹는다고 했다.

일찍 조早는 시간적으로 이른 것, 하루 중엔 아침이다. 아침 중
에서도 이른 아침이 조조早朝.

시들 조凋는 식물의 잎이 마르고 시드는 것(조락凋落).

오동조조梧桐早凋, 한여름 오동나무 잎은 머리 큰 사람의 얼굴을
덮을 만하지만, 그 큰 잎이 겨울이 채 못 되어 다 떨어져 시든다.

식물의 잎이 가을겨울 지나도록 푸른 것을 흔히 선비의 지조나
충신의 독야청청獨也靑靑 같은 절개에 비긴다. 흔한 나무 중에서는
소나무와 대나무가 대표적이다(제68구 '여송지성' 참조). 공자는 "세밑
이 돼야 소나무, 측백나무가 시들지 않음을 안다"(『논어·자한』)고
했는데, 김정희金正喜(추사秋史)도 이상적李尙迪이라는 중인 역관譯官에
게 〈세한도歲寒圖〉를 그려 주면서 이 말을 인용했다.

> 태사공(사마천)이 이르기를 "권세와 이익으로 합세한 사람들
> 은 권세와 이익이 다하면 사귐이 소원해진다"고 하였거늘, 그대
> (이상적) 또한 세상에 휩쓸려 살아가는 사람이거늘 어찌 권세와
> 이익이 휩쓰는 데서 떨치고 홀로 초연하여 권세와 이익으로써
> 나를 보지 않는단 말인가? 태사공의 말이 틀렸던가? 공자께서
> 이르시기를 "세밑이 돼야 소나무 측백나무가 시들지 않음을 안
> 다" 하셨다. 소나무 측백나무는 사철 내내 시들지 않아, 세밑
> 전에도 그저 소나무 측백나무이고 세밑이 지나도 그저 소나무
> 측백나무일 따름이다. (…)

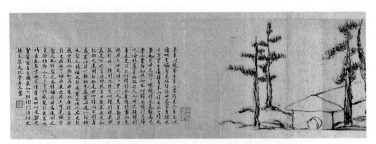

추사 <세한도>(영인본, 부분). 왼쪽이 이상적에게 준 글　예산군청

　그런데 추사 선생님, 태사공의 말이 틀린 게 아니라, 태사공이 말하지 않은 그 나머지 '권세와 이익으로 합세하지 않는' 사람들이 있답니다.

　문리로는 '오동조조'를 '비파만취'보다 앞세워 "오동나무는 일찍 시들지만, 비파나무는 늦도록 푸르다"고 해야 자연스러울 것을 각운의 제약으로 순서를 바꾼 것처럼도 보인다. 하지만 이 두 구절이 「천자문」 중 개인사의 끝물인 걸 생각하면 "비파나무는 사철 변함없건만 우리네 인생은 오동나무처럼 일찍 시드는구나!" 하고 한탄하는 것으로 자연스럽게 읽히며 다음 구를 준비한다.

제193~196구

193 **陳根委翳**, 진근위예　묵은 뿌리는 시들어 마르고

194 **落葉飄颻**. 낙엽표요　지는 잎은 바람에 나부끼는데

195 **遊鵾獨運**, 유곤독운　외로운 봉황은 유유히

196 **凌摩絳霄**. 능마강소　붉은 하늘가를 스치네.

묵을 진陳은 묵었다(진부陳腐)는 뜻. 베푼다, 늘어놓는다(진열陳列, 진술陳述)는 뜻도 있다. 신진대사新陳代謝는 몸 안에서 묵은(陳) 물질이 물러가고(謝) 새(新) 물질이 그 자리를 대신하는(代) 것이다.

뿌리 근根은 나무 등 식물의 흙에 묻힌 아랫부분이다. 역시 뿌리를 뜻하는 밑 본本과 같은 뜻이며, 합쳐서 근본根本이다(제163구 '치본어농'). 방정식에서 흔히 x로 표시하는 미지의 값 '근'도 이 한자를 쓴다. 진근陳根은 오래된 고목古木이 마른 고목枯木으로 돼 가는 중의 묵은 뿌리.

맡길 위委는 위임委任 따위에 쓰는 글자이고, 여기서는 시들 위萎의 대체자로 썼다.

말라죽을 예翳의 본뜻은 임금의 거둥 때 햇빛을 가리는 깃장식 일산日傘이다.

진근위예陳根委翳, 묵은 뿌리는 시들어 말라죽고.

떨어질 락落에는 완성한다는 뜻도 있다(낙성落成, 일단락一段落).

잎 엽葉은 초목의 잎사귀 부분. 책의 낱장 한 장(앞뒤 2쪽)을 가리키기도 한다. 나뭇잎을 뜻하는 영어 leaf나 독일어 Laub도 마찬가지로 2쪽이다. 초창기 비행기의 날개도 엽이라 해서, 날개가 위아래 두 장인 비행기는 쌍엽기雙葉機다. 葉을 사람 성으로 쓸 때는 '섭'으로 읽는데(섭공葉公), 병음으로는 '예(ye)' 한 가지뿐이다.

낙엽落葉은 지는 잎 또는 진 잎.

회오리바람 표飄, 불어오르는바람 요飆는 그런 바람, 또는 그런 거센 바람에 사물이 날리거나 나부끼는 모습이다. 거센 바람은 표풍飄飆, 사람이 바람 따라 훌쩍 오고가는 모습이나 태도는 표연飄然하다고 한다.

낙엽표요落葉飄颻, 지는 잎은 바람에 나부낀다.

놀 유遊는 헤엄칠 유游자와 자주 통용한다. 즐거운 시간을 보내며 노는 유흥遊興뿐 아니라, 집밖이나 타지로 나가서 놀거나 생활하는 것까지 아우른다. 국내 타지에 머무르며 공부하는 건 유학遊學, 외국에 살며 공부하는 건 머무를 류 유학留學으로 구분해 쓴다. 남성 기준으로 중요한 놀거리가 주색酒色이다 보니, 주색을 함께 제공하되 '무게중심은 색에 있는' 업소나 구역이 유곽遊廓이다.

댓닭 곤鵾은 독음이 같은 鶤으로도 쓴다. 댓닭이란 커다란 닭 품종(곤계鵾鷄)인데, 아예 봉황을 이르기도 한다. 유곤遊鵾은 그러니까 노니는 봉황이다.

鵾자의 새 조鳥방을 고기 어魚변으로 바꾼 곤鯤은 『장자莊子』에 나오는 물고기다. 크기가 수천 리나 되며, 이것이 하늘로 치솟으면 붕鵬새가 된다. 「천자문」을 짓고 읽은 사람들은 노니는 곤새(鵾)에서 자연스럽게 곤鯤과 붕鵬까지 연상했을 테다.

홀로 독獨은 사람이 홀로 된 상태 중 특별히 자식 없는 상태를 가리키기도 한다. '환과고독鰥寡孤獨'이라고 하여, 아내 없는 홀아비 환鰥, 남편 없는 과부 과寡, 부모 없는 고아 고孤, 자식 없는 늙은이 독獨은 장애인과 더불어 전통사회에서 임금이 상징적으로 돌봐야 하는 대표적인 민생고였다(제247구 '고루과문' 참조).

獨자는 도이칠란트(독일)의 약칭이기도 하다. 중국에서는 덕德(더de)국으로 썼으나 일본에서 '도이칠란트 → 도이쓰ドイツ →

獨逸도이쓰'로 쓴 것을 가져왔다.

옮길 운運은 움직여 다니거나(운행運行) 작동하는 또는 작동시키는(운전運轉) 것. 기氣의 생동성이 기운氣運이다. 기독교 성경 「창세기」 맨 처음에도 하느님의 영靈이 물 위를 '운행'한다고 했다. 타고나는 운명運命이나 하늘에서 뚝 떨어지는 운수運數·행운幸運도 운이다. 중국 화론畵論에 자주 나오는 기운생동氣韻生動의 기운은 '운'의 한자가 다름에 주의.

유곤독운遊鵾獨運, 노니는 봉황은 홀로 다니며.

업신여길 릉凌은 깔보는 것(능멸凌蔑), 좀 순화하면 상대적으로 뛰어난(능가凌駕) 모양이다. 독음이 같은 陵으로도 쓴다.

문지를 마摩는 손바닥 같은 넓적한 것으로 비비는(마찰摩擦) 것. 경기 남양주에 있는 천마산天摩山은 하늘을 문지를 정도로 높은 산이라는 뜻인데, 막상 높이는 해발 812미터로 북한산 백운대(836m)에 못 미친다. 미국 뉴욕의 고층건물군이 '하늘 긁는' sky scrapers인데, 이걸 직역한 게 마천루摩天樓다.

능마凌摩는 능핍凌逼이라고도 하며, 업신여기고 구박한다는 뜻. 여기서는 조금 순화해서 비웃는다는 뜻 정도.

진홍 강絳은 붉은색 계열에서도 진한 붉은색이다. 1만 원 지폐의 세종대왕이 입고 있는 붉은 조복이 강사포絳紗袍, 줄여서 강포絳袍다. 로마 군인들이 예수를 처형하기 전 희롱조로 홍포(scarlet robe)를 입혔다고 했는데, scarlet이니 강포라고 옮겨도 좋았을 것이다. 예수는 마굿간에서 태어나선 강보襁褓(포대기), 죽기 전엔 강포를 둘렀군.

하늘 소霄는 관념적인 하늘 천天 말고 물리적인 일상의 하늘이다. 제1구 '천지현황'의 관념적인 하늘(heaven)은 검다고 할 수도 있지만, 일상의 하늘(sky)은 청천靑天이다. 늦봄에 하늘 깔보듯 고개 쳐들고 방글방글 웃는 꽃이 능소화凌霄花다.

강소絳霄는 붉은 하늘인데, 반드시 노을로만 붉은 게 아니라 '짙푸르다 못해' 붉다고 하는 것일까? 호메로스를 비롯한 고전기 그리스 사람들도 바다를 흔히 와인색이라 했다. 그들이 색각이상이라서가 아니라, 색상(hue)보다 채도(saturation)가 중요했던 게지.

능마강소凌摩絳霄는 앞의 봉황(곤새)이 붉은(짙푸른) 하늘을 깔보듯 긁는다는 말인데, 인생의 저물녘을 향해 가는 글의 흐름상 '저녁놀로 불타는(붉은)' 하늘가를 '스친다'고 새기면 자연스럽다. 『회남자淮南子』에서 "큰고니(홍곡鴻鵠, 즉 백조)가 아직 알일 때는 보잘것없지만 다 자라고 나면 뜬구름을 비웃듯 파란 하늘 등지고 붉은 하늘 가슴에 스치며 난다"고 한 말 중 붉은 하늘 '적소赤霄'를 '강소'로 바꿔 쓴 것이다. 드문 용례로 임금 계신 서울 하늘도 적소라고 한다.

봉황은 홀로 노닐며 붉은 하늘가를 스친다 — 바로 앞에서 가을 식물에 빗대 인생의 황혼을 노래했고, 그 마무리로 저녁놀 비낀 하늘가를 홀로 나는 봉황을 노래한다. 붉게 물든 하늘은 시적 자아, 또는 가상의 선비의 일생의 쓸쓸한 저물녘이기도 하다.

여기까지, 은퇴한 선비가 전원에 퇴거하여 자연과 함께 노닐며 늙어 가는 삶을 그렸다.

황혼 뒤엔 여명이
제197~226구

---

¹⁹⁷ **耽讀翫市**, 탐독완시　저자 책방에서 게걸스레 읽다가
¹⁹⁸ **寓目囊箱**. 우목낭상　눈에도 담고 사 와서 보관도 한다.

　각운이 '-ang'으로 바뀌는 데 따라 여기부터를 새 작은단락으로
삼는다.

　먼저, 은일하는 사람의 일상생활이다. '1천 자를 중복 없이'라는
원초적 제약 탓에 뒤로 갈수록 글의 흐름이 자연스럽지 않은 데가
많아진다. 내용상 2구짜리 단편이거나 4~6구로 무더기를 이루는
게 뒤섞여 있다.

　먹고사는 데 지장 없고 몸 건강 문제없이 노후를 맞았다면, 자
기계발과 소일거리가 문제다. 다행히 출신이 선비이니 자기계발
겸 소일의 으뜸 역시 책이다.

　즐길 탐耽은 흠뻑 빠져 즐기는 것인데, 탐할 탐貪의 부정적 뉘앙
스는 없다. 책에 푹 빠져 게걸스럽게 읽는 탐독耽讀에 주로 쓴다.
왼쪽 귀 이耳변을 눈 목目변으로 바꾸면 호시탐탐虎視眈眈의 노려볼
탐眈이 되는데, 호시탐탐의 탐탐을 아예 즐길 탐 耽耽으로 쓰기도

한다. 제주도의 옛이름인 탐라眈羅에도 眈을 쓰는데, 우리나라 고대 인명이나 지명이 으레 그렇듯 아마 소리만 빌린 가차假借일 것이다.

읽을 독讀은 글 읽는 것. 읽으면서 구절에 맞춰 뜻을 분절하거나 쉼을 두는 '구절떼기'를 하게 되는데, 이때는 讀자를 '두'로 읽어 구두句讀라 한다. 구두를 쉽게 하라고 찍어 주는 부호가 구두점句讀點이다. 순한문 구절 사이사이에 '~하고', '~니라' 등으로 한글 현토懸吐(토를 닮) 할 때, 한글이 아직 없었거나 제1 문자가 아니던 시절 주로 아전(리吏)들이 자주 쓰는 토를 ' ﹀ 口(← 爲古, ~하고)'처럼 부호화한 게 이두吏讀(또는 구결口訣)다.

가지고놀 완翫은 玩으로 더 많이 쓴다(완구玩具, 완상玩賞 등). 유가는 전통적으로 '완물상지玩物喪志(물건에 빠지면 뜻을 잃는다)'라 하여, 경전 공부 이외의 잡기나 취미에 빠지는 것을 경계해 왔다.

저자 시市는 물건을 거래하는 물리적 장소인 시장市場 또는 장시場市다. 도시都市라는 뜻으로도 쓴다.

저자 市는 점 다음에 가로획으로 총 5획이고, 가로획 다음에 세로 통획인 4획짜리 巿자는 '슬갑 불'로 전혀 다른 글자다. 진 시황제가 삼신산 불로초를 얻으러 선단船團을 보낼 때 이를 이끈 인물이 서불徐巿이었는데, '서시'로 잘못 읽는 것을 종종 본다.

저자 시   슬갑 불

완시翫市는 반쯤 소일 삼아 시장통에 구경 나가는 일이다. 상설
시장이라면 한귀퉁이에 책방도 있을 테니 들어가 이 책 저 책 뒤
적이며 시간 가는 줄 모르고 읽기에 흠뻑 빠지는 게 탐독완시耽讀
翫市다.

머무를 우寓는 정착이든 나그네로든 머물며 사는(우거寓居) 일, 또
는 사는 집. 몸은 조정이나 도회나 저자에 우거하면서(제183구의
여러 가지 은일 참조) 뜻만은 산수山水에 두는 것을 우의산수寓意山水라
한다. 단, 현대어에서 우의는 '일반적인 A'(이를테면 난폭하지만 멍청
한 권력자 대 약하지만 꾀많은 서민)를 '구체적인 B'(사자 대 여우)로 대체
해 나타내는 '알레고리'의 번역어다. 알레고리로 쓴 이야기가 우화
寓話다.

눈 목目은 눈 테두리와 흰자위·검은자위를 상형한 글자로, 눈
안眼과 대체로 같다. 그냥 보는 눈이 아니고 알아보는 눈이 안목眼
目이다. 그물을 이루는 낱실이 교차해 이루는 그물'눈'도 목이고,
문서나 장부의 편장 번호가 I, 1, (1)…로 작아질 때 비교적 작은
단위들이 항項과 목이다. 품목品目은 물품 목록目錄의 한 목.

우목寓目은 책방에서 책을 읽다가 사지는 않고 눈에만 담아 두
는 것. 만날 우遇를 연상하여 '遇目', 눈에 들어온다고 생각해도 된
다. 물론 속으로만.

주머니 낭囊은 형태가 고정되지 않는, 천 따위로 만든 담을것으
로서 자루(탁橐)보다 작은 것이다. 여행용 자루는 행낭行囊, 남자의
고환이 들어 있는 샅주머니는 음낭陰囊. 지필묵을 휴대하는 주머니
는 따로 필탁筆橐이라 한다.

전통 한복에는 저고리와 바지, 치마 할 것 없이 물건을 담을
공간이 없었으므로 남자들은 물건을 옷소매나 담배쌈지에 넣고
다니고, 여자들은 따로 주머니를 만들어 차고 다닌 데서 '주머
닛돈(아내 돈)이 쌈짓돈(남편 돈)'이라는 말이 나왔다. 아마 조선
후기쯤 마괘자(마고자) 같은 중국옷(호복胡服)의 영향으로 옷에
붙여 달게 된 주머니가 호^胡주머니다. 현대어에서는 주머니 하
면 그냥 호주머니를 가리킬 때가 많다.

상자 상箱은 주머니와 달리 형태가 고정되고 위로 물건을 담고
내며 흔히 뚜껑이 있는 담을 것, 케이스다. 낭상囊箱은 주머니와
상자, 곧 휴대용(주머니)과 보관용(상자) 담을것이다.

우목낭상寓目囊箱, 어떤 책은 눈에 담아 두고, 어떤 책은 사서 주
머니에 담아 와서 집에 와 상자에 간직한다. 한漢나라 왕충王充이
란 사람이 집이 가난하였으나 총명하여, 책방에서 글을 한번 눈으
로 보면(우목) 마치 주머니나 상자에 담은 것처럼(낭상) 잊어버리지
않았다는 고사에서 가져온 구절이다.

⎾제199~200구⏌

199 **易輶攸畏**, 이유유외 두려워할 바는 경솔함이라

200 **屬耳垣墙**. 촉이원장 담장에도 귀가 있나니.

─────

쉬울 이易는 쉽다는 뜻일 때 '이'(용이容易, 난이도難易度), 바꾼다는
뜻일 때 '역'(무역貿易, 『주역周易』)으로 읽는다.

가벼울 유輶는 수레 중 가벼운 것을 이르는데 여기서는 사람의 언행이 가볍다는 뜻으로 썼다. 현대 중국에서는 쓰지 않는 글자라 간체자도 따로 없다. 이유易輶는 언사나 행실이 가벼운 것이니 경솔輕率과 통한다.

바 유攸는 바 소所(제75구)와 같은 뜻.

두려워할 외畏는 공포로 두려운 것만 아니라 존경하고 삼가는 태도(경외敬畏, 외경畏敬)에도 쓴다. 친한 벗을 존중해 이를 때 '두려운 벗' 외우畏友라 한다. 공자는 후학·후세들의 성장이 반갑고 한편 두려운 것을 "후생가외後生可畏"(『논어·자한』)라 했다.

이유유외易輶攸畏는 앞뒤 어순을 바꾸어 "두려워할 바는 경솔함이라" 정도로 새기면 자연스럽겠다.

경솔한 중에서도 특히 경계해야 할 것이 말(언사, 제72구 '언사안정' 참조)이다.

무리 속屬자는 여기서는 아무래도 이을 촉으로 읽어야 할 것 같다. 속으로 읽을 땐 갈래(장르genre), 또 어떤 갈래에 속한다는 뜻. 쇠붙이(금속金屬)·겨레붙이(족속族屬)처럼 '-붙이'로도 새긴다. 생물 분류에서는 맨 아래 종種보다 크고 과科보다 작은 등급이다.

귀 이耳는 사람이나 동물의 청각기관, 나아가 사물에서 바늘귀처럼 갸름하게 뚫렸거나 솥귀처럼 양옆에 튀어나온 부위를 가리킨다. '~일 뿐, ~할 따름'이라고 단정하는 말로도 쓰인다. "편어일용이便於日用耳"는 "날로 씀에 편안케 하려 할 '따름'이니라"(「훈민정음」 서문).

촉이屬耳는 듣는 귀가 달렸다는 말. 무엇에? 원장垣墻, 즉 담장에. 담 원垣, 담 장墻 둘 다 경계를 두른 담장이나 울타리다. 장墻은 거둘 색穡(제164구 '무자가색')과 혼동 주의.

담장에도 귀가 달렸다, '원장촉이垣墻屬耳'라 쓸 것을 이번에도 각운 때문에 촉이원장으로 썼다. 앞서 제55~56구에서 "산골짝도 메아리가 있고 빈 방에도 귀가 있다(공곡전성, 허당습청)"고 한 것과도 상통한다. 초학 때나 은퇴 후나 입방정 조심!

제201~206구

201 **具膳湌飯**, 구선손반　몇 가지 반찬에 물 말아 밥 먹어도
202 **適口充腸**. 적구충장　입에 맞고 배부르면 그만
203 **飽飫烹宰**, 포어팽재　배부르면 진수성찬도 물리고
204 **飢厭糟糠**. 기염조강　주리면 거친 음식인들 마다하랴.
205 **親戚故舊**, 친척고구　친척과 친지들을 접대함엔
206 **老少異糧**. 노소이량　나이에 맞춰 음식을 달리 내라.

돌아온 고향에서도 가솔家率을 이끌며 현실적인 일들은 해결해야 하고, 친척과 이웃과 공동체 생활도 해야 한다. 먼저 먹는 얘기가 여섯 구에 걸쳐 이어진다.

갖출 구具는 빠짐없이 구비具備하는 것. 도구道具라는 뜻도 있다.

반찬 선膳은 주식에 곁들여 먹는 반찬 찬饌과 같다. 대가 없이 남에게 주는 선물膳物에도 쓴다. 부수인 月변은 '달 월'이 아니고 고기 육肉 육달월이다.

구선具膳은 쓰인 대로는 반찬을 두루 갖추었다는 말이지만, 앞뒤 맥락으로 봐서는 몇 가지 반찬만 겨우 갖추었다는 말을 압축했거

나, 아예 반어로 "꼭 반찬을 갖춰야 맛인가?"로 새기는 게 더 자연스럽겠다.

물말 손飧은 밥을 물에 말아 먹는다는 말. 판본에 따라 飱·飱으로도 쓰며, 세 글자 모두 '저녁밥 손'이 대표훈이고 '물에 말다'는 보조 뜻이다. 飧의 冫변은 얼음 빙氷을 뜻하는 '이수변'인데, 삼수冫(물 수水)변으로 고치면 먹을 찬飱자가 된다. 飱으로 쓰고 '손'으로 읽은 판본도 있다.

밥 반飯은 쌀 등 곡물로 지은 주식이다. 밥의 대표는 흰쌀밥 백반白飯이다. 밥은 널리 끼니를 이르기도 하고, 반점飯店 하면 밥집인데 중국에서는 먹는 곳이 아니라 자는 곳, 호텔이다.

손반飧飯은 밥을 물에 말아 먹는 것이니, 다 갖추지 않은 소박한 한 끼다. 그래서 구선손반具膳飧飯을 '갖은 반찬을 갖추어~'보다 간신히 찬을 갖춰 물 말아 밥 먹는 것으로 새겨 읽자는 것이다.

소박한 식사 하면 안연顏淵 또는 안자顏子라고도 하는 공자 제자 안회顏回의 '일단사일표음一簞食一瓢飮(한 소쿠리 밥과 한 바가지 마실 물)', 줄여서 단사표음簞食瓢飮이 빠질 수 없다(이때 食은 '먹을 식'이 아니라 '밥 사').

子曰, "賢哉, 回也! 一簞食, 一瓢飮, 在陋巷, 人不堪其憂, 回也不改其樂. 賢哉, 回也자왈 현재 회야 일단사 일표음 재누항 인불감기우 회야불개기락 현재 회야!"

선생님께서 말씀하셨다. "어질구나, 회여! 한 소쿠리 밥과 한 바가지 마실 물로 더러운 골목길에 살면 여느 사람은 그 근심을 견딜 수 없겠거늘, 회는 그 즐거움을 거두지 않더라. 어질구나, 회여!" (『논어·옹야』)

맞을 적適은 꼭 맞는다(적합適合, 적당適當)는 뜻. '간다, 지낸다'라는
뜻도 있어서, 안회처럼 먹고사는 데 연연하지 않고 느긋한 마음으
로 살아가는 것을 유유자적悠悠自適이라 한다.

입 구口는 사람이나 동물의 입, 확대해서 사물의 뚫린 부분을
이른다. 나고드는 뚫린 데가 출입구出入口다. 적구適口는 음식이 입
에 맞는다는 말.

찰 충充은 빈 공간을 메우는 것이다. 메운 결과는 충만充滿·충
족充足·충분充分이고, '충'자 하나만으로도 충분하다는 뜻이 된다.
버스카드의 여웃돈을 채우는 일, 차량의 연료(특히 가스)를 채우는
일은 메울 전 충전充塡이다. 배터리의 잔여 용량을 충전充塡하는 건
전하를 채우는 것이니 충전充電이기도 하다.

창자 장腸은 내장 중 소화관의 후반부인 작은창자(소장小腸)와 큰
창자(대장大腸)다. 창자를 포함한 내장 전체(오장)를 아우르는 말로
따로 내장 장臟이 있다. 충장充腸은 창자를 채우다, 곧 배불리 먹
다, 배부르다.

적구충장適口充腸, 입에 맞아 먹을 만하고 배부르면 그만. 그래서
앞의 '구선具膳' 앞에 '하필'이 생략된 것으로 보아 "반찬을 갖춰야
만 맛인가, 물 말아 밥 먹어도 맛있고 배부르면 그만이지"라고 적
극적으로 새기자는 것이다.

배부를 포飽는 포만飽滿·포화飽和의 포다. 배부른 나머지 먹기
싫을 지경이 되면 물릴 어飫. 포·어·포어飽飫 모두 배부르다(긍정
또는 중립), 물린다(부정)는 뜻을 다 갖는다.

삶을 팽烹은 식재료를 물 등에 담가 오래 끓여 익히는 것. 한漢
나라 개국공신 한신韓信은 역모 혐의로 사형을 당하게 되자 '토사

구팽兎死狗烹', 토끼를 잡았으니 쓸모가 없어진 사냥개는 삶아 먹는
다는 말로 항의했다.

果若人言. 狡兎死, 良狗烹; 飛鳥盡, 良弓藏; 敵國破, 謀臣亡. 天下已

定, 我固當烹. 과약인언 교토사 양구팽 비조진 양궁장 적국파 모신망 천하이정 아

고당팽

과연 사람들이 말하는 대로구나. 교활한 토끼가 죽으면 사냥

개를 삶고, 나는 새를 다 잡으면 좋은 활을 창고에 처박고, 적

국을 깨부수고 나면 꾀를 낸 신하가 죽는다더니, 천하가 안정

되니 정말로 나를 삶네. (『사기 · 열전』 회음후)

우리나라에서 '토사구팽'이 특히 유명해진 건 김영삼 대통령이
당선된 직후 1993년 집권 유공자 중 한 명인 김재순 전 국회의장
을 부정축재로 몰자 그가 정계 은퇴를 선언하며 이 고사를 꺼내서
다. 이후 쓰임이 다한 사람을 내치는 걸 '팽한다'고들 한다.

요리 재宰는 요리사를 뜻하는데, 재상宰相(총리)이나 주재主宰한다
는 뜻으로 더 많이 쓰인다. 관청의 요리 담당 관원을 가리키는
말로도 쓴 데서 '요리'라는 뜻이 됐다. 팽재烹宰는 반드시 삶은 것
만이 아니라 푸짐한 요리.

포어팽재飽飫烹宰, 배부르면(飽) 진수성찬도(烹宰) 물린다(飫).

주릴 기飢는 배부를 포飽의 반대. 흔히 주릴 아餓와 나란히 기아
飢餓라고 쓴다. 주릴 기饑도 있는데, 흉년(기근饑饉)을 말할 때 주로
쓴다. 간체로는 飢와 饑 모두 饥 한 글자다.

싫을 염厭은 염증厭症을 느낀다는 그 염이다. 세상을 싫어해 탈

출(주로 자살 같은 걸로)을 꿈꾸거나 부추기는 사상이 염세주의厭世主
義다. 자기는 안 죽으면서 굳이 책으로 그런 사상을 편 철학자가
쇼펜하우어다.

지게미 조糟는 쌀 같은 것을 발효시켜 술을 빚을 때, 밑술(막걸
리)에서 맑은 윗술(청주)을 걸러내고 남은 찌꺼기다. 그것도 곡식
의 찌꺼기라고 가난해서 주리면 그거라도 먹어 빈속을 달래는데,
알코올이 남아 있어 얼굴이 벌게지기 일쑤다.

겨 강糠은 쌀·보리 같은 곡물의 속낟알을 싸고 있는 거친 껍데
기다. 조강糟糠은 술지게미와 겨, 그러니까 아주 가난한 사람이 죽
지 못해 밥 대신 먹는 거친 음식이다. 서방의 무능으로 젊은 시절
가난을 함께 헤쳐 온 아내를 조강지처糟糠之妻라 하여, 설령 칠거지
악七去之惡에 들어도 내치지 못하도록 했다.

조강은 원래 버릴 것이다. 육고기의 버릴 것은 대표적으로
곱창인데, '버릴 것' 호루모노放る物를 구워 먹는 게 일본식 곱창
구이 호루몬야키ホルモン燒き가 됐다는 웃픈 이야기.

기염조강飢厭糟糠도 앞의 '포어팽재'와 대구가 되도록 '기-염-조강'
으로 끊되, 의문문으로 새기는 게 좋겠다. 주리면(飢) 거친 음식인
들(糟糠) 마다하리오(厭)? 시장이 반찬이란 말.

친할 친親은 친근親近한 것, 어버이(모친母親·부친父親), 또 더 넓게
친척親戚·친지親知까지 가리킨다. 가까이한다는 타동사로도 쓰여,
등화가친燈火可親이라 하면 등불을 가까이할 만하다, 곧 독서하기
좋은 가을의 별칭이다.

겨레 척戚은 피붙이라는 뜻. 혈연 대신 혼인婚姻으로 맺어진 게 인척姻戚이고, 친척親戚 하면 피붙이뿐 아니라 인척까지 흔히 포함한다.

예 고故는 더러 예 고古(제185구)와 넘나들며 쓰이기도 하는데, 고古가 단순히 오래된 것이라면 고故는 무슨 연고緣故가 있는 것이다. 살았던 고장이 고향故鄕, 그냥 옛 땅(고토古土)이 아니라 잃어버린 땅은 고토故土. 까닭(연고), 사고事故라는 뜻도 있다. 맹자는 양친 살아 계시고 형제 무고無故한 것을 군자삼락君子三樂(군자의 세 가지 즐거움)의 첫째로 쳤다. 나머지 둘은 위로 하늘과 아래로 남들 앞에 부끄러움 없는 것과, 천하의 영재를 얻어 가르치는 것(『맹자·진심 상』).

예 구舊는 단순히 오래된 것을 넘어서, 새것(신新)과 교체돼 물러난 것을 주로 가리킨다. 이전 상태로 되돌리는 게 복구復舊. 여기서는 친구親舊라는 뜻으로 쓰였다. 고구故舊는 오래 못 만난 옛 벗들. 가상의 선비는 서울이나 타향에서 벼슬 살다 물러나 돌아온 사람이고, 친척고구親戚故舊는 고향에 사는 친척과 친구들이다. 그이들을 집에 불러 음식을 대접하는 상황이다.

늙을 로老는 생물이 나이든 것. 부수인 耂(늙을로엄) 자체가 늙었다는 뜻이니, 늙은 부모(耂)를 자식(子)이 업은 모습에서 효도 효孝자가 나왔다(제63구). 반드시 늙거나 노숙老熟해서가 아니라 그저 공경의 뜻으로도 써서, 나이가 엇비슷하거나 아래인 상대를 점잖게 부를 때 노형老兄이라 한다(완연한 손위 상대에게 쓰면 큰 실례). 현대 중국어의 '라오스老師(노사)'도 그냥 2인칭 범칭 '선생님'이다.

적을 소少는 수량이 적은 것이며, 크기가 작다는 소小와 구별된다. 나이도 숫자이므로 젊다는 뜻도 된다. 노소老少는 나이가 많고 적음, 곧 늙은이와 젊은이. 남녀男女도 사람 전부, 노소도 사람 전부인데 겹쳐서 남녀노소로 쓰면 전부임을 더욱 강조하는 말이 된다.

소년少年은 본래 젊음, 청춘의 뜻으로 10대 중후반부터 서른
언저리까지를 두루 가리키던 말이다. 제60구에서 본 주희「권
학문」 중 "소년이로학난성少年易老學難成"의 소년, 최남선의 잡지
『소년』과 신체시「해海에게서 소년에게」의 소년은 지금으로 치
면 청소년부터 청년까지다. 그러던 소년이 현대에 더 어려져서
어린이를 이르는 말이 됐다.

다를 이異는 '달리하다'라는 타동사로 쓰였다. 양식 량糧은 먹을
거리(양식糧食, 식량食糧).

노소이량老少異糧, 나이에 따라 음식을 달리하라. 친척고구에게
음식을 대접할 때 젊은이는 푸짐하게, 늙은이는 부드럽고 영양가
있는 것으로 양과 질을 달리 배려하라는 말이다. 자연스럽게 다
시 『맹자』의 "쉰이면 비단이 아니면 따스하지 않고, 일흔이면 고
기가 아니면 배부르지 않다(五十非帛不煖, 七十非肉不飽오십비백불난 칠십비육
불포)"(「진심 상」)라는 말이 연상되듯, 방점은 역시 노인에 있다.

이상 음식과 관련된 글자들의 뜻 성분으로 밥 식食(飯·飽·飫·飢)
과 쌀 미米(糟·糠·糧)가 많이 들어간 걸 눈치챘을 것이다.

친척고구, 노소이량을 오늘의 '꼰대'들이 거꾸로 한번 받아들임
직하다. 못 먹던 시절에는 그저 고기 회식이 최고였고 버거나 파
스타 먹으면 쉬이 배 꺼진다고들 했지만, 요즘 누가 고기 없어서
못 먹나? 이왕 쓸 바엔 밥이든 술이든 젊은 사람들에 맞추는 센스
있는 호스트가 됩시다.

제207~212구

²⁰⁷ **妾御績紡**, 첩어적방　계집은 길쌈에 힘쓰고

²⁰⁸ **侍巾帷房**. 시건유방　수건 받들고 침실에서 모시니

²⁰⁹ **紈扇圓潔**, 환선원결　티 없는 흰 깁 둥근 부채에

²¹⁰ **銀燭輝煌**. 은촉휘황　은빛 촛불 눈부셔라.

²¹¹ **晝眠夕寐**, 주면석매　낮밤으로 눕고 자는 자리는

²¹² **藍筍象床**. 남순상상　상아 장식 침상에 푸른 대자리라.

식생활에 이어 부부생활(성생활 아님)과 주住생활이다.

첩 첩妾은 시앗, 그러니까 남자의 정실(제217구 '적후사속' 참조) 아닌 첩실妾室이라는 뜻으로 주로 쓰지만, 여자가 스스로 낮추어 이를 때도 쓴다. 여자가 윗사람 앞에서 '저'라고 할 때 소첩小妾, 특히 임금 앞에서는 신첩臣妾이라 하는 식이다. 왕비도 예외가 없다. 여기서도 정실·첩실 가리지 않고 그저 아내라는 뜻으로 썼다. 그러니까 첩은 계집이다. 마누라를 계집이라니, 너무하지 않냐고? 1930년대까지도 계집은 비칭이 아니었다.

처妻(정실)냐 첩이냐는 혼인 또는 동거를 시작한 순서로 정해지는 게 아니라, 부모가 인정하는 유일한 혼인관계만 처이고 나머지(있으면)는 다 첩이다. 일부다처 사회라서 정실을 여럿 둘 수 있어도 처첩의 구분은 있다. 판소리 <춘향가>에 보면 아버지 따라 서울 올라가게 된 몽룡이 따라오겠다는 춘향을 말리며 "양반의 자식이 혼인도 하기 전에 첩부터 두었다 하면~" 운운이 나오는데, 춘향이 미혼(게다가 과거 등과 전)인 몽룡과 살림

을 차린들 첩, 그것도 기생첩(어미가 기생이므로)밖에 안 된다는
얘기다.

다스릴 어御는 마소(우마)를 부린다, 특히 말탄다는 뜻인데, 여기
서는 어떤 일을 담당한다, 주력한다는 뜻으로 썼다. 고대 군자(통
치계급)의 필수 교양인 육예六藝 중 '말타기'가 이 어御다. 육예는 예
禮(의전), 악樂(음악이론), 사射(활쏘기), 어, 서書(글씨 쓰기), 수數(셈하기).
어떤 일을 컨트롤하는 걸 말 부리기에 비겨 제어制御라 한다. '거느
릴 어'라 하여 임금과 관련된 말에 쓰기도 하고(어명御命, 어전御前),
특히 일본어에서는 윗사람에 속한 물건을 높이는 접두사로 진지
(밥)를 '御飯(고한)'이라는 식으로 쓴다.

길쌈 적績, 자을 방紡은 모두 원재료에서 섬유를 뽑아내는 일이
다. 흔히 방적紡績이라고 쓰는데 여기서는 각운을 맞추느라 적방績
紡으로 썼다. 적방만 썼어도 당연히 그다음 단계인 베짜기(방직紡織·
직조織造)까지 함축하는 운문의 힘! 물레는 특히 원재료가 목면(목
화, 제161구 '광원면막' 참조)일 때의 '방적' 기구이고, 베틀은 '방직' 기
구다. 실잣기부터 베짜기까지 전 과정이 길쌈이다. 일의 성과를
길쌈에 빗대 실적實績·성적成績이라 쓴다.

첩어적방妾御績紡, 계집(아내)은 길쌈에 힘쓴다.

봄에서 여름으로 넘어가는 철에 베틀 앞에 앉은 여인의 시름
을 노래한 한글시가 있다.

버들은 실이 되고 꾀꼬리는 북(베틀의 북)이 되어
구십 삼춘三春에 짜내느니 나의 시름

누구서 녹음방초線陰芳草를 승화시勝花時라 하던고?

― 여창 우조 이삭대엽

수업에서 들려주고 소리 내 읽게 하고 물었다. "여자는 왜
시름에 잠겼을까?"

"가난해서요." "일하기 지겨워서요." "남자가 없어서요." …

"음, 내 생각엔… 봄이라서."

모실 시侍는 시중드는 일. 일본 무사武士(부시) 사무라이를 이 한
자로 쓰는 것은 주군을 가까이서 모시는 자리이기 때문이다. 궁궐
안에서 시중드는 관직인 내시內侍(환관宦官)는 왕의 여자들하고 눈이
맞다가 배꼽까지 맞는 일을 원천봉쇄하기 위해 거세를 했다지.

수건 건巾은 얼굴과 손을 닦으면 수건手巾, 머리에 쓰면 두건頭巾
이다. 아내가 아침에 눈을 뜨면 먼저 깨 있던 남편이 커피 내려
침대맡에 대령해 주면 얼마나 좋을까마는, 옛날엔 남편이 아침에
일어나면 아내가 대야에 세숫물을 떠 바치고 옆에서 수건을 들고
대령했다. 그게 시건侍巾이다. 수건과 함께 빗(즐櫛)도 대령했으므
로 건즐지시巾櫛之侍, 줄여서 건즐이라는 말로 남편을 뒷바라지하는
아내의 소임을 대표했다. 즐!

휘장 유帷는 천으로 된 가리개, 커튼이다. 방 방房은 건물의 내
부에 구획된 단위공간. 유방帷房은 휘장 친 방이니 침실이다.

낮에는 첩어적방, 길쌈으로 가정경제에 기여하고, 밤은 밤대로
'밤의 임무'가 있겠고, 아침이 되면 시건유방侍巾帷房, 수건과 빗 들
고 대령하는 여인의 삶이 아니라, 그런 계집을 거느리고 사는 가
부장의 일상을 노래하는 중이다.

침실을 좀 더 들여다보자.

깁 환紈은 무늬 없이 짠 비단이다(제49구 '묵비사염' 참조).

부채 선扇은 바람 부치는 도구. 전기부채가 선풍기扇風機다. 부채로 부친다, 부추긴다는 뜻으로는 따로 부칠 선煽이 있다(선동煽動). 환선紈扇은 비단 부채.

둥글 원圓은 圜으로도 쓰는데, 圜에 '환'과 '원' 두 독음이 있어서 덕수궁 맞은편 조선호텔 자리에 있던 圜丘壇을 원구단으로 읽느냐 환구단으로 읽느냐 다툼이 있다. 국립국어원 표준국어대사전도 두 개를 다 표제어로 인정한다. 돈이 둥글어서인지 한중일 화폐단위에 다 원圓과 환圜이 쓰인 적이 있다. 지금은 중국은 元(원, 위안), 한국은 한글로만 원, 일본만 圓의 약자인 円(엔)으로 쓴다.

깨끗할 결潔은 그냥 더럽지 않은 정도가 아니라 몹시 깨끗한 것이다. 새하얀 게 결백潔白, 조금의 티도 못 참는 건 결벽潔癖. 제41구(여모정렬)의 '정렬貞烈'을 어떤 판본은 글자 겹침을 무릅쓰고 '정결貞潔'로 썼다는 얘길 앞에서 했다.

환선원결紈扇圓潔, 쓴 대로는 "비단 부채(환선)가 둥글고 깨끗하다(원결)"인데, 둥근 비단 부채가 깨끗하다고 알아서 새기자.

은 은銀은 금속 은(Ag)이다. 빛나게 흰 물건에도 써서, 노년의 백발은 은발銀髮, 눈 덮인 천지는 은세계銀世界, 영화관 스크린은 은막銀幕(silver curtain), 아이스링크는 은반銀盤(silver disc)이다. 금과 은이 가치의 표준이다 보니(금본위, 은본위) 금도 돈이고(현금現金, 금액金額) 은도 돈을 가리킨다(은행銀行). 프랑스어의 돈도 argent, 은이다. 땅만 파면 은이 나온다는 (헛)소문의 나라가 아르헨티나(Argentina).

초라는 우리말은 아마 촛불 촉燭에서 왔을 게다. 혼례에 켜는

초를 특별히 화촉華燭이라 하고, 벌집 부산물인 밀랍蜜蠟으로 만든
밀촉蜜燭을 대체한 파라핀 초가 양洋초다. 빛의 밝기 단위인 칸델
라(candela)도 이탈리아어로 초라는 뜻이어서 한자로 촉광燭光, 줄
여서 그냥 몇 촉이라고 한다. 장래가 촉망되는 건 촛불 촉망燭望이
아니고 촉망屬望(囑望, '바라보라고 부추김')으로 쓴다.

은촉銀燭은 딱히 은빛 촛불이나 은촛대가 아니라 상투적으로 촛
불을 이르는 관용어다.

빛날 휘輝, 빛날 황煌은 모두 눈부실 정도로 밝은 것. 휘황輝煌을
더욱 강조하면 휘황찬란輝煌燦爛이다. 휘輝자의 부수가 빛 광光이 아
니라 수레 거車인 건 뜻밖이다.

은촉휘황銀燭輝煌, 촛불이 눈부시게 빛난다. 지금 침실 상황인데,
밤이고 촛불이 더군다나 흰 깁 부채에 반사된다면 눈이야 부시겠
지만, 전체 분위기인즉슨 휘황보다 은은隱隱이 더 어울렸을 것이
다. 여러 번 지적하지만 운문이고 같은 글자 다시 못 쓰는 「천자
문」의 한계이고, 거꾸로 작자의 글재와 융통성이 이로써 더 돋보
이기도 한다.

낮 주晝는 밤의 반대. 글 서書(제122구)보다 한 획 많고 그림 화畵
(제110구)보다 한 획 적으면서 모양도 엇비슷하니 주의.

잠잘 면眠은 잠잘 수睡와 결합해 수면睡眠, 또 인위적으로 잠을
유발하는 최면催眠 등에 쓴다.

저녁 석夕은 낮의 뒤, 밤의 앞인데 그냥 밤이라는 뜻으로도 쓴다.

잠잘 매寐도 잔다는 뜻이다. 깰 오寤와 합쳐 오매불망寤寐不忘 하
면 자나 깨나 잊지 못한다는 말. 「기미독립선언서」에, 지나支那(중
국)로 하여금 "몽매夢寐에도 잊지 못하는 불안, 공포로서(로부터) 탈

출케" 하기 위해 오늘 조선 독립을 선언한다고 했다. 잠은 눈 감고 자니 수면睡·면면眠은 눈 목目 부수이고, 집에서 깨고 자서인지 오寤·매寐는 집 면宀(갓머리) 부수를 썼다. 잠들어 꿈속을 헤매는 몽매夢寐와 독음이 같은 몽매蒙昧는 어리석다는 말.

주면석매晝眠夕寐, 낮에도 자고 밤에도 잔다니 종일 잔다는 건 아니고, 연로하니 낮에도 잠깐 눈을 붙인다는 뜻이겠지. 잔다는 걸 말하려는 게 아니라, 바로 뒤따르는 자리와 침상 얘기를 하려는 것이다.

쪽 람藍은 마디풀이라고도 하며, 남색(쪽빛) 염료 만드는 데 쓰는 풀이다. 파랑은 쪽을 우려서 내는데 그 파랑이 쪽보다 더 파란 걸 청출어람이청어람靑出於藍而靑於藍, 줄여서 청출어람이라 하여, 제자나 손아래가 스승이나 손위보다 뛰어남을 일컬을 때 쓴다.

죽순 순筍은 죽순이란 뜻일 땐 笋·笋과 같고, 널리 식물의 새순을 일컫기도 한다. 남순藍筍은 직역하면 푸른 죽순이지만, 관용어로 푸른 대로 짠 돗자리를 이른다. 푸른 대라니, 댓닢인지 대껍질인지는 모르겠다.

코끼리 상象은 여기서 코끼리 어금니인 상아象牙의 대용으로 쓰였다. 소유자로 소유물을(보통은 그 반대) 대신했으니 환유다.

상 상床은 牀의 속자였지만 아예 본자처럼 쓰인다. 여기서는 침상寢牀이다. 상상象床은 침상 전체가 상아가 아니라, 기둥 등에 상아 장식을 덧댄 침상이다.

남순상상藍筍象床은 푸른 대로 자리를 엮어 바닥을 하고 상아 장식이 있는 화려한 침상이다. 은퇴한 지 오랜 인생의 저물녘 삶의 넉넉하고 한가로운 집안살이를 대변한다.

제213~216구

²¹³ **絃歌酒讌**, 현가주연   풍악 노래 울리는 술잔치에서

²¹⁴ **接杯擧觴**. 접배거상   잔 잡아 권커니 자커니

²¹⁵ **矯手頓足**, 교수돈족   손 들고 발 굴러 춤추는 모습

²¹⁶ **悅豫且康**. 열예차강   즐겁고도 편안쿠나.

저 앞 제201~206구에서 먹는 얘기를 했는데, 좀 건너뛰어 함께 먹는 자리에 따름직한 술과 음악 얘기다. 궁궐 잔치인 제113~114 구(사연설석, 고슬취생)의 민간판처럼도 생겼다.

줄 현絃은 특별히 현악기의 줄이다. 중국에서는 絃 대신 시위 현弦자를 더 자주 쓴다. 관현管絃이라 하면 관악기와 현악기뿐만 아니라 제유로 악기의 총칭인데, 여기서는 현자 한 글자만으로 악기의 총칭이다.

노래 가歌는 가락(멜로디)에 시를 얹어 사람이 부르는 것이다. 가歌는 악기 반주까지 갖춘 것이고, 사람 소리만으로 소리하는 것은 요謠로 구분해 쓰기도 한다. 합하면 가요歌謠.

> 시는 뜻을 말하고, 노래는 말을 길게 끄는(즉, 읊는) 것이다 ("詩言志, 歌永言시언지 가영언", 『상서·요전』). 그래서 노래를 영언永 言(이때 永은 읊을 영詠의 뜻)이라고도 한다. 『청구영언靑丘永言』은 청구, 즉 동쪽(청색) 나라 '조선 노래'이니, 『해동가요海東歌謠』와 말뜻은 같다.

술 주酒는 부수자가 물 수氵(삼수변)가 아니고 닭 유酉인 데 주의.

유시(오후 3~5시) 이후에 먹는 액체라 그렇다는 우스개가 있다. 스님들은 계율상 술을 못 마시게 돼 있으므로 몰래 먹는 술을 곡차穀茶라 부른다. 술 중 증류주가 소주燒酒인데, 진짜 증류식 소주만 술 주자 燒酒이고 희석식 소주는 진한술 주酎자 燒酎로 쓴다는 설이 있다. 그 설이 맞다면 참이슬(眞露진로)은 소'酎'이고, 태울 소燒자를 파자한 화요火堯 40도는 소'酒'라야 맞겠다. 40도 소'酒'를 희석한 화요 20도는 그럼 소'酒'인가 소'酎'인가?

잔치 연讌은 같은 뜻의 연宴도 있고, 제비 연燕자를 가차로 빌려 쓰기도 한다. 제113구(사연설석)에서는 대자리 연筵으로 썼다.

현가주연絃歌酒讌은 풍악 잡히고 노래하는 술잔치다. 이때 풍악·노래 바치는 주체는 아랫사람이고, 잔치 주재자와 손님들이 감상의 주체가 된다. 즉, 낮은 신분 전문가의 음악은 '하는' 음악이 아니고 '시키는' 음악이다.

붙을 접接은 잇다(접속接續), 잇닿다(연접連接·인접隣接), 달라붙다(접착接着) 등의 뜻. 남녀나 암수의 짝짓기는 교접交接이다.

잔 배杯는 잔 배盃와 통한다. 보통 杯는 술잔 일반, 盃는 유럽 축구 챔피언스리그의 '빅이어' 같은 커다란 술잔이다. 축구 월드컵 트로피는 잔 모양이 아닌데도 월드'컵'이고 피파'배盃'다. 건배乾杯는 잔을 말린다는 말이니, 받은 잔을 다 비운다는 뜻이 된다. 접배接杯는 술잔을 부딪치는 게 아니라, 공손히 두 손으로 잔을 잡아 권하는 것.

들 거擧는 수평보다 위로 치켜올린다는 말. 손을 올려 하는 군경들의 경례가 거수擧手경례다. 일꾼을 표로 뽑아서 세우는 게 선거選擧인데, 좋은 이를 뽑는대서 선량選良이라고도 한 데서 뽑힌 이

를 아예 선량이라고 부른다고 했다(제42구 '남효재량'). 회의 의안을
반대 없이 통과시키는 의원이나 회사 이사들을 거수기擧手機라 비
꼬아 부른다. 밀레니엄이 바뀔 때 기독교계 일부에서 구세주가 재
림해 신자들을 휴거携擧, 붙잡아 하늘로 올린다고 했다. 나는 휴거
못 받고 아직 땅에서 공부하고 있는데, 휴거 믿은 그들은 어찌 됐
나 모르겠다.

술잔 상觴은 술잔치고도 작은 것이다. 뿔 각角 부수이니 원래는
쇠뿔 같은 것을 깎고 파서 만들었나 보다. 도도한 강물도 시원始原
은 조그만 샘물인 데서, 어떤 일의 시초를 잔이 넘친다는 남상濫觴
에 비유한다. 거상擧觴은 받은 술잔을 눈높이까지 들어올려 답례하
는 것.

접배거상接杯擧觴, 잔치 자리에서 술잔 잡아 권하고 받는 정경이다.

음악에는 으레 춤이 따른다. 춤에도 음악처럼 두 종류가 있다.
내가 추는 춤, 남 시키는 춤. 못하는 노래는 부르기도 듣기도 괴롭
지만 막춤은 추기도 보기도 덜 괴로우니 춤이 좀 더 평등한가.

바로잡을 교矯는 굽거나 휘어 있는 것을 곧게 편다, 교정矯正한
다는 뜻인데 여기서는 편다는 뜻으로 썼다. 무엇을? 손 수手를.
교수矯手는 손 자체를 펴는 것이 아니라 손을 옆이나 위로 쳐들어
팔을 쫙 편다는 뜻이겠다. 은근히 양팔이나 양손을 교차交叉하는
교수交手까지 연상하도록 '교'자를 쓴 인상이다.

조아릴 돈頓은 고개를 까딱하는 것이다. 어른에게 보내는 서신
을 맺을 때, 손아래가 고개를 조아린다는 뜻에서 '아무개 돈수頓首'
처럼 쓴다. '문득'이라는 뜻도 있어서, 불교 선종禪宗에서 깨달음이
점진적인 수행의 결과냐, 깨달음은 순간이라도 수행은 평생 하느

냐, 깨달았으면 그것으로 수행도 다 된 것이냐 하는 논쟁을 각각 '점오점수漸悟漸修, 돈오점수頓悟漸修, 돈오돈수頓悟頓修'라 한다. 정돈整頓에도 이 돈자를 쓴다.

발 족足은 발 두 개분인 한 켤레도 된다. 채운다(만족滿足, 충족充足), 충분하다는 뜻도 있다.

돈족頓足은 춤 동작으로 발을 구른다는 말. 발을 구르려면 무릎 안쪽(뒤쪽) 오금을 폈다 구부렸다 해야 하므로 '오금 밟는다'고도 한다(태견 기술 중 오금밟기는 말 그대로 상대의 오금을 밟는 것).

자고로 춤은 교수돈족矯手頓足, 손 쳐들고 스텝 밟으며 추는 법. 「모시서」에, 말이 탄식이 되고 노래가 되고, 급기야 "저도 모르게 손으로 춤추고 발 굴러 스텝 밟는다(不知手之舞之, 足之蹈之부지수지무지 족지도지)"고 했다.

기쁠 열悅은 기쁠 열說(제140구)과 통용한다. 좋아 죽겠는 건 희열喜悅, 종교적 엑스터시는 법열法悅인데, 엑스터시는 마약 상품명이기도 하군.

즐길 예豫는 미리 예(예상豫想·예비豫備)로 더 많이 쓴다.

또 차且는 부사보다 접속사로 쓰일 때가 더 많은 점에서 부사로 많이 쓰이는 '또 우又'와 용례가 반대다. 사태가 중요하고 큰 걸 중차대重且大하다고 한다. 구차苟且하다는 뜻도 있다.

편안할 강康은 근심거리가 없는 상태, 주로 건강健康 같은 것이다. 인생의 네 가지 좋은 것으로 수복강녕壽福康寧, 오래 살고 복 누리고 몸 튼튼하고 주변 근심 없는 것을 꼽는다. '오복五福'도 있는데, 살아서 수壽·부富·강녕康寧과 덕 많은 유호덕攸好德, 마침내 '웰다잉' 고종명考終命까지다.

열예차강悅豫且康, 기쁘고 즐겁고도 편안한 것은 가까이는 제213

구(현가주연)부터 잔치 벌이는 상황, 멀리는 제183구(삭거한처)부터
읊은 은퇴 후의 편안한 삶이다. 「천자문」의 두길 서사 중 개인사
의 주인공인 가상의 선비는 이로써 살아서 누릴 건 다 누렸고, 자
식 복 빼곤 다 읊었다.

제217~220구

²¹⁷ **嫡後嗣續**, 적후사속　후손으로 대를 이어
²¹⁸ **祭祀蒸嘗**. 제사증상　대소 제사 받듦에
²¹⁹ **稽顙再拜**, 계상재배　이마 찧어 두 번 절하니
²²⁰ **悚懼恐惶**. 송구공황　두렵고 황송하여라.

　나도 누군가의 자식으로 태어났고, 십중팔구 자식을 낳아 유전
자를 이어갈 것이다. 이승(이 생生)의 삶이 다하는 것으로 생명은
끝나지 않는다. 저승(저 생生)의 삶이 어떤지는 말해 줄 사람이 없으
므로 알 수 없지만, 이승에 남은 자들은 먼저 간 자의 넋을 기리는
의례를 치른다. 제사다.

　종種을 보존하는 것은 생물의 본성이지만, 동아시아는 그게 강
박 수준으로 심했다. 제사가 얼마나 중요했는지, 제26구(주발은탕)
의 주발周發, 즉 주 무왕이 상나라의 주紂왕을 치러 제후들을 불러
모은 명분의 첫 번째가 "제사지내야 할 분들을 버리고 보답하지
않음"이었다(『상서 · 목서牧誓』). 아니, 남의 집안 일인데 흉이나 보면
그만이지 가서 무찌르기까지 한대? 3천 년도 더 전 일인데, 그 무
왕 집안 제사는 잘 이어지고 있나 모르겠다.

제사는 혈통의 후손(비속卑屬)이 치르는 게 원칙이다. 정실 적嫡은 좁은 의미(남성 기준)로 시앗(첩妾, 제207구)이 아닌 정식 배우자다. 정실이 낳은 자식이 적자嫡子다. 정실과 첩실 구분 없이 널리 후손을 '적'이라 뭉뚱그리기도 한다. 여기서는 그 뜻으로 쓰였다.

뒤 후後는 공간적으로 뒤, 시간적으로 나중이다. 여기서는 후손後孫이란 뜻. 적후嫡後는 대를 잇는 후손.

이을 사嗣는 대를 잇는다는 뜻. 사자嗣子는 가장 좁게는 적자 중 대표로, 대를 이을 아들이다. 대체로 맏아들이지만, 장성하는 족족 부모의 집을 떠나는 유목사회 같은 데서는 막내아들이 대를 잇기도 한다. 아들이 없을 땐 친척 중에서 양자養子를 들여 사자로 삼기도 하지만, 아들이냐 딸이냐보다 혈통을 더 중시해 딸을 사녀嗣女로 세우는 문화도 있다.

이을 속續은 끊이지 않도록 계속繼續 이어 가는 것. 사속嗣續은 대를 잇는다는 말.

적후사속嫡後嗣續, 후손이 대를 잇는다. 적후는 나의 후손일 수도 있고, 조상의 후손 된 화자 자신을 가리킬 수도 있다. 「천자문」이 단락의 맥락에서는 후자가 더 자연스럽다. 사람은 한번 가면 그만이건만 혈통을 잇는다는 것을 그리도 중시했다.

「천자문」엔 뒤 후後만 있고 앞 전前과 먼저 선先자는 없다.
제145구(가도멸괵)에서 '앞길' 전도양양 얘기했는데, 시간의 '앞뒤'와 '전후前後'가 결이 좀 다르다.
'전'날(전일)은 과거고 '앞'날은 미래 = 뒷날(후일)이니까, '앞날 = 뒷날'이다.
'앞'일은 과거 일도 되고, 미래 일(앞일 = 뒷일)도 된다.

'후'세는 미래고, '뒤'돌아보는 건 과거다.

이렇게 '앞뒤'와 '전후'가 뒤죽박죽인 것은, 시간의 선후先後를
전후로 쓰기도 하지만(앞＝과거, 뒤＝미래), 걸어가는 '길'의 앞뒤
에 유비해 '앞＝미래, 뒤＝과거'로 쓰기도 하기 때문이다.

대를 이음을 표창表彰(드러냄)하는 의례가 제사祭祀다. 제사 제祭와
제사 사祀 낱글자로든 합하여 제사로든, 넓은 뜻으로는 신神 · 령靈
· 혼魂 · 백魄 · 귀鬼 등에 올리는 예禮의 총칭이다. 엄밀히 구분할
때는 하늘의 신은 '사'하고(사천신祀天神), 땅의 기祇는 '제'하고(제지기
祭地祇), 사람 귀신은 '향'한다(향인귀享人鬼)고 가려 쓰기도 한다(『주례周
禮 · 춘관春官』 태사악大司樂). 페스티벌을 이르는 축제祝祭도 기원은 대
자연에 비는(빌 축祝) 제의祭儀다.

거의 모든 문화에서, 제사의 공통 절차는 신령을 모시는 영
신迎神, 기쁘게 해 드리는 오신娛神, 본래 있을 곳으로 되돌려보
내는 송신送神이다. 그중에서도 오신이 제사의 핵심일 텐데, 무
엇으로 신령을 기쁘게 할까? 크고 작은 제사 한둘을 떠올려 보
면 금세 알겠듯 주식酒食과 악무樂舞다. 사람을 반기고 성내게 하
는 것과 신령을 기쁘고 노하게 하는 것이 다르지 않다. 이른바
신 · 인神人 동형 · 동성설同形同性說(isomorphism)이다. 신이 당신
의 형상대로 사람을 만들어서일까, 인간이 자기 형상대로 신을
만들어서일까?

제사 중 조상 제사는 통상 그분을 기념하거나 추모할 날에 지내
지만, 연중 일정한 날을 정해 지내는 것도 있다. 증烝은 겨울에

지내는 제사, 상嘗은 가을에 햇곡식으로 지내는 제사다. 우리 식으로는 설날과 추석 차례(북한에서는 이것도 제사로 통칭하더라)쯤 된다. 蒸은 본래 김(증기蒸氣) 또는 찌다, 嘗은 맛보다·경험하다·일찍이의 뜻.

제사증상祭祀蒸嘗, 각종 제사를 받든다. 사후에 후손(적후)의 제사를 받을 '나'도 살짝 겹쳐 보이지만, 가상의 선비는 아직 죽지 않았으니 '내'가 후손인 걸로 상정하고 계속 보자.

조상 제사에 임하는 행동과 마음가짐이다.

머무를 계稽는 머리를 조아린다는 뜻으로 썼다. 조사(상고)한다는 뜻도 있고, 터무니없기가 전무후무할 정도일 때 황당무계荒唐無稽하다고도 쓴다.

이마 상顙은 머리의 위 앞쪽인데, 정수리나 뺨을 가리키기도 한다. 계상稽顙은 이마가 땅에 닿도록 절하는 것. 머리를 바닥에 찧는다는 뜻에서 고두叩頭라고도 한다.

두 재再는 두 번, 다시, 거듭. 부사어로 주로 쓰인다. 헤어질 때 하는 중국어 인사 '짜이젠(再見재견)'은 말 그대로 다시 보자(See you again)는 말.

절할 배拜는 무릎을 꿇거나 허리를 숙이거나 머리를 조아리는 등 몸을 낮춰 예를 갖추는 것의 총칭이니, 재배再拜는 두 번 절하는 것이다. 신불神佛 등에게 종교적으로 예를 갖추는 것은 예배禮拜, 묘소나 사적 등을 찾아가 예를 갖추는 것은 참배參拜다. 어른께 올리는 편지의 마지막에도 상투적으로 "아무개 재배", 또는 그냥 "아무개 배"라고 쓴다. 계상재배稽顙再拜, 이마가 땅에 닿도록 두 번 조아린다.

민간 상사喪事와 제사에서는 두 번 엎드려 절하는 재배가 기본
이다. 그러나 상대가 임금일 때는 살았든 죽었든 등급에 따라 절
하는 회수와 절차가 다르다. 가장 높은 급인 황제일 경우 신하는
삼배구고두三拜九叩頭, 즉 한 번 엎드릴 때 이마를 세 번 바닥에 찧
고(일배삼고두) 일어나기를 도합 세 번 한다. 이때 배拜는 꿇을 궤跪
의 뜻. 조선은 왕과 왕후(왕비)에게는 한 번 엎드려 네 번 절하는
국궁사배鞠躬四拜, 왕의 부모와 자식들에게는 그 절반인 국궁재배가
기본이다(절하는 절차는 제177구 '성궁기계' 참조).

조선 인조가 병자호란(1737) 때 청 태종에게 항복하며 삼전도
에서 삼배(삼궤)구고두례를 행했다. 조선이 미국과 수교(1882)한
후 미국에 간 조선 사신들이 미국 대통령을 예방할 때, 사신들
끼리 숙의 끝에 "그래도 일국의 군주인데…"라며 고두례를 행해
미국인들을 아연케 했다.

두려움에도 두 가지가 있는데 하나는 공포恐怖고 하나는 경외敬
畏다. 다음 네 글자는 다 공포와 경외의 뜻을 함께 갖지만, 이 맥
락에서는 경외의 뜻이 크다. 두려움은 마음에 있으니 모두 마음
심心(忄심방)변을 의미요소로 갖는다.

두려워할 송悚은 섬찟한 느낌 같은 것이다. 소름(닭살, 영어로는
거위살goosebumps)이 돋는 것을 '모골毛骨이 송연悚然하다고 한다. 두
려울 구懼와 합친 송구悚懼는 어쩔 줄 몰라 하는 마음인데, 분에
넘치게 고마워서(황송惶悚)일 수도 있고 잘못을 해 면목이 없어서(죄
송罪悚)일 수도 있다. 여기서는 삼가는 마음 정도.

두려울 공恐이 이 네 글자 중 공포의 뜻이 가장 강하다. 무서운

도마뱀이 공룡恐龍이다. 영어의 afraid처럼 '아마'라는 강한 추정의 부사로도 쓴다.

두려워할 황惶은 앞의 글자들과 결합해 황송惶悚, 황공惶恐 등으로 흔히 쓰인다. 황송·황공은 몸 둘 바 몰라 하는 마음이고 공황恐惶은 공포에 질린 패닉을 흔히 이르는데, 여기서는 각운 때문에 굳이 공황으로 썼다. 시장이 공포에 빠지는 공황(depression), 또 공황장애(panic disorder. 이때 장애는 disabled가 아님에 유의)와는 결이 다르다.

송구공황悚懼恐惶은 조상 제사를 모시는 엄숙한 마음가짐을 나열한 것이다. 엄숙한 마음에 어째 두렵다는 낱말들을 쓰는가? 은혜를 입었다면 그게 과분해서 또 갚을 길이 없어서, 잘못을 했다면 (처벌이 두려워서라기보다) 윗사람에게 누를 끼쳐서, 엄숙한 자리에서라면 행여 예를 그르칠까… 조심 또 조심하는 자세를 뭉뚱그려 두렵다는 글자로 나타내는 것이다. 그러나 송구·황송·황공이 지나친 나머지 당황唐惶해서는 외려 예를 그르칠 수 있다.

제221~222구

221 **牋牒簡要**, 전첩간요 편지는 용건만 간단히 하되
222 **顧答審詳**. 고답심상 문안과 답신이면 자세히 하라.

한가하고 맥락 없는 2구짜리 단장들이 이어진다. 「천자문」도 끝물에 다다르면서 남은 글자로 어떻게든 말 지어내기가 쉽지 않았을 것은 상상하기 어렵지 않다. 그래도 내용상으로는 현세의 일

상이니 후손과 제사 이야기보다 앞 어디쯤에 넣었으면 좋았을 뻔
했다는 아쉬움이 있다.

종이 전牋은 낱장 종이다. 전箋으로도 쓰며 흔히 쪽지나 편지를
가리킨다.

서판 첩牒은 글씨 쓸 널빤지, 또는 여러 장의 널빤지를 포개 놓
은 것을 가리켰던 데서, 두텁고 빳빳한 종이 같은 걸로 앞뒤 표지
를 단 문서철, 또는 그냥 편지라는 말이 됐다. 알리는 편지는 통첩
通牒, 혼사 같은 경사에 참석해 주십사 청하는 편지가 청첩請牒이
다. 관공서나 수사기관에서 사건을 다른 관서로 보낼 때는 문서철
을 통째로 보내므로 이첩移牒이라 한다. 전 · 첩 · 전첩牋牒 모두 편
지라는 뜻.

간이할 간簡은 간단簡單 · 간명簡明 · 간략簡略 · 간이簡易하다는 뜻
인데 본래는 대쪽, 즉 죽간竹簡을 가리킨 글자다. 대나무 줄기의
마디와 마디 사이를 세로 방향(섬유 방향)으로 쪼갠 것을 나란히 끈
으로 엮은 것이다. 종이가 발명되기 전에는 달군 쇠꼬챙이로 죽간
에 눌러 글씨를 쓰고(제121구 '두고종례' 참조) 둘둘 말아 전달했는데
이를 간찰簡札 · 간첩簡帖이라고 한다.

요할 요要는 요구要求 · 요청要請하다, 중요重要하다 등의 뜻의 글
자인데 여기서는 요점要點만 요약要約하는 것을 이른다. 전첩간요牋
牒簡要, 편지는 용건만 간단히.

돌아볼 고顧는 고개를 돌려 뒤를 보는 것이다. 지난 세월을 돌
아보는 게 회고回顧, 과단성 없이 이리저리 재는 것은 좌고우면左顧
右眄한다고 한다. 여기서는 어른이나 친지의 안부를 돌아보는 일을
이른다.

대답할 답答은 대답對答·응답應答, 또 기대나 은혜에 보답報答하
는 것이다. 문제의 풀잇값으로 내놓는 답이 해답解答이다.

앞의 전첩은 내가 쓰는 편지 일반이고, 여기 고답顧答은 친지의
안부를 묻는 문안 편지와, 남이 내게 보낸 편지에 대한 회답을 가
리킨다.

살필 심審은 자세히 살핀다(심사審查, 심판審判), 자세할 상詳은 상세
詳細하다는 뜻. 누군지 모르는 사람은 성명불상姓名不詳. 심상審詳도
상세하다는 말.

용건이 있어 남에게 보내는 편지는 받는이가 행여 번거로울세
라 요지만 간단히 쓰되, 고답심상顧答審詳, 안부편지와 답장은 성의
있게 자세하게 쓰라는 말이다.

제223~224구

223 **骸垢想浴**, 해구상욕 때가 끼면 씻고 싶고
224 **執熱願涼**. 집열원량 더우면 시원한 게 그립다.

한가하기로 치면 여기 두 구와 다음 두 구가「천자문」전체를
통틀어 가장 한가한 이야기 아닐까 싶다. 글쎄, 몸의 이야기는 정
신의 알레고리, 가축들 이야기는 조화造化의 알레고리로 읽어야 한
다며 정색하는 분들이 있을지 모르겠는데,「천자문」자체는 그렇
게 심오하게 읽으라고 쓴 글이 아니라는 걸 이제까지 함께 봐 왔
잖나.

뼈 해骸는 보통 해골骸骨·유해遺骸처럼 죽은 사람의 몸에 쓴다.

어떤 일이 알맹이 없이 빈껍데기만 남은 것을, 사람이 살아 있으
되 죽은 것이나 마찬가지인 데 비겨 형해화形骸化됐다고 한다. 그
러나 여기서는 산 사람의 몸뚱이를 가리킨다.

때 구垢는 몸에 끼거나 묻은 더러운 것들. 생각이 순진해서 잡
티 하나 없는 게 무구無垢다. 무구하게('티' 없이) 아름다운 건? beau-
i-ful!

생각할 상상想은 상념想念, 사상思想, 공상空想, 망상妄想…의 그 생각,
또는 생각하다(제99구 '수진지만' 참조).

몸씻을 욕浴에 머리감을 목沐이 목욕沐浴이다. 발만 담그면 족욕
足浴, 밑만 씻으면 좌욕坐浴, 하반신만 담그면 반신욕半身浴, 알몸에
바람 쐬는 건 풍욕風浴. 여기까진 버선이나 옷 벗고 하는데 산림욕
山林浴만은 옷 다 입고 한다.

해구상욕骸垢想浴, 몸에 때가 끼면 씻고픈 생각이 난다. 뭐 굳이
이런 말까지.

잡을 집執은 손으로 잡는 것. 권력을 잡는 게 집권執權 또는 잡을
병秉(제170구)자 병권秉權이다. 뜻이 다른 집권集權·병권兵權과 구별
할 것. 글을 쓰려면 붓(筆필)을 잡아야 하기에 글쓰기를 그냥 집필
이라 한다. 남의 집 일을 총괄하는 사람이 집사執事인데 요즘은 사
람 집사 직업은 드물고 대신에 '댕냥이 집사'가 많아졌다.

더울 열熱은 따뜻할 온溫이나 따뜻할 난暖보다 더 온도가 높은 상태.

원할 원願은 바라는 것. 소원所願, 지원志願(to apply) 등에 쓴다.
바라는 원망願望과 원한 품은 원망怨望은 다르다.

서늘할 량凉은 찰 랭冷이나 찰 한寒(제5구)보다 추운 정도가 덜한,
서늘하거나 시원한 상태. 더운 여름에 영화나 TV로 공포물이나

시원한 바다 이야기를 내보내는 걸 납량納凉 특집이라 한다. '더위 사냥' 엽량獵凉도 그럴듯하겠건만 그런 한자어는 없다. 추운 것부터 뜨거운 것 순으로 온도를 나타내는 글자의 대체적인 서열은,

찰 한寒 — 찰 랭冷 — 서늘할 량凉 — 따뜻할 온溫 — 따뜻할 난 暖 — 더울 열熱

집열원량執熱願凉, 더우면 시원한 데가 생각난다. 앞의 '해구상욕'도 마찬가지지만 그야말로 공자 말씀인데, 진짜 공자 말씀인 것마냥 그 이상 무슨 크나큰 의미를 더 부여하려 드는 것도 오버다.

제225~226구

225 驢騾犢特, 여려독특 나귀 노새 송아지 수소 들이
226 駭躍超驤. 해약초양 놀라 뛰고 까불고 날뛴다.

물러나 사는 전원田園의 사람 생활권 바로 밖, 들과 밭에서 가축들이 뛰노는 한가로운 정경이다.

나귀 려驢는 가난하거나 겸손한 선비의 상징이기도 하다. 예수도 예루살렘에 들어갈 때 말이 아니라 나귀를, 그것도 얻어서 탔다.

사군자四君子 매란국죽梅蘭菊竹 중에서 봄의 대표인 매화, 그중에서도 겨울이 한창일 때부터 피는 것들이 있다. 역시 실제가 아니라 상징적으로, "지금 눈 내리고 매화 향기 홀로 아득"(이육

사, 「광야」)한데 나귀 타고 매화 찾아 산속으로 들어가는 주제의
그림들이 〈기려심매騎驢尋梅〉, '나귀 타고 매화 찾아 나섬'이다.
끈 떨어진 한사寒士일망정 선비는 선비라 으레 동자나 하인(경
마) 하나 딸리게 그린 것들을 보면 '하인은 무슨 죄?' 하는 생각
도 들곤 하는데, 겸재謙齋 정선鄭歚의 〈기려심매〉 속 선비는 드
물게 혼자서 나귀 타고 나섰다.

정선, 〈기려심매〉 간송미술문화재단 소장

노새 라騾는 암말과 수나귀 사이에 난 잡종으로, 생식력은 없고 (그래서 이 짐승의 암수 생식기는 어떤지, 발정을 하긴 하는지가 궁금하다) 힘이 좋아 수송용으로 많이 부렸다. 나귀 려, 노새 라 모두 말 마馬 변이다.

송아지 독犢, 수소 특特은 다 소(牛우)라서 소 우변이다. 특자는 특별特別하다는 뜻으로 더 많이 쓰인다. 여라독특驢騾犢特은 육축六畜 (소·돼지·말·양·닭·개)을 아우르는 온갖 가축의 제유.

말(馬)과 관련한 고사 중 '여황빈모驪黃牝牡'가 있다. 려驪는 윤기 도는 검은 말, 황黃은 누른 말, 빈牝은 암말, 모牡는 수말인데, 여라독특처럼 '검정, 누렁, 암컷, 수컷'을 포함해 두루 짐승을 일컫기도 한다.

여황빈모 고사의 대략은 이렇다. 하루에 천 리를 가는 천리마를 감별하는 것으로 유명한 백락伯樂이 은퇴할 때가 되어 구방고九方皐라는 후배를 후임으로 추천했다. 구방고가 왕의 분부를 받고 천리마를 구해 돌아왔다. "누런 암컷입니다."

그런데 사람을 시켜 그 말을 데려와 보니 검은 수컷이었다. 왕이 백락에게 흉을 봤다. "여황빈모도 구별 못 하는 자가 어디 천리마를 감별한다고…."

백락이 말했다. "구방고는 천리마 보는 사람이지, 말 색깔이나 암수 감별하는 사람이 아닙니다."

물리학자 아인슈타인도 자전거를 못 탔다잖나. 색깔이며 암수야 아무나 볼 줄 아는 거고, 천리마를 알아보는 드문 능력은 따로 있다는 말.

놀랄 해駭는 '해괴駭怪하다'처럼 쓴다. 뛸 약躍은 펄쩍 뛰는 것(도
약跳躍, 약진躍進). 해약駭躍은 겁 많은 초식 가축이 깜짝 놀라서 펄쩍
뛰는 모양이다.

넘을 초超는 초월超越·초과超過, 즉 뛰어넘는 것이다. 초인超人·
초특급超特急 등 다른 것보다 월등한 것 앞에 접두어로도 쓴다. 머
리들 양驤은 머리를 치켜드는 모양, 또는 달리는 것.

해약초양駭躍超驤, 마소 같은 가축들이 벌판에서 놀라 뛰거나 어
린 것들은 까불거리고 뛰어다니는 등 평화로운 정경이다. '선비의
일생' 서사를 마무리하는 구절이라서일까, 화자가 죽고 나서도 변
함없을 일상 풍경처럼도 읽힌다.

형식적으로는 두 구가 더 남았으나, 내용상 여기까지를 한 작은
단락 겸 '선비의 일생' 서사의 마무리 삼고자 한다.

이로써 「천자문」의 몸통인 두 길 서사, '중국의 역사'와 '선비의 일
생' 이야기가 다 끝났다. 나머지는 「천자문」을 맺는 결언結言이다.

바치는 글

결언의 제목 '바치는 글'은 중의적이다. 하나는, 결언 전반부는 신하가 으레 임금에게 권유로 바치는 말인 '대책對策'에 해당한다는 뜻이다. 다른 하나는, 후반부는 「천자문」을 완성해 임금께 바친다는 표表 노릇을 한다는 뜻이다.

쓸모없는 사람은 없다

제|227~236구

227 **誅斬賊盜**, 주참적도   반역자는 목 베고
228 **捕獲叛亡**. 포획반망   도망한 자는 잡아들이소서.

바치는 글 첫 번째, 대책.

첫 두 구절은 「천자문」 전체에서 가장 요령부득, 아마 저자도 가장 고심했지 싶은 구절이다.

'-ang'으로 끝났으니 형식단락으로는 앞에 붙어야 한다(그다음부터는 '-ao' 운). 그러나 내용은 은퇴 후와 노년의 한가한 삶이 더 이상 아니고, 「천자문」을 황제에게 바치며 마무리로 덧붙이는 대책의 첫머리에 해당한다. 두 구 순서를 바꿔 '포획반망, 주참적도'라고 했더라면 내용으로나 형식(각운)으로나 문제없었을 것이다. 고심 끝에, 이 두 구절을 앞 단락의 꼬리에서 떼내 대책의 첫머리로 읽기로 한다.

대책 첫 번째, 역적을 벌하소서.

벨 주誅는 특별히 역적을 죽이는 것에 쓰는 말이다. 거꾸로 신하나 가신이 주군을 살해하는 것에는 죽일 시弒를 쓴다(시해弒害). 단종

복위 운동으로 죽은 사육신은 그러니까 세조 입장에서는 '시'군弑君
하려는 역적이었고, 그 결과 복'주'伏誅됐다. 주와 시 모두 왕조사회
에서나 쓸 말이지만, 현대사에서도 김재규가 박정희를 살해(10 · 26
사태)할 당시 현직 공무원이었대서 흔히 '시해'라고 한다.

벨 참斬은 사형 중 특히 목을 베는(참수斬首) 형벌이다. 같은 사형
이라도 참형 아래로 목매달 교絞나 극약을 내리는 사약賜藥이 있고,
참형보다 위는 거열車裂과 능지처사陵遲處死였다. 예를 들면 일반 살
인은 교형, 존속살해는 참형, 역적은 거열 · 능지처사, 이런 식이
다. 특별히 극악한 범죄로 참형 이상에서는 경계와 위협의 뜻으로
효수梟首(참한 머리를 전시함)까지 했고, 형전刑典에는 없지만 시신을
소금에 절여 산 자들한테 돌리거나 심지어 먹이기도 했다.

도적 적賊은 좀도둑 따위가 아니라 특별히 역적逆賊에 쓴다. 일
반 도둑(절도竊盜 · 강도强盜)의 범칭은 도둑 도盜다. 역적은 왕권(즉, 나
라) 도둑이라는 말이렷다. 한자어였을 도적盜賊이 늦어도 조선 초
엔 완전히 우리말이 돼서, 「용비어천가龍飛御天歌」는 역적을 가리키
는 賊자를 일관되게 한글로 '도ᅎᅳᆨ'이라고 썼다. 적도賊盜도 여기서
는 역적으로만 새기자. 주참적도誅斬賊盜, 역적은 목베어 벌하소서.

중국 역사상 가장 악명 높은 도둑(강도)은 사람의 생간을 빼
먹었다는 도척盜跖이다. 사람의 성性(본성)이 타고나는 것이냐 수
양에 의한 것이냐 논쟁에서 성인聖人의 정반대 인간형의 보기로
폭군들인 걸 · 주桀紂와 함께 흔히 도척을 든다.

공자와 도척(그리고 걸 · 주)은 타고나기를 달리 태어난 것일
까, 같은 성품을 타고났는데 자라면서 달라진 것일까? 시대와
문화를 막론하고 존재하는 '천성이냐 교육이냐(nature or nurture;

Natur oder Kultur)' 논쟁이다.

잡을 포捕는 물건을 잡거나(야구의 포수捕手), 여기서처럼 사람을 사로잡는 것이다. 도둑 잡는 관청은 포도청捕盜廳, 전쟁에서 사로잡혀 노예가 될 처지는 포로捕虜다. 잠자리(매미)채는 벌레 잡는 그물이니 포충망捕蟲網. 독음이 같은 던질 포抛는 뜻이 정반대다(抛物線포물선).

얻을 획獲은 물건을 순하게 얻거나(획득獲得) 강제로 빼앗거나, 사람을 사로잡는 것. 포획捕獲은 사로잡다.

배반할 반叛은 그냥 반할 반反을 넘어 정권(왕권)에 반기를 드는 것, 즉 반란叛亂이다.

망할 망亡은 일이나 조직이 망하다(패망敗亡), 사람이 죽다(사망死亡), 도망逃亡하다 등의 뜻. 반망叛亡은 역심逆心을 품고 도망했다는 말인데, 반란 자체가 마음이 도망간 것이므로 그 자체가 반란을 가리키기도 한다. 포획반망捕獲叛亡, 반란의 무리는 잡아들이소서.

주참적도, 포획반망으로 써서 각운(-ang)은 앞 단락의 연장이지만 내용(대책)은 뒤 단락의 머리에 해당한다. 의미 순서로 보면 '포획반망, 주참적도'로 먼저 작은 죄인 '반망'을 포획하고 나서 대역죄인 '적도'를 주참하는 편이 더 자연스러웠겠고, 그리 했더라면 '-ao' 운에도 맞아 자연스럽게 뒤 단락의 머리로 읽혔을 것이다.

제229~236구

229 **布射僚丸**, 포사요환   여포는 활쏘기, 웅의료는 쇠구슬놀이를 잘했고
230 **嵇琴阮嘯**. 혜금완소   혜강은 금, 완적은 휘파람이 일품이었으며

²³¹ **恬筆倫紙**, 염필윤지　몽염은 붓, 채륜은 종이를 발명했고

²³² **鈞巧任釣**. 균교임조　마균은 제작, 임공자는 낚시에 뛰어난바

²³³ **釋紛利俗**, 석분이속　맺힌 것을 풀고 세상을 이롭게 하기에

²³⁴ **竝皆佳妙**. 병개가묘　훌륭하고 절묘하기는 한가지였고,

²³⁵ **毛施淑姿**, 모시숙자　(여성도) 모장과 서시같이

²³⁶ **工嚬姸笑**. 공빈연소　찡그려 예쁜 이, 웃어서 고운 이가 있습니다.

'반망'과 '적도'를 제외하면 해 아래 쓸모없는 신민臣民은 없다!
대책 두 번째, 인재를 고루 등용하소서. 긴 호흡으로 여덟 구에
걸쳐 열 사람의 열 가지 재주나 장점을 들먹인다.

베 포布는 『삼국지三國志』에 나오는 후한 말의 장수 여포呂布다.
布자는 본래 피류, 직물 일반에 면포綿布(무명), 마포麻布(삼베), 저포
苧布(모시), 견포絹布(비단) 등으로 쓰고, 좁게는 그중 삼베(마포)다. 불
교의 '보시布施'처럼 널리 베푼다는 뜻일 때는 '보'로 읽는다.

　　화폐경제가 정착되기 전에는 피류을 교환이나 가치 저장 수
　　단으로 대용했다. 길이 척도로 흔히 쓰는 '한 자(척尺)'는 영조척
　　營造尺이며 약 30센티≈1피트인 데 반해, 옷감을 잴 때 쓰던 포
　　백척布帛尺은 영조척으로 한 자 반(약 45cm)쯤 된다. 지금도 옷감
　　시장에서 쓰는 '마碼'는 야드(=3피트)의 한자 표기인데, 영조척
　　으로 석 자쯤이지만 포백척으로는 두 자밖에 안 된다.

쏠 사射는 활쏘기다. 활, 요즘 같으면 총포 따위로 목표물을 맞
추는 것인데, 과거 군자(지배계층)의 필수교양인 육예六藝에도 들어

있다(제207구 '첩어적방' 참조). 중국 신화에서 활쏘기의 명수 하면 단연 예羿를 꼽는다. 어느 날 해가 열 개나 떠서 세상이 타들어 가자 예가 활로 아홉 개를 쏘아 떨어뜨렸다고 한다. 그 예의 아내가 달에 산다는 미녀 항아姮娥(嫦娥, 창어Chang-e)이고, 중국의 인공위성 이름이 여기서 나왔다.

동료 료僚는 춘추 초楚나라의 역사力士 웅의료熊宜僚다. 본래는 벼슬아치(관료官僚), 스태프, 친구(동료同僚) 등의 뜻.

알 환丸은 새짐승의 알처럼 둥그렇게 생긴 탄환彈丸, 환약丸藥 같은 것인데, 일본어로는 '마루'로 읽고 주로 선박 이름에 '~호號'라는 뜻의 접미사로 쓴다. 여기서는 웅의료가 가지고 묘기를 잘 부렸다는 쇠구슬이다. 통일신라 말 사람 최치원崔致遠도 「향악잡영鄕樂雜詠」 5수 중 쇠구슬놀이를 노래한 「금환金丸」이라는 시에서 웅의료를 언급한다.

迴身掉臂弄金丸, 月轉星浮滿眼看. 회신도비농금환 월전성부만안간

縱有宜僚那勝此, 定知鯨海息波瀾. 종유의료나승차 정지경해식파란

몸 돌리고 팔 휘두르며 쇠구슬 갖고 노니

달 가고 별 뜨듯 보는 눈에 한가득

(웅)의료가 있다 한들 이보다 나을쏘냐

고래 뛰노는 바다 물결도 잠잠한 줄 알겠어라.

(국사편찬위원회 한국사데이터베이스의 『삼국사기·악지樂志』 번역은 웅의료의 '宜僚'를 '좋은 동료'로 잘못 옮겼다.)

포사요환布射僚丸, 여포는 활을 잘 쏘았고, 웅의료는 쇠구슬을 던지고 받는 묘기를 잘했다.

산이름 혜嵇는 嵆로도 쓴다. 죽림칠현의 한 명인 삼국 위衛나라
의 문인·철학자 혜강嵇康을 가리킨다. 혜강은 중산대부中散大夫라
는 품계를 받았기에 흔히 혜중산이라 칭한다.

> 북방에서 들어온 악기인 해금奚琴을 『고려사』와 「한림별곡翰
> 林別曲」에서는 '嵇琴'으로 쓰고 있는데, 『악장가사樂章歌詞』의 「한
> 림별곡」도 그렇게 쓰고 독음을 '해금'이라고 달아 놨다. 해금에
> 嵇자를 쓰게 된 유래는 불분명하지만, 혜강과는 관계가 없다.

거문고 금琴이라고 새기지만 금은 거문고와는 계통이 사뭇 다른
중국 현악기다. 혜강은 이 금의 명수였다. 「금부琴賦」라는 금에 관
한 긴 부(장단시)를 썼고, 〈광릉산廣陵散〉이라는 금곡을 유일하게
비전秘傳하고 있었으나 역모에 연루되어 사형당하며 "〈광릉산〉이
끊겼구나!" 하고 탄식했다는 전설이 있다. 넓은 의미로 금은 줄
달린 현악기 일체, 아주 넓은 의미로는 현악기 아닌 것까지 두루
악기를 이르기도 한다. 피아노는 양금洋琴(같은 이름의 전통 현악기와
표기가 같다), 바이올린은 제금提琴, 오르간은 현악기가 아닌데도 풍
금風琴 하는 식이다. 맥락에 따라서는 한국의 거문고(현금玄琴)를 그
저 금이라고 쓸 때도 많다.

관이름 완阮 역시 죽림칠현의 한 사람이며 위나라 문인인 완적
阮籍이다. 베트남 마지막 왕조의 성이 응우옌Nguyen, 바로 阮씨다.
죽림칠현 중 삼촌 조카 사이인 완적阮籍과 완함阮咸이 있는데, 조카
인 완함阮咸이 동그란 몸통에 목(neck)이 있는 현악기 월금月琴에 능
했기에 월금을 일명 완함, 줄여서 롼ruan(阮)으로 부르기도 한다.

휘파람 소嘯는 휘파람, 또는 울부짖는 소리.

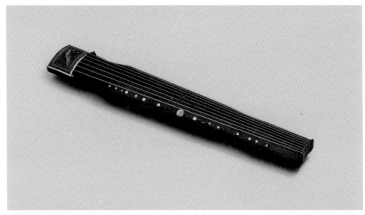

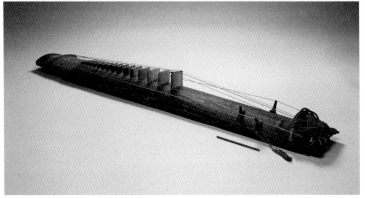

중국 금(위)과 한국 거문고 국립국악원 국악아카이브

혜금완소嵇琴阮嘯, 혜강은 금을 잘 탔고 완적은 휘파람을 잘 불었
다. 완적이 잘 불었다는 휘파람은 아마 두 입술을 오므려 그 사이
로 바람을 불어 소리 내는 보통 휘파람이 아니라, 순두성(falsetto,
가성)이나 몽골의 후미(khoomi) 같은 특수 창법이 섞였거나, 입에
정규악기 아닌 보조기구를 대고 하는 기술 아니었을까 싶다.

죽림은 은일(제183~184구 참조)의 대명사다. 혜강과 완적 등 죽림
칠현은 왜 죽림에 들어갔을까? 후한 말부터 위진남북조까지는 중

국의 대분열기이고 왕조의 수명도 짧아, 어설피 벼슬을 했다가 정
변이 일어나면 목숨을 부지할 수 없었기에 벼슬에 발길을 끊고
죽림에 들어갔다고 흔히 이야기한다(그랬는데도 혜강은 사형을 당했
다). 군자니까 가능한 얘기고, 소인은 목구멍이 포도청이고 밥이
하늘이라 어느 정권에서건 얼굴 검어지도록(제29구 '애육여수') 논밭
일 해서 구실(제167구 '세숙공신') 바쳐야 했겠지.

제229구부터 이런 설화와 역사 속 잡다한 인물들의 이야기가
이어지는 게 얼핏 잡스러워 보여도, 묶어 놓고 보면 세상에 쓸모
없는 사람 없다는 진언으로 읽힌다. 실용적이지 않은 재주를 가진
포 · 료 · 혜 · 완 네 명에 이어, 유용한 물건들을 만들었다고 전하
는 네 사람 이야기가 이어진다.

편안할 념恬은 진 시황제 때 무장 몽염蒙恬을 가리킨다.

붓 필筆은 짐승털로 만든 붓, 즉 모필毛筆이다. 붓글씨는 그러니
까 짐승의 가는털(호毫)로 만든 붓을 휘두르는(휘揮) 행위이므로 휘
호揮毫라 한다. 지금은 필기구와 쓰는 행위 일체로 확대돼, 쇠촉
펜은 철필鐵筆, 잉크를 내장한 펜은 만년필萬年筆, 흑연 심을 넣은
딱딱한 필기구는 연필鉛筆이라 한다.

몽염은 제149구(기전파목)의 왕전王剪과 함께 초나라를 무너뜨린
공이 있는데, 왕전은 앞에서 맹장으로 기리고 몽염은 여기서 다른
일, 즉 붓(모필)의 발명자로 언급한다. 그러나 몽염이 붓을 처음
만든 것은 아니고, 몽염과 동생 몽의蒙毅가 함께 시황제의 총애를
받아 안팎일을 도맡아 하다 보니 붓을 비롯한 필기도구를 개량하
고 표준화했을 수는 있겠다.

인륜 륜倫은 윤리(윤리), 즉 사람의 도리다. 상하의 서열과 차례
를 뜻하기도 한다. 현대어에서 윤리는 두 가지 다른 범위로 쓰이

는데, 하나는 공리功利, 즉 이익(공공의 이익이 아님)을 중시하는 공리
주의까지 포함하는 '행위 기준'이고, 다른 하나는 훨씬 좁게 공리
주의를 배척하고 (경험적으로 검증할 수는 없는) 인간의 타고난
도리인 도덕을 행위 기준으로 삼는 태도다. 후한 1세기 후반~2세
기 초에 활동한 채륜蔡倫의 이름자다.

종이 지紙는 닥나무(뽕나무의 일종인데, 흔히 하듯 mulberry로 직역하는
것은 정확하지 않다)의 섬유를 불리고 펴서 말려 만든 넓적한 물건이
다. 채륜은 환관, 즉 거세한 남성 관리인데 오랫동안 종이의 발명
자라고 전해 왔다. 역시 발명했다기보다는 기존의 종이를 새로운
제작법으로 개량했다고 보는 것이 더 사실에 가깝다.

염필윤지恬筆倫紙, 몽염은 붓을, 채륜은 종이를 발명(실상은 개량)
했다.

제121구(두고종례)에서 봤듯 붓과 종이의 개량은 글꼴의 변화를
가져왔고, 단순 실용 기술이던 글씨가 서예라는 예술로 승화하는
계기가 됐다. 글의 내용보다 붓자취를 따라 흐르는 기운, 즉 필세筆
勢를 중시하는 초서草書, 그중에서도 광초狂草야말로 붓과 먹과 종이
가 어우러져 이뤄진 예술의 극치다. 후한 때 처음 나온 초서는 당
시까지 정서正書로 통하던 예서를 흘려쓴 것이며, 이후 이것을 다시
반듯하게 쓴 해서楷書가 정서 자리를 물려받는다. 채륜보다 반세기
쯤 뒤 채옹蔡邕은 "글씨는 (마음의 회포를) 발산하는 것이다(書者, 散
也서자 산야)"라고 했다. 가히 서예의 예술 선언이라 할 만하다.

서른근 균鈞은 옛날의 무게 단위로, 30근斤이다. 근은 물건에 따
라 대략 300그램에서 600그램까지 가지가지(그러니까 균도 9~18kg)
인데, 현대 중국에서는 그냥 500그램으로 통일했다. 삼국 위나라

의 기계 제작자인 마균馬鈞의 이름자다.

공교할 교巧는 물건을 만들어 내는 솜씨가 정교精巧한 것이다. 사건이 마치 뛰어난 극작가가 치밀하게 짜 놓은 플롯처럼 기가 막히게 전개되는 것을 공교工巧롭다, 교묘巧妙하다고 한다. 현대 일상어에서는 공교롭다고 하면 우연이라는 뉘앙스가 크고, 교묘하다는 말은 남을 속이는 것 같은 못된 짓에 쓰는 경향이 있다.

마균은 베틀, 지남거指南車, 수전백희水戰百戱 등을 발명했다고 하는데 그 실체는 상상 정도나 할 수 있을 따름이고, 지금 식으로 말하면 없던 것을 새로 발명하거나 있는 것을 개량하는 작업을 많이 한 사람이다.

맡길 임任은 물건이나 사업, 즉 임무任務를 맡거나 맡기는 것, 또 어떤 자리를 맡기는 임명任命이다. 믿고 맡기는 것은 신임信任, 맡겨두고 간섭하지 않는 건 방임放任. 여기서는 『장자』에 나오는 전설의 낚시꾼 임공자任公子(일명 임공任公 · 임보任父)다.

낚시 조釣는 물고기 낚는 낚시질. 사람(주로 이성)을 꾄다는 나쁜 뜻으로도 쓰는데, 예수는 베드로 일행을 '사람을 낚는 어부'로 만들어 주겠다고 좋은 뜻으로 낚았다(「마태복음」 4.19).

균교임조鈞巧任釣, 마균은 손재주가 뛰어났고 임공자는 낚시에 능했다.

풀 석釋은 묶이거나 맺힌 것을 푸는 일이다. 문제를 풀거나 말뜻, 특히 외국어를 푸는 것이 해석解釋이다. '석'의 글자 왼편을 말씀 언言변으로 바꾸면 통변할 역譯자가 된다. 번역飜譯이 말 대 말로 옮기는 것이라면, 해석은 말 뒤에 숨은 의미까지 찾아내는 일이다. 어떤 물건의 위상을 좌표로 나타내기 위해 차원(dimension)

별로 쪼개는 일은 쪼갤 석析자 해석解析이다.

어지러울 분紛은 많은 것이 뒤섞이거나 뒤엉킨 모양. 갖가지 의견이 중구난방으로 튀어나오는 것을 분분紛紛하다고 하고, 어지러운 상태 또는 그런 사태를 일으키는 것은 분란紛亂이다. 분분·분란의 반대가 일사불란一絲不亂인데, 깜빡하고 일사'분'란으로 쓴 게 심심찮게 보인다.

이로울 리利는 이익利益, 또는 이익을 주는 일. 이롭도록 잘 쓰는 게 이용利用이다. 날카롭다(예리銳利)는 뜻도 있다. 많은 문화에서 사람이 똑똑한 것을 날카롭다(예리, sharp)거나 밝다(명민, bright)고 하고, 어리석은 것을 둔鈍하거나 어둡다고 하는데, 영어로는 둔한 것도 어두운 것도 dull이다.

유가의 덕목은 인의仁義를 앞세우고 이利를 배척하는 것을 기본으로 한다. 『맹자』는 맹자가 위衛나라 혜왕惠王(흔히 양 혜왕梁惠王이라고 부르는)을 만나 하는 대화로 시작한다.

"노인께서 천 리를 마다 않고 오셨으니 장차 우리나라를 이롭게 하실 방도가 있으시겠지요(叟不遠千里而來, 亦將有以利吾國乎수불원천리이래 역장유이리오국호)?"

"왕께서는 하필 이익을 말씀하십니까? 오직 인의가 있을 따름입니다(王何必曰利, 亦有仁義而已矣왕하필왈리 역유인의이이의)."

풍속 속俗은 풍속風俗 또는 습속習俗인데 여기서는 속세俗世, 즉 세상이란 뜻. 성聖의 반대로 세속적(secular)인 것, 아雅의 반대로 저속低俗(vulgar)하다는 뜻으로도 쓴다.

석분이속釋紛利俗, 어지러운 것을 풀고 세상을 이롭게 한다. 무엇

또는 누가? 좁게는 염·륜·균·임 네 명, 널리는 앞의 포·료·혜·완까지 여덟 명을 예시로 든 재주와 재주꾼들이.

아우를 병竝은 나란한 것, 즉 병행竝行이다. 幷(제154구 '백군진병')·倂과 통용되기도 한다. 여기서는 '다 같이'라는 뜻.

다 개皆는 모두, 몽땅. 1년 또는 일정 기간 내내 결석을 한 번도 하지 않은 건 개근皆勤, 일식이나 월식 때 남은 곳 없이 다 가린 것이 개기식皆旣蝕이다. 국민 개개인이 다 병역의 의무를 지는 국민개병國民皆兵에도 이 글자를 쓴다. 병개竝皆는 다 같이.

아름다울 가佳는 좋다, 보기 좋다는 뜻. 미인美人은 압도적으로 여자에 쓰는 경우가 많은 반면, 가인佳人은 남자에도 많이 쓴다. 백일장이나 사생대회에서는 장원, 차상, 차하, 특선, 그 아래가 가작佳作이고 더 아래가 입선入選이다. 5분위 평가를 수우미양가秀優美良佳(제42구 참조)로 쓸 때, 이 다섯 글자 모두 좋다는 뜻이지만 섭섭하게도 '가'가 가장 아래다.

묘할 묘妙는 딱 부러지게 말할 수 없는 기운이 감도는 상태다. 야릇하게 알 듯 말 듯한 게 미묘微妙, 그 정도가 깊으면 오묘奧妙다. 특별히 여자(계집 녀女)가 젊은(적을 소少) 것, 즉 소녀少女에 특히 이 글자를 쓰기도 했다.

회의·형성 등으로 생겨난 한자를 도로 성분이나 심지어 획 단위까지 쪼개 새기는 것을 파자破字라 한다. 묘할 묘妙자가 들어간 파자놀이 하나 소개하면,

石山岩上古木枯, 此木爲柴. 석산암상고목고 차목위시

白水泉下女子好, 少女尤妙. 백수천하여자오 소녀우묘

돌산 바위 위 늙은 나무는 말라죽었네

이 나무는 땔감이나.

맑은 샘물 아랫동네는 여자가 예뻐

젊은 여자라 더욱 묘해.

바위 암嵒을 돌산(石山), 마를 고枯를 늙은 나무(古木), 섶 시柴는

이 나무(此木)로, 샘 천泉을 흰 물(白水), 좋을 호好를 여자(女子), 묘

할 묘妙를 젊은 여자(少女)로 파자했다.

병개가묘竝皆佳妙, 모두 다 훌륭하고 묘하다. 딱히 보기로 든 여

덟 명뿐만 아니라 재주 가진 사람들은 저마다 쓸데가 있으니 임금

께서는 두루 인재를 등용하시라는 진언이다.

이상 남자 장사壯士와 재사才士 여덟 사람 말고 두 사람이 더 있

다. 여자, 미녀다.

터럭 모毛는 동물의 몸에 난 털 일체다. 때로 머리카락을 따로

발髮로 써서, 합하면 모발毛髮. 주로 남자의 얼굴에 난 억센 털 중

입가에 난 것은 수鬚, 뺨에 난 나룻은 염髥, 합해서 수염鬚髥이다.

삼국 촉의 관우가 수염이 멋져 미염공美髥公이라 불렸다. 귀밑에

늘어진 잔털 같은 머리카락(살쩍)은 빈鬢. 성씨 모씨로 가장 유명한

사람은 단연 마오쩌둥(毛澤東모택동)이겠지. 여기서는 춘추오패(제

137~138구) 중 전국 월越나라 왕 구천勾踐의 애희愛姬 모장毛嬙이다.

베풀 시施는 은혜 등을 베풀거나 제도 등을 시행施行하는 것. 자

비심으로 널리 베푸는 행위를 불가에서 보시布施(독음 주의, 제229구)

라 이른다. 여기서는 모장과 동시대의 미인 서시西施의 이름자다.

맑을 숙淑은 사람(주로 여자)의 행실이 정숙貞淑(제41구 '여모정렬' 참조)한 것이다. 남녀가 유별하던 시대 여성, 특히 시집간 여성의 최고 덕목은 지혜롭고 정숙한 현숙賢淑이었다. 경모敬慕한다, 사모한다는 뜻도 있어서, 어떤 사람을 존경하여 혼잣속으로 스승 삼는 것을 사숙私淑이라 한다.

모양 자姿는 사람의 겉으로 드러난 태도와 맵시다. 자태姿態는 주로 여성적인 데 쓰고, 늠름한 자태인 용자勇姿나 웅자雄姿는 주로 남자나 그에 상응하는 것, 그리고 자세姿勢는 성별 구분 없이 쓴다.

모시숙자毛施淑姿, 모장과 서시는 아름답고 자태가 곱다.

관중管仲(제137구 '환공광합' 참조)에 가탁假託한 『관자管子』에 "모장과 서시는 천하의 미인"이라 했다(실제는 관중이 더 이른 시대 사람). 그러나 옛날 미인이란 강한 남자의 소유물이라, 일시 영화를 누리더라도 그것은 자기 것도, 항구적인 것도 못 됐다.

전국칠웅 중 장강(양쯔강) 이남의 오吳나라와 월越나라는 서로 원수처럼 으르렁댔다. 오나라 사람과 월나라 사람이 한 배를 탄 것을 이르는 오월동주吳越同舟라는 성어가 있을 정도다.

오나라 왕 합려가 월왕 구천과 전투 중 죽으면서 아들 부차夫差에게 "아비의 원수를 잊지 마라" 했다. 왕위를 이은 부차는 장작더미를 자리 삼아 깔고 누워(와신臥薪), 아침저녁 궁을 출입하는 사람들로 하여금 외치게 했다. "부차야, 월나라 사람들이 네 아비를 죽인 것을 잊었느냐?" 복수의 칼을 간 끝에 전투에서 구천을 무찌르고 신하로 삼을 수 있었다.

간신히 목숨만 건지고 3년간 부차의 마구간지기 노릇을 하다 풀려난 구천은 쓰디쓴 쓸개를 머리맡에 달아 두고 수시로 핥으며(상담嘗膽) 복수를 다짐했다. '와신상담' 고사다. 구천은 미인계를 쓰기로 하고, 미녀 서시를 오왕 부차에게 보내 미색에 빠지게 한 끝에 복수에 성공했다.

그러나 미인계니 서시니 하는 얘기가 『사기』에는 없어, 후대의 문학적 윤색이라고도 본다. 아무튼 오·월·초나라에 다 귀속한 적이 있는 항저우(杭州항주)에 아름다운 호수가 하나 있는데, 서시의 이름을 따서 서호(西湖시후)라고 부를 정도다.

장인 공工은 물건을 가공加工 제작하는 사람, 또는 그런 행위다. 여기서는 보조용언으로 '~에 능하다'라고 새긴다.

이 작은단락에 나오는 글자 중 교巧·묘妙·공工은 기예를 품평할 때 흔히 쓰는 글자들이다.

대체로 기술에서는 '교'와 '공', 그리고 '정精'(제150구 '용군최정')이 최상이나 못해도 차상次上의 경지에 해당한다.

그러나 예술에서는 공·교·정만 갖춘 건 삼등으로 친다. 설명할 수 없는 어떤 기운이 감도는 '묘', 그리고 '기이할 기奇'가 그 위이고, 맨 위는 범접할 수 없는 경지인 '신神', 또는 사람이 손댄 흔적조차 없는 자연自然이다. 그저 순위만 매기는 상·중·하上中下나 구품(제77구 참조)을 넘어 이렇게 뜻 있는 글자로 기예나 장인을 품평하는 게 '품등品等·품격品格'인데, 「천자문」보다 조금 이른 남조 초에 등장하기 시작해서 당~송을 거치며 크게 유행한다.

찌푸릴 빈嚬은 矉으로도 쓴다. 아프거나 불편해 눈살을 찌푸리
는 것이다. 남의 행실이 못마땅해 눈살을 찌푸리는 것이 빈축嚬蹙
이며, 흔히 '빈축을 산다'처럼 쓴다. 공빈工嚬, 문자대로는 '찡그리
기를 잘한다'인데, 미녀 서시가 찡그릴 때 더 예뻤음을 이른다.

> 서시가 찡그리는 게 예쁘다는 말을 들은 못생긴 여자가 서시
> 를 흉내 내 찡그리고 다녔더니 동네 사람들이 보기 싫어 다 문
> 을 잠그고 심지어 이사를 가 버렸다는 이야기가 『장자』에 나온
> 다. 찌푸리는 걸 따라 한다, 이른바 효빈效矉이라는 고사다. 본
> 래 '미추美醜의 상대성'이라는 뜻에서 한 이야기인데, 주제 모르
> 고 남 따라 하는 짓을 가리키는 말로 널리 쓰게 됐다. 서시를
> 따라 한 이 추녀에게 후세 사람들이 동시東施라는 이름을 지어
> 줬다. 그렇다고 이사갈 것까지야.

고울 연姸도 주로 여자의 얼굴이나 자태가 예쁜 데 쓴다.

웃을 소笑는 좋아서나 기가 막히거나 비웃는 뜻으로 웃는 것.
살짝 웃으면 미소微笑, 얼굴에 주름이 잡히도록 크게 웃으면 파안
대소破顔大笑, 기가 막히거나 우습지도 않아 허리 제끼고 웃으면 삶
은 소대가리 앙천대소仰川大笑, 쓴웃음은 고소苦笑, 헛웃음은 실소失
笑, 비웃음은 조소嘲笑…. 연소姸笑는 웃는 모습이 어여쁘다.

> 웃을 소—젊을 소少, 성낼 로怒—늙을 로老의 독음이 비슷한 데
> 착안해, 한 번 웃을 때마다 한 번 젊어지고 한 번 성낼 때마다 한
> 번 늙는다는 '일소일소, 일로일로一笑一少, 一怒一老'라는 말이 있다.

공빈연소工嚬姸笑, (서시처럼) 찡그려서 예쁜 이가 있는가 하면, (모장같이) 웃어서 예쁜 이도 있다. 남자 장사·재사뿐 아니라 (남성의 기쁨을 위해서만 존재한다고 여긴) 여성조차 저마다 나름의 장점이 있다는 말.

누가 무슨 기준으로 정하는지 모르겠는데 흔히들 중국 4대 미녀를 꼽곤 한다. 여기 나오는 서시, 그리고 한나라 때 화친용으로 흉노에 보낸 왕소군王昭君, 앞에 나온 여포의 여자 초선貂蟬, 마지막으로 당 현종玄宗의 양귀비楊貴妃. 웃고 찡그리는 외에 날씬한 미녀, 통통한 미녀도 있는데 서시는 날씬했고 양귀비는 통통했다고 한다.

이상 제229~236구는 얼핏 장사·재사·미녀 등 잡다한 인물 이야기를 늘어놓은 잡설처럼 보이지만, 사실은 「천자문」 결언의 첫 단락인 '대책'으로서, 세상에 쓸모없는 사람은 없으니 재주와 장점을 가려 두루 등용하라는 진언으로 읽으면 자연스럽다. 제227구부터 이어서 보면, 통치자의 입장에서 몹쓸 신민은 해 아래 두 종류밖에 없는 셈이다 — 반망叛亡과 적도賊盜.

길이 보전하려면
제237~242구

┌제237~240구┐

237 **年矢每催**, 연시매최   세월이 화살처럼 흐를지라도
238 **羲暉朗耀**. 희휘낭요   태양은 변함없이 밝게 비추고
239 **璇璣懸斡**, 선기현알   일월성신이 매달려 돌아가도
240 **晦魄環照**. 회백환조   달빛은 이울면 다시 빛납니다.

─────────────

대책 세 번째, 경계警戒다. 군왕 개인으로도 종묘사직으로도 오
래갈 것을 도모하라는.

해 년年은 1년, 2년 세는 그 해다. 해 세歲(제7구 '윤여성세')나 해
재載(제165구 '숙재남무')와도 통용되고, 나이나 세월歲月(말 그대로 해와
달, 연월年月이다)이라는 뜻으로도 쓴다.

화살 시矢는 활(궁弓)에 먹여 날리는 발사체다. 연시年矢는 세월의
화살이니, 곧 세월이 쏜'살'같이 빠르다는 뜻을 담고 있다. 지난 세
월을 눈 깜짝할 새(순식간瞬息間)로 여기며 화살에 비유하는 심정은
어디나 매일반인가 보다. 영어권에서도 시간이 화살 같다(Time
flies like an arrow, 초창기 구글 번역기로는 "시간 파리는 화살을 좋아해")고
하지 않는가.

매양 매每는 ~마다, 일일이, 매번每番이라는 뜻. 여기서는 매양每

樣, 늘상이라는 뜻으로 썼다.

재촉할 최催는 어서 하라고 다그치는 것. 잠이 오도록 유도하는 기술은 최면催眠, 채권자가 채무자의 이행을 독촉하는 것을 최고催告라고 한다.

연시매최年矢每催, 쏜살같은 세월이 어서 가자고 늘 재촉한다.

숨 희羲는 숨쉰다는 원뜻보다 삼황오제(제19~22구 참조) 중 복희씨伏羲氏의 약칭으로 많이 쓰이고, 더러 명필 왕희지王羲之(제121구 '두고종례' 참조)의 약칭으로도 쓰인다. 여기서는 햇빛 희曦의 대용으로 쓰였다.

빛날 휘暉는 독음이 같은 輝(제210구)와도 통하며, 광채를 발하는 것이다. 아예 햇빛을 뜻하기도 한다. 희휘羲暉는 그러니까 햇빛이다.

밝을 랑朗은 빛이 밝거나 사람의 성품이 또렷하거나 명랑明朗한 것. 낭랑朗朗하게 글 읽는 것이 낭독朗讀이다.

빛날 요耀는 앞의 휘暉(輝)처럼 광채를 발하는 것. 낭요朗耀는 환히 비춘다는 말.

희휘낭요羲暉朗耀, 세월이 재촉하므로 사람은 늙고 떠나도, 오늘 아침 햇빛은 변함없이 영원토록 비치리라는 말. 희휘가 이미 낮의 햇빛이므로 낭요는 밤의 달빛으로 새겨 "아침 햇빛, 밤의 달빛은 변함없어라"라고 새길 수도 있지만, 달빛 얘기가 바로 아래 나오므로 여기서는 햇빛 얘기만으로 본다.

아름다운옥 선璇, 구슬 기璣는 여러 가지 옥돌 명칭(제12구 '옥출곤강' 참조) 중 둘이다. 선기璇璣는 천체 관측 기구인 선기옥형璇璣玉衡, 일명 혼천의渾天儀의 준말이다. 기璣자만으로도 옥돌(옥玉)로 만든

틀(기機), 곧 선기가 된다. 선기옥형
이란 말 자체만 보면 '옥돌 틀(선기,
옥형)'을 두 번 중첩한 말이다. 실제
혼천의에는 금속 재료가 많이 들어
가겠지만, 천체와 관련 있으니까 옥
계열로 이름을 붙인 것이렷다. 하늘
의 지배자도 '옥'황상제玉皇上帝 아닌가.

매달 현懸은 걸거나 매달아 늘여
뜨리는 것. 상을 내걸고 장려하는
것이 현상懸賞, 지금 걸려 있는 이슈가 현안懸案, 줄을 늘어뜨려 걸
어 놓은 다리는 현수교懸垂橋다.

돌 알斡은 빙빙 도는 것. 알선斡旋한다는 뜻도 있다.

현알懸斡은 일차적으로 혼천의를 이루는, 천체를 상징하는 부속들
이 빙빙 돎을 가리키는데, 결국은 혼천의의 부속이 상징하는 해 달
별이 천구天球에 매달려 돈다는 말이다. 그냥 맨눈으로 보면 천체가
하늘에 붙박히거나 매달려서 지구를 도는 것처럼 보이지 않나.

선기현알璇璣懸斡, 우리네 인생과 상관없이 해 달 별은 영원히 돌
고 있을 것이다.

그믐 회晦는 음력 30일(작은달은 29일)째, 달이 완전히 지구에 가
려 보이지 않는 날이다. 그다음 날(음력 1일)은 초하루 삭朔. 그믐날
은 어두우므로 '어두울 회'도 된다.

넋 백魄은 사람의 영혼. 살아 있는 사람이란 '껍데기' 육체에 '알
맹이' 영혼이 들어가 사는 상태이고, 영혼이 육체를 떠나 빈껍데
기만 남는 게 죽음이라고 생각하던 시절(지금도 그렇게 믿는 사람이

많은데, 검증도 반증도 되지 않으므로 논변할 거리가 아니다), 영혼 중에서
도 가벼운 성분을 혼魂, 무거운 성분은 백이라 했다(합하여 혼백魂魄).
혼과 백의 구분은 절대적인 것은 아니어서, 특히 청년의 씩씩한
정신상태를 기백氣魄이라 한다. '재강 박'으로 읽으면 술 만들고 남
은 찌꺼기인 술지게미(제204구 '기염조강' 참조), 그리고 '떨어질 탁'으
로도 읽어서, 과거에 신문사 입사시험 같은 데서 독음 문제로 '落魄
(낙탁)'이 단골처럼 나왔다. 세력이 기울거나(영락) 정신이 나갈(낙
심) 지경을 이르는 말이다.

회백晦魄은 직역하면 '컴컴한 넋'이니, 빛을 잃은 그믐밤의 어두
운 달을 이른다.

고리 환環은 고리 형태로 가공한 옥(제12구 '옥출곤강' 참조), 즉 끝
이 닫힌 둥근 가락지다. 고리 모양은 환상環狀, 옥가락지는 옥환玉環,
거대한 고리 모양을 이룬 산호섬은 환초環礁, 일식 중 달이 태양에
쏙 들어가고 남아 주변 빛이 반지 모양으로 보이는 게 금환식金環蝕
이다. 여기서는 돌아갈 환還을 대신해 '도로'라는 뜻으로 썼다.

비출 조照는 광선이 쬐는 것. 불빛을 비춰 밝게 하는 게 조명照
明, 자신이나 세상을 차분한 마음으로 비추어 보는 게 관조觀照, 방
사선 같은 걸 쬐는 건 조사照射, 두 가지를 대비하여 살피는 것은
대조對照다.

회백환조晦魄環照, 컴컴한 그믐달은 도로 밝아진다.

이상 네 구는 태양이 영원히 빛나고 달도 이울면 도로 차듯,
세월이 흘러도 자연의 순환은 변함없을 것임을 이야기했다. 홍황
洪荒한 우주 안에 해 달 별, 계절과 날씨의 순환으로 시간 질서가
생기는 것을 노래한 제2~10구를 마무리에서 다시 떠올리게 하는

수미쌍관으로도 읽힌다. 그때의 시간이 인간 이전의 시간이었다면, 여기서 되풀이하는 시간은 「천자문」의 '두길'인 거대사와 개인사의 성쇠盛衰에 아랑곳없이 앞으로도 영원히 순환하며 흘러갈 시간이다.

제241~242구

241 **指薪修祐**, 지신수우 땔나무의 교훈을 새겨 복을 닦으면
242 **永綏吉邵**. 영수길소 길이 편안하고 상서로우리이다.

영원한 시간 이야기는 왜 하는가? 인생 백 년만 말고 그 이상을 생각하라는 뜻이다.

가리킬 지指는 본래 손가락이라는 뜻인데 지시指示·지향指向처럼 가리킨다는 뜻으로 많이 쓴다. 콕 집어 가리키는 게 지목指目·지적指摘인데, 선을 넘으면 지적'질'이 된다.

섶 신薪은 땔감으로 쓰는, 장작보다 자잘한 나무줄기나 가지, 낙엽 등속이다. 와신상담(제235구 '모시숙자' 참조)의 그 신이다. 섶과 장작을 포함해 산에서 나는 나무땔감을 통틀어 신탄薪炭이라고 부르던 시절도 있었다.

지신指薪은 '땔감의 교훈'를 되새기라는 말이다. 땔감의 교훈이란『장자』의, "땔감이 떨어져도 (새 땔감을 계속 넣어 주면) 불이 이어져 다할 줄 모름을 되새기라(指窮於爲薪, 火傳也, 不知其盡也지궁어위신 화전야 부지기진야)"(「양생주養生主」)라는 구절을 가리킨다. 섶 자체는 타고 나면 다하지만, 섶을 계속 넣어 주면 불은 꺼지지 않고 계속

피어오른다는 얘기다.

닦을 수修는 수양修養 · 수신修身처럼 마음과 행실을 닦는 것이다. 말을 꾸미는 건 수식修飾 · 수사修辭, 고장 난 걸 다듬어 고치는 건 수리修理.

복 우祐는 특별히 신명神明의 가호, 또 그 결과인 복락이다. 〈애국가〉의 "하느님이 보우하사~"의 보우는 祐 대신 도울 우佑 보우保佑인데 뜻은 같다. 수우修祐는 노력하여 복이 들어올 길을 닦으라는 말.

지신수우指薪修祐, 땔감이 있는 한 불은 타오르듯, 복 받을 행실을 끊임없이 닦으라.

길 영永은 시간에 주로 쓰며, 그저 긴 게 아니라 영원永遠 · 영구永久한 것이다.

편안할 수綏는 복락을 누리는 것. 깃발 같은 데 달아 늘어뜨리는 매듭도 가리킨다. 군인이 장군으로 진급하면 대통령이 삼정검三精劍을 하사하면서 손잡이에 달아 주는 매듭이 수치綏幟다. 영수永綏, 길이 복을 누리다.

길할 길吉은 흉할 흉凶의 반대. 조선시대 오례五禮는 길례 · 흉례 · 군례軍禮 · 가례嘉禮 · 빈례賓禮인데(문헌에 따라 순서가 조금씩 다르다), 제사를 길례라 한 것이 의미심장하다. 한양에서 사람이 죽으면 미아리고개 너머에 장사지냈는데, 매일같이 상여가 지나며 곡을 해 대는 흉음이 진동한다고 민원이 제기되니 임금이 "부모가 죽어 자식이 슬퍼하는 소리가 길하지 왜 흉한가? 아예 길음동吉音洞이라 하라" 해서 길음동 지명이 생겼다는 전설이 있다. 흉례인 장례조차 길하다고 한 것이다. 나는 어릴 적 그 옆 정릉에 살았는데 어른들이 길음시장 간다면 '기름'시장 가는 줄 알았고.

아름다울 소邵는 지명이나 사람 성에 쓰는 글자인데 여기서는 높다, 크다, 오래간다 정도로 새긴다. 길소吉邵, 길함이 크다.

영수길소永綏吉邵, 땔나무의 교훈처럼 생전에나 집안 대대로 끊임없이 덕업을 쌓으면 대대손손 길이 편안하고 크게 길하리라. 기회 있을 때마다 지적하는 것이지만 「천자문」의 윤리는 어디까지나 나와 내 자손이 복을 받는 게 중요하지, 이웃과 더 큰 사회를 위한 의무와 헌신의 윤리는 없다. 사실인즉 덕을 쌓는다고 반드시 복이 온다는 보장도 없지만, 군왕이 그런 마음가짐을 가지면 적어도 내환內患을 자초할 일은 적겠다. 설령 효험이 없더라도 지도자는 응당 그래야지.

이상 여덟 구는 「천자문」의 결언 삼아 올리는 대책 중 세 번째, 임금이 덕업을 닦아야 왕조가 오래간다는 충고다. 「용비어천가」도 마지막 제125장에서 개국도 대대로 인仁을 쌓은 덕이지만(누인개국累仁開國), "경천근민敬天勤民하셔야 더욱 굳으시리이다"라며 경계하지 않나.

그러나 주흥사의 양나라는 불행히도 502~557년, 반세기 6대밖에 가지 못했다.

「천자문」을 바치며
제243~250구

제243~246구

243 **矩步引領**, 구보인령　삼가는 걸음으로 옷깃을 여미고

244 **俯仰廊廟**. 부앙낭묘　엎드려 조정과 종묘를 우러릅니다.

245 **束帶矜莊**, 속대긍장　공복을 입고 뻐기지만

246 **徘徊瞻眺**. 배회첨조　맴돌며 바라만 볼 뿐입니다.

대책 다음은, 「천자문」을 천자에게 올리며 마지막으로 지은이의 개인적인 소회를 술회하는 짧은 표문表文이다. 제갈량이 정벌 군사를 일으키며 올린 표문이 「출사표出師表」, 김부식이 『삼국사기』를 바치며 쓴 건 「진삼국사표進三國史表」다.

드디어 「천자문」의 결사結辭다.

곱자 구矩는 기역자 직각으로 된 자다. 컴퍼스 규規(제92구)와 묶어 규구規矩라고 하면 물건을 제작할 때 방원方圓(네모와 동그라미, 즉 곧고 굽음)을 정확히 재기 위한 컴퍼스와 곱자이고, 나아가 사람이 반듯하게 되려면 반드시 지켜야 할 규범을 이른다. 제19구(용사화제)의 〈복희여와도〉에서 복희와 여와가 곱자와 컴퍼스를 든 걸 보았다.

걸음 보步는 보행步行, 또는 길이 단위로 한 걸음이다. 구보矩步는 예법에 어긋나지 않게 조심조심 걷는 것. 독음이 같은 구보驅步는 뜀걸음이다.

당길 인引은 가까운 쪽으로 당기는 것. 반대는 밀 척斥이다.

옷깃 령領은 옷의 여밈 부위다. 깃을 포함해 겹으로 박음질한 부분은 옷을 갤 때 기준이 되므로, 규범(요령要領·강령綱領)이나 아예 '거느릴 령'(수령首領·영도領導)으로 쓰인다. 인령引領은 고름을 당겨 옷매무새를 가다듬는 일.

구보인령矩步引領, 논리적인 순서는 먼저 옷매무새를 가다듬고(인령) 나서 단정하게 걷는(구보) 것이니, 곧 「천자문」의 작자가 임금 앞에 나아가며 삼가는 태도다. 두길 서사의 '바치는 말'로 보아 그렇다는 것이고, 기존의 해설들처럼 두 구만 따로 떼어 읽으면 그냥 선비의 평소 매무새쯤 된다.

구푸릴 부俯는 몸을 낮춰 엎드리는 것. 엎드릴 복伏(제30구)과 겹쳐 부복俯伏으로 많이 쓴다.

우러를 앙仰은 시선을 위로 향하는 것이니 마음으로 우러러본다, 즉 앙모仰慕한다는 말. 우러르는 상대가 신격일 때는 신앙信仰이다. 건물 등의 도면을 투시법으로 그릴 때, 위에서 내려다보듯 그리는 게 부감俯瞰이고 아래서 올려다보는 앵글은 앙각仰角이다. 부앙俯仰은 엎드린 자세에서 고개만 들어 우러러보는 것.

복도 랑廊은 중정中庭을 빙 두르거나 좌우에 배열한 기다란 통로, 즉 주랑柱廊이나 행랑行廊이다. 궁궐 안 단위건물들엔 주랑이 딸리거나 주랑으로 서로 구분짓는 경우가 많으므로 낭은 곧 조정朝廷이다.

사당 묘廟는 죽은 이, 특히 임금의 신위神位를 모시는 곳이다. 사람은 죽어서 몸은 묘墓(무덤)로 가고 영혼은 묘廟로 간다. 왕조의 역대 임금의 신위를 모신 곳이 '으뜸 사당' 종묘宗廟이고, 임금을 종묘에 모실 때 묘호廟號를 올린다. 조선 임금 태조太祖, 태종太宗, 세종世宗, 하는 게 묘호다(제155구 '악종항대' 참조). 그러니까 세종은 자기가 세종이 될지 뭐가 될지 살아서는 몰랐다. 한편 서울에는 삼국 촉蜀나라 장수 관우關羽의 위패를 모신 관왕묘關王廟가 몇 군데 있었는데 그중 유명한 게 동관왕묘, 줄여서 동묘東廟다. 낭묘廊廟는 산 임금의 조정과 죽은 임금의 종묘이니, 왕조王朝다.

부앙낭묘俯仰廊廟, 엎드려 조정과 종묘를 우러릅니다.

이상 두 구는 일반으로 조정에 출입할 때 경외하는 마음가짐으로 옷매무새와 걸음걸이를 단정히 하라는 것을 넘어, 1인칭으로 '지금 내가' 임금에게 말을 걸거나 글을 올릴 때 상투적으로 겸손하게 시작하는 말이다. 「천자문」을 바치며 이제 마지막으로 풀어 놓을 개인적 소회가 남았다는 얘기를 하려는 참이다.

묶을 속束은 여러 개의 물건을 가지런히 합쳐 끈 같은 것으로 두르거나, 그냥 끈의 양쪽을 매듭 지어 묶는 것. 결속結束은 물건을 묶는 것인데, 여러 사람이 마음을 합친다는 뜻으로도 쓴다. 속박束縛은 물건이나 사람을 물리적으로 묶는다는 뜻보다 사람의 행동을 제약한다는 뜻으로 더 많이 쓴다.

띠 대帶는 두르는 띠, 또는 띠나 성질을 띠는 것. 허리띠는 요대腰帶, 가죽띠는 혁대革帶, 그리고 열대·온대·한대 등 기후대氣候帶 (zone) 같은 데도 응용한다. 띠처럼 몸 가까이 지니고 다니는 것은 휴대携帶. 끈 뉴紐자 유대紐帶는 본래 띠를 띤다는 뜻이었지만 사람이나 집단 간에 가까이 지낸다는 말로 주로 쓴다. 속대束帶는 띠를 띠는 것이니 곧 공복公服을 입는 일이다.

뻐길 긍矜은 중립적으로 자부심을 갖는 것(긍지矜持·자긍自矜), 부정적으로 으스댄다는 뜻이고, 불쌍히 여긴다(긍휼矜恤)는 뜻도 있다.

성할 장莊은 풀 따위가 성하다는 본뜻으로부터, 외관이 볼만한 것을 이른다. 산장山莊·별장別莊·장원莊園, 이화장梨花莊(이승만 사저)·경교장京橋莊(김구 사저) 같은 대갓집의 집채를 이르기도 한다. 장자의 장이 이 글자여서, 노장老莊 하면 노자와 장자, 즉 도가道家를 가리킨다. 긍장矜莊은 멋진 의관을 뽐내는 것.

속대긍장束帶矜莊, 하잘것없는 이몸이 관리의 의관을 입고 뻐기면서.

노닐 배徘, 노닐 회徊는 흔히 합쳐서 배회徘徊, 어정거리거나 쏘다닌다는 말로 쓴다. 특히 생각에 잠겨 고개 숙이고 이리저리 다니는 것은 저회低徊.

우러를 첨瞻은 존경이나 부러운 마음으로 먼발치에서 치켜보는 것. 별을 바라보기 위해 설치한 건물이 첨성대瞻星臺다.

바라볼 조眺 역시 바라보는 것, 찬찬히 살펴보는 것이다. 약간 거리를 두고 살피는 것이 조망眺望(perspective)이고, 다른 건물에 방해받지 않고 주변 경관을 누릴 수 있는 권리가 조망권이다.

흔히 「천자문」을 2구(8자)씩 떼놓고 푼 글들에서는 배회첨조徘徊瞻眺를 관리의 의관을 하고 돌아다니면(배회) 사람들이 '나를' 부러워 바라본다(첨조)고 푼다. 그러나 「천자문」 전체를 두줄 서사로 읽고 지금 구절을 바치는 말(표문)로 보면, '내가' 임금의 은혜로 관리가 되어 속으로 자랑스럽고 겉으로 멋지지만, 부르심이 없으

니(또는 삼가는 마음으로) 임금께 가까이 가지 못하고 구중九重(궁궐)
주변이나 얼쩡거리며 바라만 본다는 겸양의 말이 된다.

247 **孤陋寡聞**, 고루과문 못나고 배운 바 없어
248 **愚蒙等誚**. 우몽등초 어리석다 꾸중 들어 마땅한 몸이
249 **謂語助者**, 위어조자 감히 말씀으로 보필한다니
250 **焉哉乎也**. 언재호야 어찌할꼬 어찌할꼬!

외로울 고孤는 외따로 혼자 있는 것이다. 그냥 물리적으로 홀로
(only)일 수도, 심정적으로 외로운(lonely) 것일 수도 있다. 사회생
활의 맨 기초단위인 가족관계에서는 부모 없는 자녀를 특별히 고
라 한다(제195구 '유곤독운' 참조).

좁을 루陋는 보잘것없는 것이다. 똑같이 더럽고 보잘것없다는
말로, '비루鄙陋'는 남의 나쁜 인품을 비난할 때 쓰는 반면, '누추陋
醜'는 보통 겸양으로 나의 공간이나 물건에 쓴다. 고루孤陋는 스승
의 가르침이나 벗의 모범을 배우지 못해 견문과 생각이 좁은 것을
이른다. 독음이 같은 고루固陋는 똥고집이다.

적을 과寡는 숫자가 적은 것, 나아가 아예 없다시피(seldom) 한
것으로, 상대어는 무리 중衆이다. 말수가 적은 것은 과묵寡默, 많고
적은 것은 다과多寡, 수적으로 훌쩍 차이가 나서 상대가 안 되는 건
중과부적衆寡不敵. 홀어미(과부寡婦)를 가리키기도 한다(제195구 참조).

들을 문聞은 귀로 듣는 것. 들을 청聽은 대개 물리적으로 들리거

나 생리적으로 듣는 것, 문은 내용을 인지하는 것이다(제56구 '허당
습청' 참조). 그러니까 신문新聞은 새 소식, 뉴스다. 여기서는 보고
들어 배우는 견문見聞의 뜻으로 썼다. 과문寡聞은 배움이 적다는 말
인데, 역시 겸양으로 흔히 쓴다. NEWS가 영어 '북동서남'의 첫
글자를 땄다는 말에 혹하는 것은 과문한 탓이다. 뉴스에 해당하는
유럽어들은 nouvelles, novella 등 모두 'new' 자체이거나 복수형
(news)이다.

고루과문孤陋寡聞에서 고루는 타고난 재주가 보잘것없다는 것이
고, 과문은 후천적으로 배운 게 형편없다는 말이다. 누가?「천자문」
각 구절을 떼어놓고 보면 일반으로 "어떤 사람이 고루과문하다
면~"으로 읽히지만, 이 대목을「천자문」을 황제께 바치며 하는 표
문으로 보면 '내가' 고루과문하다고 겸양하는 말이 된다. 일상에서
실제로 고루와 과문은 겸양의 말로 많이 쓴다.

어리석을 우愚는 지력이 떨어지는 것. 아예 1인칭 대명사 '나'의
뜻으로도 쓴다. 나의 견해(사견私見)를 겸양하여 우견愚見이라고 한다.
어리석을 몽蒙도 지력이 떨어지는 것. 어리석은 상태를 깨쳐 여
는 게 계몽啓蒙이다. 계몽의 열 계啓(제111구 '병사방계')는 열 개開의
뜻. 아직 아는 게 적은 어린아이가 우선적으로 익혀야 하는 책이
『동몽선습童蒙先習』이다. 몽골(Mongol)을 한자로 하필 몽고蒙古멍구로
음역한 데는 비하하는 뜻도 있었을 것이다. '몽'에는 또 입는다,
뒤집어쓴다는 뜻도 있어서, 특별히 임금이 난리를 만나 피난가는
것을 옥체가 먼지를 뒤집어쓴다 하여 몽진蒙塵이라 이른다. 몽진
와중에도 '성은을 입는(몽은蒙恩)' 궁녀는 있었을 테지. 조선 고종이
러시아 공사관으로 달아난(아관파천, 1896) 와중에 영왕(영친왕 이은)

을 낳은 엄귀비嚴貴妃처럼.

같을 등等은 대등對等 · 균등均等 · 평등平等한 것. 이퀄(=)은 '같음 부호' 등호等號다. 복수 접미사 '-들', 또 '~ 등등' 하고 나열하는 말로도 쓰인다. 吾等(오등)은 우리. 여기서는 뒤의 동사를 받아 '~해 마땅하다(to deserve)'는 뜻.

꾸짖을 초誚는 나무라는 것이니 등초等誚는 꾸지람 받아 마땅하다, 나무라도 할 말이 없다는 말.

우몽등초愚蒙等誚, 겸양으로 고루과문한 이몸이 어리석다 꾸지람 받아 마땅하다. 역시 일반으로 어리석은 사람은 꾸중 들어도 싸다는 말이 아니라, 임금 앞에서 '내가' 어리석다고 겸양하는 말이다.

이를 위謂는 일컫다, 말하다라는 뜻의 타동사. '이른바'가 소위所謂다.

말씀 어語는 말씀 언言(제72구 '언사안정')과 구분이 자주 애매하다. 한국이나 일본에서 언어言語라고 쓰는 것을 중국 현대어에서는 어언語言위옌으로 쓴다.

도울 조助는 힘을 보태는(조력助力, 보조補助) 것. 어조語調는 어조사라고 하여, 말을 잇거나 맺거나 뉘앙스를 더하기 위해 덧붙는 허사들이다. 우리말의 조사와 어미에 해당한다.

놈 자者는 의존명사 '것'에 해당하는 한자다. 사람, 특히 남자의 평칭과 비칭 중간쯤 되고, 물건이나 사항을 이르기도 한다. 여기서는 뒤의 뜻으로 쓰였다. 고전어에서는 사람보다 물건에 더 많이 쓰는데 지금도 일부 방언에서는 물건을 가리키면서도 요놈 조놈 한다. 남자 '놈', 일반 사람 '것'과 동급으로 여자는 '년'이라 했다.

위어조자謂語助者, 전통적으로는 '어조사(語助)라고 하는(謂) 것(者)

은'으로 새긴다.

어찌 언焉은 '~이다'보다 강하게 단정하는 종결어로도 쓰고, 반문의 부사 '어찌'로 쓰기도 한다. '언'보다 강한 단정의 종결어로 '이耳'(제200구)가 있다(便於日用而편어일용이, "날로 씀에 편하게 할 따름이니라", 「어제御製 훈민정음 서序」).

어조사 재哉는 의문, 반어, 감탄의 종결어다. 우리말도 그렇지만 많은 언어에서 의문(?)은 감탄·반문·반어(!)를 겸한다.

온 호乎는 재哉처럼 의문이나 반어의 종결어로도 쓰고, '~로부터(비롯), ~보다(비교)'라는 전치사로도 쓴다(國之語音異乎中國국지어음이호중국, "나랏말이 중국과 달라", 「훈민정음 서」). 乎자를 향찰과 이두에서는 '온'으로 읽으니, '온 호'는 뜻새김이 아니라 소리새김이다.

『논어』 맨 첫 단락에서 乎자를 반문의 종결어로 세 번 거듭썼다.

子曰, "學而時習之, 不亦說乎! 有朋自遠方來, 不亦樂乎! 人不知而不慍, 不亦君子乎!" 자왈 학이시습지 불역열호 유붕자원방래 불역낙호 인부지이불온 불역군자호

(說은 여기서는 기쁠 열[제140구 '열감무정' 참조]이고, 모 방方은 찾을 방訪의 대용이다.)

선생님께서 말씀하셨다. "배우고 때로 익히면 또한 기쁘지 아니한가! 벗이 있어 멀리부터 찾아오면 또한 즐겁지 아니한가! 남이 알아주지 않아도 성내지 아니하면 또한 군자 아닌가!"

진말秦末 진승·오광의 난과 고려 만적의 난 때 구호인 "(王
侯)將相寧有種乎왕후장상영유종호"(제123구)도 乎자로 맺었다.

어조사 야也는 평이한 서술의 종결어.

1990년대까지 육교 위 좌판에서 흔히 『한석봉 서書 천자문』을
팔았다. 그 책들의 마지막 두 글자 새김은 '이끼 호, 이끼 야'였다.
그래서 「천자문」은 한마디로 '하늘 천, 이끼 야'가 되는데, 저 이
끼가 그 이끼(지의地衣)인지 오랫동안 궁금했다. 이리저리 알아보고
얘기도 나눠 보니 '잇기, 입기' 등 여러 설이 있던데, 어떤 판본은
'온 호, 입겻 야'로 새겼다. 입겻은 '입곁' 즉 구결이니, 입곁(입겻)이
입기, 잇기 등으로 와음訛音돼 '이끼'까지 온 것이렷다.

'육교 천자문'을 비롯해 내가 읽고 들은 모든 해설이 언재호야焉
哉乎也를 "이 네 글자는 어조사다"라고 풀이한다. 바로 앞 '위어조
자'부터 읽으면 "어조사라는 것은 언·재·호·야 네 글자다"가
된다. 이 네 글자 외에 앞에서 나온 어조사로 써 이以(제79구 '존이감
당'), 어조사 어於(제163구 '치본어농')가 있었다.

그런데 마지막 제249~250구 여덟 글자를 그 앞의 두 구(제
247~248)부터 이어 읽으면, 뜻밖에 이런 중의적 새김도 가능하다.

재주가 적고 배운 게 없어 꾸짖음이나 들어 마땅한 주제에
(감히) 말씀으로 (임금을) 보필한다니, 어찌할꼬! 어찌할꼬!

이럴 경우, 마지막 '호야乎也'의 순서를 바꿔 '언재호야'로 했더라
면 반문의 뉘앙스도 살고, '바치는 글' 단락 전체의 각운 '-ao'와도
맞아떨어졌을 것이다.

이상이 고루과문이 '두길 서사'로 다시 읽어 본 「천자문」의 대략이다. 전공도 아닌 우몽등초로 위어조자를 언재호야, 어찌할꼬!

정릉의 푸른 솔

내 주전공은 한국음악사다. 한문(교육)학이나 중국학 전공도 아닌 주제에 이미 차고 넘치는 「천자문」 해설서 더미에 책 한 권 더 없는 게 얼핏 외도 같아 참람(僭濫)하지만, 한편 이것은 1999년 이래 25년 강사 생활의 부산물이기도 하다.

중간에 판소리, 특히 〈춘향가〉 얘기가 자주 끼어든 것은 내가 한국음악학자라서이기도 하지만, 이 책을 쓰게 된 결정적인 계기 하나를 제공한 밴드 '이날치'의 소리꾼 안이호 선생을 내내 떠올린 탓도 있다.

십수 년 전, 군대 다녀와 아직 대학원생이던 '안이호 군'을, 음대에서 인문대 넘어가는 길목에서 우연히 만나 한동안 같이 걷게 됐다.

"선생님, 한자 공부 때문에 미치겠어요."

"천자문이라도 일주일에 여덟 글자씩 써 봐! 춘향가에 형산백옥과 여수황금도 물각유주라, 그거 천자문 금생여수에서 나온 거야!"

(이 일화를 후기에 소개하겠노라고 양해를 구하면서, 만약 북콘서트라도 하

게 되면 진짜 소리가 있는 '소리-북 콘서트'를 하자고, 이왕이면 안 선생이 함께
하자고 의기투합했다.)

　정말로 안 군은 여러 달 손쓰기를 해 보다가 다 마치지 못하고
일이백 자 만에 나가떨어졌다고 들었다. 그러고서 막상 「천자문」
을 정독하고 '서언'에 해당하는 제1~36구(144글자)부터 풀어써서
강의와 개인지도에 활용한 건 나다. 그러다 2018년쯤, '天: 천
cheon, 톈tian, 덴てㅅten' 식으로 원스톱 솔루션을 제공하는 한중일
자전을 구상하면서 「천자문」의 하늘 천부터 일주일에 2구(8자)씩
해설하고 자전 덧붙이는 작업을 하다가, 제103구 '도읍화하'부터
퍼뜩 거대서사가 눈에 들어오기 시작했다. 이때까진 '혜금완소'(제
230구)니 '모시숙자'(제236구)니 같은 건 잡설쯤으로 여겼는데, 두
바퀴째 해설을 네이버 블로그에 연재하면서 비로소 '중국의 역사
1·2', '선비의 일생 1·2'에다 '서언'과 '대책과 표'라는 큰줄기가
눈에 들어오기 시작했다. 그렇게 '두길 서사'로 읽은 결과가 "언재
호야, 어찌할꼬!"라는 파격적인 마무리다.

　처음 구상할 때부터 탈고 직전까지 출판사 두 곳에서 퇴짜를
맞고 저술 지원 공모에서 세 번 탈락해 봤다. 본래 전공인 한국음
악학 책 하나를 마침 민속원에 의뢰할 생각이어서 이 책으로까지
폐를 끼치지는 않으려 했는데, 홍종화 사장님께서 고맙게도 이 책
까지 맡아 주셨다. 홍 사장님과, 그동안 학회지나 남의 책만 같이
만들다가 처음으로 내 책을 받아 꼼꼼하게 작업해 준 오성현 과장
님, 그리고 민속원 여러분께 심심한 감사를 드린다. 진작부터 이
기획을 호의적으로 봐 주신 ㅅ출판사 관계자와 ㅇ출판사 대표님
께는 죄송하게 됐다.

'서언'에 해당하는 내용이 포함된 한국예술종합학교의 '대학한
문'과 '동서양 고전의 이해' 강의를 들은 수강생들, 같은 부분을 개
인지도 기회에 함께 읽은 몇 명 제자들 덕분에 도입부가 잘 정돈
됐고, 나머지를 마저 써내려 갈 동력이 됐다. 부록 찾아보기와 '단
숨에 읽기'는 모교 석사과정 임유빈이 마지막 대조를 해 주었다.

나의 평생 한문 독서의 태반은 1998년부터 21년 동안 기웃거린
한국미학회 동양미학분과 독회讀會에서 했다. 40년째 독회를 이끄
시는 백윤수 박낙규 선생님, 늘 든든한 기둥이 돼 준 조송식 선배
와 서진희 정혜린 윤성훈 선생, 일일이 이름을 쓰지 않으나 함께
한 동료들에게 감사한다.

대학 들어갈 때 앞 일부 읽히고 손쓰기까지 시켰건만 아무런
감흥이 없던 두 딸 시미와 내히, 덕분에 가족조차 안 읽는 글을
몇 달 몇 년 앉아서 써 갈 끈기를 길렀고,

이런 글이나 쓰는 남편 대신 가정경제를 책임지고, 37년 다닌
직장에서 이제는 돌아와 TV 앞에 앉은(한국방송통신대 학생으로 등록
했다) 아내 김진형에게 그동안 애썼다는 격려와 감사를 보낸다.

염치없게도 올해로 환갑을 맞은 것을 기화로 이 책 내는 데 다
섯 달 동안 크라우드펀딩을 받았다. 고마운 백열세 분의 이름을
일일이 허락도 받지 않고 책 맨 앞에 박았다. 특별히 도탑게 후원
해 주신 조순자 선생님, 조갑제 선배님, 고흥곤 선생님과 영식 고
승준 선생, 친구 이홍직·조성미 내외와 이○○, 석현주 박경회
최선아 선생, 성낙양 부사장과 박원 부장에게 각별한 감사의 말씀
드린다.

열 살이 채 안 됐을 때다. 아버지께서 헌 '육교 천자문' 한 권을

주시면서, 널빤지에 물과 붓으로 써 보라고 하셨다. 당연히 몇십 자 못 나가고 오를 등騰, 잠길 잠潛, 비늘 린鱗쯤에서 나가떨어진 것 같다. '용사화제, 조관인황' 이하는 쓰기는 고사하고 뜻도 모르 니 읽힐 리가 있나. 그렇게 나의 첫「천자문」도전은 '천지현황~' 몇 구절과 '이끼 야'로만 남았다. 서울 정릉의 성산재건학교 귀퉁 이 단칸방 관사에서다. 그러고 보니 재건학교 교가 〈푸른 솔의 노래〉 1, 2절은 딱 '여송지성, 천류불식如松之盛, 川流不息'(제68~69구) 이다. "우리들은 자라나는 푸른솔이라, 쉼 없는 맑은 물이라….."

9년 전 아버지를 갑자기 여의었을 때 널리 부고를 아뢸 사정이 못 되어, 마지막 가시는 길에 국화 한 송이 올리고 싶어 했을 많은 제자분들께 두고두고 죄스러운 마음이다. 어린 나에게 「천자문」 풀버전을 처음으로 맛보게 해 주신 아버지, 김용찬金容燦(1933~2014) 교장선생님 영전에 이 책을 바친다.

2023년 6월 13일 아버지의 기일에
풀고쓴이

부록

「천자문」 역사인물·고사 연표

신화시대(~기원전 2100년경)

연대	구절	사항
(신화시대)	19-20 용사화제, 조관인황	삼황오제 시대. 용사는 복희씨, 화제는 수인씨 또는 신농씨, 조관은 소호씨, 인황은 황제黃帝.
	21-22 시제문자, 내복의상	'인황' 황제가 창힐을 시켜 새 발자국을 보고 문자를 만들게 하고, 의복을 갖추어 입게 했다는 전설.
	28 수공평장	(평장) 요임금이 백성을 평온케 다스렸다(『상서』).
	23-24 퇴위양국, 유우도당	요(도당)가 순(유우)에게 왕위와 나라를 물려주려 하니 순이 임금 자리를 사양하다가 받았다.

하·상·주(전 2100년경~전 8세기)

기원전	구절	사항
2070	153 구주우적	요, 순에 이어 하우가 세습 하 왕조를 엶. 구주의 9는 상징적인 숫자로, 천자가 있는 중앙과 이를 둘러싼 팔방의 제후국들.
1600경	25-26 조민벌죄, 주발은탕	(은탕) 은(상)나라 탕왕이 하나라를 멸망시키고 상(은) 왕조를 세움.
?	133 반계이윤	(이윤) 은나라 때 명신.
?	140 열감무정	'열'이라는 이름의 성인이 은나라 왕 무정(고종)의 꿈에 나타나 나라를 중흥할 계책을 일러 줌.
11세기	133 반계이윤	(반계) 주나라 시조 문왕이 위수 반계에서 낚시하던 태공망 여상(강태공)을 발탁하고, 여상이 문왕·무왕 2대를 보좌해 천하를 통일함.
1046~1043	25-26 조민벌죄, 주발은탕	(주발) 주 무왕 희발이 상나라를 멸망시키고 주 왕조를 세움.
11세기	135-136 엄택곡부, 미단숙영	무왕이 아우 주공 단을 노공魯公에 봉함. 곡부는 노나라의 도읍이며 후에 공자가 이곳에서 태어난다.
	28 수공평장	(수공) 무왕은 소매를 늘이고 팔짱을 끼고 있어도 천하가 다스려졌다(『상서』).
11세기~8세기	50 시찬고양, 59 존이감당	주나라 시조 문왕과 그 후손 소공의 교화가 남쪽 나라에 미쳤음을 노래한 『시경』 「고양」과 「감당」의 고사.
	124 노협괴경	'괴'는 홰나무(회화나무). 주나라 최고위직인 삼공(태사, 태부, 태보)이 홰나무 밑에서 정사를 보았다는 데서, '괴경'은 고관대작을 의미.

춘추전국시대(전 8세기~전 221)

기원전		
?	14 주칭야광	춘추 수隨 임금이 바다 용(또는 뱀)을 구해 주고 선물로 야광주를 받았다는 설화.
685~643	137 환공광합	제나라 환공이 제후들의 회맹을 주도하여 첫 번째 패자 覇者가 됨.
7세기	145 가도멸괵	진晉나라 헌공 때, 작은 제후국인 우虞나라에 뇌물을 주고 길을 빌려 괵虢나라를 쳐 멸망시킨 뒤 돌아오는 길에 우나라까지 멸망시킴.
621	146 천토회맹	진 헌공의 서자로 군주가 된 문공이 천토에 제후들을 불러모아 회맹을 맺고 두 번째 패자가 됨.
7세기~5세기	143 진초갱패	제 환공, 진 문공에 이어 초 장왕, 오 합려, 월 구천이 차례로 패자가 됨(춘추오패).
?	229 포사요환	(요환) 춘추 초나라의 웅의료는 금구슬놀이에 능했다.
?	232 균교임조	임공자(임공ㆍ임보)는 『장자』에 나오는, 낚시를 잘했다는 전설상의 인물.
6세기	170 사어병직	사어는 자어ㆍ사추ㆍ축타라고도 일컬으며 춘추 위衛나라의 충신.
5세기	239-240 모시숙자, 공빈연소	모장과 서시는 월나라 미녀들. 특히 서시는 찡그리는 모습이 아름다웠다고 함.
473	13 검호거궐	거궐은 춘추 월越 구천勾踐이 오吳 부차夫差를 멸망시키고 얻었다는 명검.
5세기	49 묵비사염	묵자(전479경~전381경)가 염색장이를 보고 탄식하다(『묵자ㆍ소염』편).
4세기	169 맹가돈소	맹가는 맹자(전372경~전289경). 공자에서 맹자로 이어지는 유가는 온휴돈후와 '회사후소'를 강조했다.
3세기	144 조위곤횡	전국 중 진秦나라를 제외한 육국이 남북으로 동맹해 대항하자는 합종책에 맞서, 진나라는 각국이 진과 동서로 제휴하자는 연횡책을 제시.
	149-150 기전파목, 용군최정	전국시대 이름난 장수들인 진秦나라 백기와 왕전, 조나라 염파와 이목.
	148 한폐번형	한비자 등의 법가사상을 채택한 진秦나라는 강국이 됐으나, 형벌이 가혹해 원성을 삼.

진ㆍ한(전 221~기원후 220)

기원전		
3세기	125 호봉팔현, 154 백군진병	진秦나라, 봉건제 대신 군현제 실시(한 군국제로 이어짐).

	231 염필윤지	(염필) 진나라 몽염이 붓을 발명했다는 설이 있음.
206	147 하준약법	한 고조 유방의 약법삼장을 모신蕭 소하의 공처럼 기술한 것.
200	104 동서이경	한나라, 장안(서경)으로 도읍 확정.
195	139 기회한혜	한 고조 유방의 차남 유영이 태자 자리가 위태로웠으나 기리계 등 상산사호의 도움으로 자리를 지키고 후에 2대 황제에 오름(혜제).
154	122 칠서벽경	(벽경) 한나라 경제의 아들 노왕 유여가 공자 옛 집 벽을 헐자 진시황 분서갱유 때 숨겨둔 경전들이 쏟아져 나왔다.
139~126	151 선위사막	좁은 의미로는 장건이 흉노에 억류됐다 귀환하며 동서 교류의 물꼬를 튼 일, 넓게는 한나라 내내 흉노 등 서북 민족과 겨룬 일을 "위엄을 떨쳤다"고 미화한 것.
1세기	121 두고종례	(두고: 두도의 글씨) 두도는 전한의 서예가. 초서(장초)로 유명.
	181 양소견기	두 명의 소씨(양소)는 한나라 소광과 그 조카 소수. 궁내 벼슬살이를 즐기지 않아 스스로 내놓고 낙향했다.
기원후 25	104 동서이경	후한(동한), 낙양(동도)으로 천도.
1세기	231 염필윤지	(윤지) 후한 때 채륜이 종이를 개량했다.
2세기	229 포사요환	(포사) 후한 말 여포는 활을 잘 쐈다.

위 · 진 · 남북조(후 220~600경)

3세기	121 두고종례	(종례: 종요의 예서) 종요는 삼국 위魏나라 서예가. 예서로 유명.
	230 혜금완소	삼국 위나라 혜강은 금을 잘 탔고, 완적은 휘파람을 잘 불었다.
	232 균교임조	(균교) 위나라 기계 제조가 마균은 직조기와 수차 등을 개량하고 전설의 지남차를 복원한 것으로 유명.

500경		백제 왕인, 일본에 경서와 함께 「천자문」 전함.
6세기		남조 양梁나라 주흥사, 「천자문」을 무제武帝에게 바침.

찾아보기(글자)

※괄호는 이음異音 또는 대표 음훈
※이하, 숫자는 구 번호

찾아보기(구절)

「천자문」 단숨에 읽기

서언. 삶의 터전 자연

무한 또는 숭고

(-ang 운)

001-002 天地玄黃, 宇宙洪荒. 천지현황 우주홍황
하늘은 검고 땅은 누르며, 시공은 무한하고 파악되지 않는다.

변화 속의 질서

003-004 日月盈昃, 辰宿列張. 일월영측 진수열장
해와 달은 차고 기울며, 별과 별자리는 하늘길에 늘어섰다.

005-006 寒來暑往, 秋收冬藏. 한래서왕 추수동장
추위가 오고 더위가 가며, 가을에 거두어 겨울에 갈무리한다.

007-008 閏餘成歲, 律呂調陽. 윤여성세 율려조양
윤달로 채워 한 해 이루고, 율려로써 음양을 고르게 한다.

009-010 雲騰致雨, 露結爲霜. 운등치우 노결위상
구름 올라 비 되고, 이슬 맺혀 서리 된다.

땅의 모든 것은 인간을 위해

011-012 金生麗水, 玉出崑岡. 금생여수 옥출곤강
황금은 여수에서 나고, 옥돌은 곤강에서 난다.

013-014 劍號巨闕, 珠稱夜光. 검호거궐 주칭야광
검으로는 거궐검을 알아주고, 구슬로는 야광주를 일컫는다.

015-016 果珍李柰, 菜重芥薑. 과진이내 채중개강
과일 중엔 자두와 능금이 진귀하고, 나물로는 겨자와 생강을 높이 친다.

017-018 海鹹河淡, 鱗潛羽翔. 해함하담 인잠우상
바닷물은 짜고 민물은 싱거우며, 물고기는 헤엄치고 새들은 난다.

1.1 선왕의 시대

신화에서 역사로

019-020 龍師火帝, 鳥官人皇. 용사화제 조관인황
용 임금 복희, 불 임금 신농, 새 임금 소호 이어 사람 모습 황제가

021-022 始制文字, 乃服衣裳. 시제문자 내복의상
비로소 문자를 제정하고, 의복을 갖추어 입히다.

나라를 얻는 두 가지 방법

023-024 推位讓國, 有虞陶唐. 퇴위양국 유우도당
자리를 미루고 나라를 사양함은, 순임금과 요임금이요

025-026 弔民伐罪, 周發殷湯. 조민벌죄 주발은탕
백성을 불쌍히 여겨 죄인을 정벌함은, 주 무왕과 은 탕왕이라.

팍스 시니카Pax Sinica

027-028 坐朝問道, 垂拱平章. 좌조문도 수공평장
조정에 앉아 도를 물으니, 소매 늘여 팔짱 끼고 있어도 정사가 공평하다.

029-030 愛育黎首, 臣伏戎羌. 애육여수 신복융강
사랑으로 뭇 백성 길러 내니, 오랑캐도 신하 되어 복종한다.

031-032 遐邇壹體, 率賓歸王. 하이일체 솔빈귀왕
먼 데 가까운 데 한 몸 되어, 온 땅끝까지 임금께 귀의한다.

033-034 鳴鳳在樹, 白駒食場. 명봉재수 백구식장
나무에서 봉새가 울고, 흰 망아지가 밭에서 풀을 뜯는다.

035-036 化被草木, 賴及萬方. 화피초목 뇌급만방
교화가 풀과 나무에까지 미치고, 은택이 온 세상에 미친다.

2.1 초학

수신修身

037-038 蓋此身髮, 四大五常. 개차신발 사대오상
이 몸과 터럭과, 사지와 오체는

039-040 恭惟鞠養, 豈敢毀傷. 공유국양 기감훼상
삼가 기를지라, 어찌 감히 헐고 다치랴.

041-042 女慕貞烈, 男效才良. 여모정렬 남효재량
계집은 정녀와 열녀를 우러르고, 사내는 재주 있고 어진 이를 본 삼는다.

043-044 知過必改, 得能莫忘. 지과필개 득능막망
허물을 알았으면 반드시 고치고, 할 줄 알게 되었으면 잊지 말라.

045-046 罔談彼短, 靡恃己長. 망담피단 미시기장
남의 단점 말하지 말고, 나 잘났다 뻐기지 말라.

047-048 信使可覆, 器欲難量. 신사가복 기욕난량
약속은 지킬 수 있을 만큼, 배포는 측량하기 어려울 만큼.

049-050 墨悲絲染, 詩讚羔羊. 묵비사염 시찬고양
묵자는 생실이 물듦을 슬퍼하였고, 『시경』은 백성이 양같이 순해짐을 기렸다.

입신立身

(-eng 운)

051-052 景行維賢, 克念作聖. 경행유현 극념작성
행실을 떳떳이 하여 현자가 되고, 생각을 지극히 하여 성인이 된다.

053-054 德建名立, 形端表正. 덕건명립 형단표정
덕을 세워야 이름이 서고, 자세를 바로 해야 옷맵시가 바르다.

055-056 空谷傳聲, 虛堂習聽. 공곡전성 허당습청
빈 골짜기에 소리가 퍼지고, 빈 방에 메아리가 울린다.

057-058 禍因惡積, 福緣善慶. 화인악적 복연선경
재앙은 악행으로 인하여 쌓이고, 복은 선행으로 인하여 커진다.

059-060 尺璧非寶, 寸陰是競. 척벽비보 촌음시경
한 자 옥돌이 보배 아니요, 한 치 시간을 다퉈야 한다.

061-062 資父事君, 曰嚴與敬. 자부사군 왈엄여경
아버지 모시듯 임금을 섬길지니, 엄숙과 공경이라.

063-064 孝當竭力, 忠則盡命. 효당갈력 충즉진명
효도에 마땅히 힘을 다하고, 충성에는 목숨을 바치라.

065-066 臨深履薄, 夙興溫淸. 임심이박 숙흥온정
깊은 물 건너듯, 살얼음 딛듯 하고, 밤과 새벽으로 이부자리를 살피라.

067-068 似蘭斯馨, 如松之盛. 사란사형 여송지성
난초같이 향기로움이여, 소나무같이 무성함이여

069-070 川流不息, 淵澄取暎. 천류불식 연징취영
냇물이 흘러 쉬지 않음이여, 못물 맑아 그림자를 잡겠네.

071-072 容止若思, 言辭安定. 용지약사 언사안정
표정과 거동은 사려 깊게, 말씨와 내용은 차분하게.

073-076 篤初誠美, 愼終宜令. 독초성미 신종의령
시작이 참으로 보기 좋도록 유념하고, 끝도 마땅히 좋도록 삼가면

075-074 榮業所基, 籍甚無竟. 영업소기 자심무경
영화로운 업의 기틀이, 번창하고 가없으리라.

077-078 學優登仕, 攝職從政. 학우등사 섭직종정
공부 잘해 벼슬에 오르고, 직책을 맡아 정사를 잘 도우면

079-080 存以甘棠, 去而益詠. 존이감당 거이익영
팥배나무를 남겨 두고, 떠난 뒤에도 갈수록 칭송하느니.

공동체 윤리

(-i 운)

081-082 樂殊貴賤, 禮別尊卑. 악수귀천 예별존비
악은 귀천에 따라 다르고, 예는 존비에 따라 다르다.

083-084 上和下睦, 夫唱婦隨 상화하목 부창부수
어른은 너그럽고 아이는 순종하며, 지아비가 앞장서면 지어미가 따른다.

085-086 外受傅訓, 入奉母儀. 외수부훈 입봉모의
나가서 스승의 가르침을 받고, 들어와선 어머니의 본을 받는다.

087-088 諸姑伯叔, 猶子比兒. 제고백숙 유자비아
부모의 무릇 형제자매들께도, 나는 친자식이나 마찬가지요,

089-090 孔懷兄弟, 同氣連枝. 공회형제 동기연지
한 굴 속 형제들은, 한 기 나눠 받아 이어졌어라.

091-092 交友投分, 切磨箴規. 교우투분 절마잠규
벗을 사귐에 분수를 가리고, 서로 갈고 닦고 충고하고 경계한다.

093-094 仁慈隱惻, 造次弗離. 인자은측 조차불리
어짊과 자애, 측은히 여기는 마음은, 아주 잠깐이라도 내려놓지 말라.

095-096 節義廉退, 顚沛匪虧. 절의염퇴 전패비휴
절개와 의리, 삼가는 마음은, 넘어지고 자빠져도 어그러뜨리지 말라.

097-098 性靜情逸, 心動神疲. 성정정일 심동신피
성품이 고요하면 마음이 편안하고, 마음이 흔들리면 정신이 피곤하다.

099-100 守眞志滿, 逐物意移. 수진지만 축물의이
참됨을 지키면 뜻이 충만하고, 물욕을 좇으면 뜻이 떠나간다.

101-102 堅持雅操, 好爵自縻. 견지아조 호작자미
아름다운 지조를 굳게 지키면, 좋은 벼슬이 절로 얽혀 든다.

1.2 역사는 흐른다

제국의 위용

(-eng 운)

103-104 都邑華夏, 東西二京. 도읍화하 동서이경
화하에 도읍하고, 동서 두 서울을 두니

105-106 背邙面洛, 浮渭據涇. 배망면락 부위거경
(낙양은) 망산을 등지고 낙수를 바라보고, (장안은) 위수에 뜬 듯 경수를 거느렸다.

107-108 宮殿盤鬱, 樓觀飛驚. 궁전반울 누관비경
궁궐 전각은 으리으리 빽빽, 치솟은 위용에 나는 새도 놀라라.

109-110 圖寫禽獸, 畫采仙靈. 도사금수 화채선령
새 짐승 그려 넣고, 신인 영물 알록달록.

111-112 丙舍傍啓, 甲帳對楹. 병사방계 갑장대영

신하의 처소가 곁으로 통하고, 임금의 휘장은 두 기둥 사이에 있다.

113-114 肆筵設席, 鼓瑟吹笙. 사연설석 고슬취생

자리 베풀어 잔치 벌이니, 가야금 슬키징 피리는 삘리리.

115-116 陞階納陛, 弁轉疑星. 승계납폐 변전의성

섬돌 위 올라 하사품 받으니, 흔들리는 갓끈 구슬 별같이 빛나라.

117-118 右通廣內, 左達承明. 우통광내 좌달승명

오른쪽은 광내전으로 통하고, 왼쪽은 승명려로 이어져

119-120 旣集墳典, 亦聚群英. 기집분전 역취군영

옛 책들을 모은 위에 또한 뭇 인재를 모았으니,

121-122 杜稿鍾隷, 漆書壁經. 두고종례 칠서벽경

두씨의 글씨, 종씨의 예서, 옻글씨 문서요 벽에서 나온 경전이며,

123-124 府羅將相, 路夾槐卿. 부라장상 노협괴경

관청엔 장수 재상 즐비하고, 길에는 치이느니 고관이라.

125-126 戶封八縣, 家給千兵. 호봉팔현 가급천병

(공신을) 여덟 현에 책봉하고, 집마다 일천 병사를 주다.

127-128 高冠陪輦, 驅轂振纓. 고관배련 구곡진영

하늘 같은 갓을 쓰고 가마 타고 행차하며, 수레 타고 내달으니 갓끈이 철렁철렁.

129-130 世祿侈富, 車駕肥輕. 세록치부 거가비경

대대손손 호사 누리니, 수레는 가볍고 말은 살져라.

131-132 策功茂實, 勒碑刻銘. 책공무실 늑비각명

공훈을 적어 사적을 풍성히 하고, 비석에 새겨 길이 남기다.

중국을 만든 사람들

133-134 磻溪伊尹, 佐時阿衡. 반계이윤 좌시아형

태공망과 이윤은, 때맞춰 도운 재상이라.

135-136 奄宅曲阜, 微旦孰營. 엄택곡부 미단숙영

곡부에 나라를 두었으니, 주공 단 아니시면 그 뉘라 경영하리?

137-138 桓公匡合, 濟弱扶傾. 환공광합 제약부경

환공은 천하를 바로잡고 규합하여, 약한 나라를 돕고 기우는 왕실을 거들었다.

139-140 綺回漢惠, 說感武丁. 기회한혜 열감무정
기리계는 한 혜제의 입지를 회복시켰고, 성인 열은 무정의 꿈에 나타나 감동
시켰다.

141-142 俊乂密勿, 多士寔寧. 준예밀물 다사식녕
빼어난 인재들 빽곡히 들어차고, 재사가 많으니 나라가 안녕하다.

143-144 晉楚更覇, 趙魏困橫. 진초갱패 조위곤횡
진나라 초나라가 잇따라 패자가 되고, 조나라 위나라는 연횡책으로 난처해지다.

145-146 假途滅虢, 踐土會盟. 가도멸괵 천토회맹
길을 빌려 괵나라를 멸하고, 천토에 모여 맹세하다.

147-148 何遵約法, 韓弊煩刑. 하준약법 한폐번형
소하는 간략한 법을 시행했고, 한비는 형벌이 번거로운 폐단이 있다.

149-150 起翦頗牧, 用軍最精. 기전파목 용군최정
백기, 왕전, 염파, 이목은, 군사 운용이 매우 정교하여

151-152 宣威沙漠, 馳譽丹靑. 선위사막 치예단청
사막에까지 위엄 떨침을, 그림 그려 기리다.

희미한 옛 제국의 그림자

153-154 九州禹跡, 百郡秦幷. 구주우적 백군진병
하우는 구주를 순력했고, 진나라는 백군을 병합했다.

155-156 嶽宗恒岱, 禪主云亭. 악종항대 선주운정
큰산은 항산과 대산이 으뜸이고, 봉선은 운운과 정정이 우두머리다.

157-158 雁門紫塞, 鷄田赤城. 안문자새 계전적성
안문의 붉은 요새, 계전과 적성이며

159-160 昆池碣石, 鉅野洞庭. 곤지갈석 거야동정
곤명지와 갈석산, 거야의 들과 동정의 호수

161-162 曠遠綿邈, 巖岫杳冥. 광원면막 암수묘명
아득히 먼 데까지, 멧줄기 끝없어라.

2.2 출사와 한거

나아갈 때와 물러날 때

(-i 운)

163-164 治本於農, 務玆稼穡. 치본어농 무자가색
다스림은 농사가 근본이라, 힘써 심고 거둘지라.

165-166 俶載南畝, 我藝黍稷. 숙재남무 아예서직
봄이 오면 남녘 이랑에 기장이랑 피를 심어

167-168 稅熟貢新, 勸賞黜陟. 세숙공신 권상출척
익으면 구실 바치고 햇것은 따로 올리고, (소출에 따라) 상주고 내친다.

169-170 孟軻敦素, 史魚秉直. 맹가돈소 사어병직
맹자는 바탕을 강조했고, 사어는 올곧음을 지켰다.

171-172 庶幾中庸, 勞謙謹勅. 서기중용 노겸근칙
중용을 지키려거든, 애쓰고 낮추고 삼가고 경계할지라.

173-174 聆音察理, 鑑貌辨色. 영음찰리 감모변색
소리를 들어 이치를 알아듣고, 모습을 살펴 본색을 알아본다.

175-176 貽厥嘉猷, 勉其祗植. 이궐가유 면기지식
좋은 아이디어는 물려주어, 잘 뿌리 내리도록 힘쓴다.

177-178 省躬譏誡, 寵增抗極. 성궁기계 총증항극
이몸 책잡힐 일은 없나 돌아보라, 고임받을수록 시샘도 높아지느니.

179-180 殆辱近恥, 林皐幸卽. 태욕근치 임고행즉
치욕스러울 일이 다가오면, 즉시 초야로 물러날 일.

181-182 兩疏見機, 解組誰逼? 양소견기 해조수핍
두 소씨는 낌새를 알아채고, 도장끈을 풀었으니 누가 핍박하리오.

자연을 벗삼아

(-ao 운)

183-184 索居閒處, 沈黙寂寥. 삭거한처 침묵적료
한갓진 데 살며 한가로이 지내니, 고요하고 그윽하여라.

185-186 求古尋論, 散慮逍遙. 구고심론 산려소요
옛 책들 보며 이치 찾아 따지고, 걱정일랑 떨치고 한가로이 노닌다.

187-188 欣奏累遣, 感謝歡招. 흔주누견 척사환초
기쁜 일만 얘기하고 궂은 생각 내보내니, 슬픔은 물러가고 즐거움만 몰려드네.

189-190 渠荷的歷, 園莽抽條. 거하적력 원망추조
도랑엔 연꽃 얼굴 또렷하고, 동산엔 온갖 풀 웃자랐다.

191-192 枇杷晚翠, 梧桐早凋. 비파만취 오동조조
비파나무는 늦도록 푸르건만, 오동나무는 일찍 시드는구나.

193-194 陳根委翳, 落葉飄颻. 진근위예 낙엽표요
묵은 뿌리는 시들어 마르고, 지는 잎은 바람에 나부끼는데

195-196 遊鵾獨運, 凌摩絳霄. 유곤독운 능마강소
외로운 봉황은 유유히, 붉은 하늘가를 스치네.

황혼 뒤엔 여명이

(-ang 운)

197-198 耽讀翫市, 寓目囊箱. 탐독완시 우목낭상
저자 책방에서 게걸스레 읽다가, 눈에도 담고 사 와서 보관도 한다.

199-200 易輶攸畏, 屬耳垣墻. 이유유외 촉이원장
두려워할 바는 경솔함이라, 담장에도 귀가 있나니.

201-202 具膳飱飯, 適口充腸. 구선손반 적구충장
몇 가지 반찬에 물 말아 밥 먹어도, 입에 맞고 배부르면 그만

203-204 飽飫烹宰, 飢厭糟糠. 포어팽재 기염조강
배부르면 진수성찬도 물리고, 주리면 거친 음식인들 마다하랴.

205-206 親戚故舊, 老少異糧. 친척고구 노소이량
친척과 친지들을 접대함엔, 나이에 맞춰 음식을 달리 내라.

207-208 妾御績紡, 侍巾帷房. 첩어적방 시건유방
계집은 길쌈에 힘쓰고, 수건 받들고 침실에서 모시니

209-210 紈扇圓潔, 銀燭輝煌. 환선원결 은촉휘황
티 없는 흰 깁 둥근 부채에, 은빛 촛불 눈부셔라.

211-212 晝眠夕寐, 藍筍象床. 주면석매 남순상상
낮밤으로 눕고 자는 자리는, 상아 장식 침상에 푸른 대자리라.

213-214 絃歌酒讌, 接杯擧觴. 현가주연 접배거상
　　　풍악 노래 울리는 술잔치에서, 잔 잡아 권커니 자커니

215-216 矯手頓足, 悅豫且康. 교수돈족 열예차강
　　　손 들고 발 굴러 춤추는 모습, 즐겁고도 편안쿠나.

217-218 嫡後嗣續, 祭祀蒸嘗. 적후사속 제사증상
　　　후손으로 대를 이어, 대소 제사 받듦에

219-220 稽顙再拜, 悚懼恐惶. 계상재배 송구공황
　　　이마 찧어 두 번 절하니, 두렵고 황송하여라.

221-222 牋牒簡要, 顧答審詳. 전첩간요 고답심상
　　　편지는 용건만 간단히 하되, 문안과 답신이면 자세히 하라.

223-224 骸垢想浴, 執熱願凉. 해구상욕 집열원량
　　　때가 끼면 씻고 싶고, 더우면 시원한 게 그립다.

225-226 驢騾犢特, 駭躍超驤. 여라독특 해약초양
　　　나귀 노새 송아지 수소 들이, 놀라 뛰고 까불고 날뛴다.

결언. 바치는 말

쓸데없는 재주는 없다

227-228 誅斬賊盜, 捕獲叛亡. 주참적도 포획반망
　　　반역자는 목 베고, 도망한 자는 잡아들이소서.

(-ao 운)

229-230 布射僚丸, 嵇琴阮嘯. 포사요환 혜금완소
　　　여포는 활쏘기, 웅의료는 쇠구슬놀이를 잘했고, 혜강은 금, 완적은 휘파람이
　　　일품이었으며,

231-232 恬筆倫紙, 鈞巧任釣. 염필윤지 균교임조
　　　몽염은 붓, 채륜은 종이를 발명했고, 마균은 제작, 임공자는 낚시에 뛰어난바

233-234 釋紛利俗, 竝皆佳妙. 석분이속 병개가묘
　　　맺힌 것을 풀고 세상을 이롭게 하기에, 훌륭하고 절묘하기는 한가지였고,

235-236 毛施淑姿, 工嚬姸笑. 모시숙자 공빈연소
　　　(여성도) 모장과 서시같이, 찡그려 예쁜 이, 웃어서 고운 이가 있습니다.

길이 보전하려면

237-238 年矢每催, 羲暉朗耀. 연시매최 희휘낭요
세월이 화살처럼 흐를지라도, 태양은 변함없이 밝게 비추고

239-240 璇璣懸斡, 晦魄環照. 선기현알 회백환조
일월성신이 매달려 돌아가도, 달빛은 이울면 다시 빛납니다.

241-242 指薪修祐, 永綏吉邵. 지신수우 영수길소
땔나무의 교훈을 새겨 복을 닦으면, 길이 편안하고 상서로우리이다.

천자문을 바치며

243-244 矩步引領, 俯仰廊廟. 구보인령 부앙낭묘
삼가는 걸음으로 옷깃을 여미고, 엎드려 조정과 종묘를 우러릅니다.

245-246 束帶矜莊, 徘徊瞻眺. 속대긍장 배회첨조
공복을 입고 뻐기지만, 맴돌며 바라만 볼 뿐입니다.

247-248 孤陋寡聞, 愚蒙等誚. 고루과문 우몽등초
못나고 배운 바 없어, 어리석다 꾸중 들어 마땅한 몸이

249-250 謂語助者, 焉哉乎也. 위어조자 언재호야
감히 말씀으로 보필한다니, 어찌할꼬 어찌할꼬!

중국의 역사,
선비의 일생

두길 천자문

초판1쇄 발행 2023년 6월 13일

지은이 김세중
펴낸이 홍종화

편집 · 디자인 오경희 · 조정화 · 오성현 · 신나래
　　　　　　　박선주 · 이효진 · 정성희
관리 박정대

펴낸곳 민속원
창업 홍기원
출판등록 제1990-000045호
주소 서울 마포구 토정로 25길 41(대흥동 337-25)
전화 02) 804-3320, 805-3320, 806-3320(代)
팩스 02) 802-3346
이메일 minsok1@chollian.net, minsokwon@naver.com
홈페이지 www.minsokwon.com

ISBN 978-89-285-1868-5
S E T 978-89-285-1054-2 04900